초보자도 바로 써먹고 바로 돈이 되는

실전
회계·세무
길라잡이

초보자도 바로 써먹고 바로 돈이 되는

실전
회계·세무
길라잡이

김한미, 정소라, 홍지연 | 지음

알파미디어

| 이 책에 대한 각계각층 전문가들의 추천글 |

회계·세무 상식을 높이는 책

회계와 세무는 알면 유용하지만 이해가 쉽지 않다. 그만큼 쉽게 설명한 책이 많지 않다. 이 책은 일단 쉽고 재미있다. 일상에서 접하는 구체적 사례를 통해 회계와 세무의 기본 원칙이 어떻게 적용되는지, 일타 강사가 설명하듯이 쉽게 풀어간다. 회계·세무 상식을 높여 일상에서 효능감을 높이고자 한다면 이 책의 일독을 강추한다.

한국공인회계사회 부회장, 서지희

회계·세무의 바이블

사회 초년생을 위한 회계·세무 바이블. 이 책은 회계·세무의 기초부터 심화까지 자세히 설명하고 있다. 자본주의 사회에서 회계와 세무에 대한 이해 및 분석 능력은 성공으로 가는 지름길이라고 할 수 있다. 사회 초년생, 회계·세무 담당자가 이 책을 읽음으로써 더 이상 회계·세무에 대한 걱정은 내려놓아도 된다.

PWC 삼일회계법인 파트너(KICPA), 홍영관

사례와 함께 쉽게 풀어낸 책

실생활에서 누구나 흔히 겪는 회계와 세무 관련 일에 대해서 사례와 함께 쉽게 풀어낸 책이다. 이 책의 가장 큰 장점이자 매력은 쉬운 단어와 쉬운 서술방식이라는 것이다. 어떤 내용을 쉽게 표현한다는 것은 그 내용에 대한 이해도가 매우 높아야 가능하다. 그러나 이해도가 높아도 쉽게 전달하려면 많은 노력과 정성이 필요하다. 이 책의 저자들은 철저하게 사회 초년생(독자)의 관점에서 노력과 정성을 들였음을 느낄 수 있다.

한울회계법인 회계사, 박성하

회계·세무와 친해질 수 있는 책

비전문가에게 낯설고 어려운 회계와 세무. 그렇지만 모른 척 살아가기에는 아쉬운 점이 많다. 뉴스, 경제지면, 주식투자, 심지어 오랜만에 만난 친구와의 대화에서도 회계와 세무에 침묵해야 했지만, 이 책 한 권으로 쉽게 친해질 수 있을 것이다.

삼도회계법인 회계사, 김영도

회계·세무를 편안하게 익힐 수 있는 책

누구나 한두 번쯤 의문을 품거나 경험했을 법한 쉬운 사례로 회계와 세무에 관한 기본적인 내용을 편안하게 익힐 수 있는 책이라고 확신합니다. 회계와 세무에 대해 막연한 두려움을 가진 새내기 직장인은 물론 절세를 위한 세무 상식을 갖추고 싶은 일반인에게도 강력히 추천합니다.

법무법인 YK 변호사, 주승연

회계·세무와 사랑에 빠지는 방법

회계를 처음 접했던 나의 대학 시절, 한자가 가득했던 수업 교재를 펼치기 전에 이 책을 만났더라면? 아마도 훨씬 더 빨리 회계와 친해졌을 것 같다. 새해 결심으로 회계·세무 공부를 시작하는 우리 학생들에게 회계·세무와 사랑에 빠지는 방법을 알려주고 싶다. 이 책으로 생애 첫 회계·세무 공부를 시작하면서, 학업 계획 잘 세우길 바랍니다.

세종사이버대학교 교수, 김유진

기본 개념을 익힐 수 있는 책

직장에서 회계·세무 관련 업무를 하다 보면 헷갈리는 용어, 무슨 말인지 알 수 없는 용어들이 많습니다. 이 책은 전문 분야에서 오랫동안 근무한 저자들의 설명으로 믿을 수 있고, 하나하나 찾아볼 필요 없이 비슷한, 상반된, 관련된 용어를 묶어서 예시와 함께 설명해주고 있습니다. 또한 회계·세무와 전혀 상관없는 업무를 하고 있더라도 누구에게나 필요하고, 누구라도 알아야 할 부동산, 연말정산 같은 지식이 이해하기 쉽게 설명되어 있습니다. 한자 용어 풀이와 생활 밀착형 사례가 가득 실린 이 책 한 권으로 회계·세무 관련 업무 종사자들뿐만 아니라, 회계·세무라고 하면 지레 겁부터 먹게 되는 타 업무 종사자들, 학생, 취업 준비생 등 모든 사람이 회계·세무의 기본 개념을 익히는 데 도움이 될 것입니다.

가톨릭대학교 예산기획팀, 강유나

회사를 이해하는 데 필요한 책

조직 내에서 부서 불문하고 일어나는 일상의 행위들은 회계나 세무와 연관된 경우가 매우 많습니다. 조직 내 여러 이벤트가 회계라는 언어로 정리되고 때로는 세무 이슈로 발전하기도 하죠. 따라서 한 조직 또는 회사를 이해하려면 회계·세무에 대한 기본적인 이해는 필수라고 해도 과언이 아닙니다. 이 책은 각 분야에서 실무경험이 풍부한 전문가들이 선택한 사례로 개별 토픽을 이해하기 쉽게 설명해줍니다. 이 책을 읽은 분들은 느끼게 되실 겁니다. 회사에서 했던 또는 목격했던 일들이 곧 회계·세무와 관련 있다는 사실을요.

○○은행 본점 감사부 회계사, 박윤희

오아시스 같은 책

로펌에서 금융변호사로서 회계와 세무 지식도 필요한 경우가 많은데, 이 책은 비전공자나 직장인들에게 필요한 기본지식을 속성으로 무장시켜줄 뿐만 아니라, 누구나 한두 번쯤 경험할 수 있는 사례를 통해 쉽게 접근해 전문적인 영역까지 다루어줌에 따라 이 책을 읽고 나면 회계와 세무 지식과 이해 수준이 다른 위치에 와 있음을 실감하게 한다. 회계와 세무를 맛보기하고 싶은 사람부터 전문가들, 실무에 활용하고자 하는 직장인들까지 다양한 니즈를 충족해주는 오아시스 같은 책이다.

법무법인 태평양 파트너 변호사, 홍승일

회계·세무의 길잡이

회계사, 세무자, 연구원인 저자분들의 다양한 경험과 개인 절세의 비법까지 꾹꾹 담아 친한 언니가 옆에서 속성 과외를 해주는 것처럼 회계 비전공자의 눈높이를 맞추어 설명해주고 있어, 회계·세무에 자신감을 높여줄 길잡이가 되어줄 것입니다.

KPMG삼정회계법인 회계사, 박혜경

신입 후배 직원에게 선물하고 싶은 책

내가 신입사원일 때 이 책이 있었다면 보다 쉽게 회사 업무를 할 수 있지 않았을까, 나의 야근이 좀 줄지는 않았을까 생각된다. 실제 회사 업무를 하면서 너무나 혼동되었던 회계용어들을 쏙쏙 골라서 한자 풀이로 설명했다. 또한 회계와 세무에 대한 사례들도 각 쳅터별로 구성되어 있어 이론을 읽고 바로 실무에 적용되는 것을 보여주어 보다 확실하게 파악될 수 있었다. 신입사원의 필수 서적이 되지 않을까 기대해본다.

베테랑 회사원, 연희동 아이

어려운 용어와 개념을 친절히 설명하는 책

회계·세무가 생각보다 우리의 삶과 밀접하다는 것을 깨닫게 해주는 책이다. 특히 어렵게만 느껴질 수 있는 회계·세무 용어와 개념을 친절히 설명해주었다. 그러면서도 중요한 핵심은 확실히 짚어주고 있다. 빠르고 쉽게 회계·세무 상식을 이해할 수 있게 도와주는 최적의 책이 분명하다.

딜로이트 안진회계법인 세무자문본부 이사, 박혜진

회계 세무지식을 업그레이드할 수 있는 책

일반인들이 받아들이기에 딱딱한 분야인 회계·세무를 재미있고 풍부한 사례를 통해서 알기 쉽고 재미있게 풀어썼다. 세 명의 공동 저자가 좋은 팀워크를 발휘해서 각자의 영역에서 최대한 쉽고 접근할 수 있게 집필했는데 소설 읽듯이 가볍게 독서를 마치고 책의 끝장을 덮었을 때 회계·세무 지식이 업그레이드된 모습을 독자는 발견하게 될 것이다.

㈜오아시스 대표이사, 안준형

회계 세무 입문으로 손색없는 책

시중에 수많은 회계나 세무 서적들이 있지만, 전공자나 수험생이 아니라면 선뜻 책장을 넘기기 어렵다. 이 책은 직장인 또는 비전공자들에게도 필요한 회계 세무의 기초 상식들을 읽는 이로 하여금 거부감 없이 스며들 수 있도록 기초 지식부터 최신 이슈들까지 효율적으로 잘 담겨 있다. 회계 세무 입문 도서로 손색없는 책이다.

신영증권 헤리티지패밀리본부 세무사, 이영훈

 차례

이 책에 대한 각계각층 전문가들의 추천글 • 4

프롤로그 • 14

1부 실전 회계 토크

 회계팀 신입사원도 어려운 회계 • 19

Part 1 나만 몰랐던 회계상식

1. 다른 회사의 매출과 자산은 어디에서 확인할까? • 24
   회사정보를 거짓말로 알려주면 혼나요! • 27
2. 글로전자랑 글로은행의 재무재표는 모양부터 다르네? • 30
3. 주식투자를 할 때 이 정도는 알아야 하지 않겠어? • 33
   주주들은 임원들이 받는 보너스에 민감하다 • 47
   Good news와 Bad news에 반응하는 주가 • 49
   손실이 아닌데 손실이다? 억울한 기업들 • 52
4. 코인은 어떻게 회계처리하고 세금을 낼까? • 54
   가상자산시장의 성장과 과제 • 57
   코인을 장부에 기록하면서 생기는 문제 • 60
5. 회사도 '동거'와 '별거'를 할 수 있다 • 63
   회사사업부 독립에 뿔난 개미 • 66
   Part 1. 요약 • 68

Part 2 나도 될 수 있다! 회계 전문가

1. 재무제표와 재무상태표가 다른 거였어? •69
2. 회사의 가계부인 재무제표, 나도 만들 수 있다 •73
3. 회계를 기록할 때 왜 양쪽으로 나누어 적어야 하지? •76
4. 회사는 외상도 매출로 잡네! •84
    이익을 일부러 늘리거나 줄일 수 있다? •87
5. 알쏭달쏭 계정과목 •90
    보이지 않는 자산의 가치는 어떻게 책정될까? •104
    Part 2. 요약 •107

Part 3 쉿! 나만 알고 싶은 회계상식

1. 회계처리하는 방법도 회사마다 다르네? •108
    회계기준이 바뀌면 재무제표에 어떤 변화가 일어날까? •111
2. 회계기록은 영원히 바꾸지 못하는 것일까? •114
3. 회계감사, 꼭 받아야 하나? •118
    안팎으로 감사받는 회계장부 •121
4. 횡령을 막을 수 있는 방법은 없을까? •125
    회사 리스크를 줄이기 위한 안전장치 •128
5. 회계사가 말하는 우리 회사의 자산과 매출 상태 •130
    코리아 디스카운트: 해외에서는 우리나라 회사를 어떻게 평가할까? •149
    회계감사를 위한 새로운 법: 신(新)외부감사법 •152
    회사가 허위로 재무제표를 조작하다?! •154
6. 매출보다 환경보호와 투명성이 중요하다? •159
    ESG는 재무제표에 어떻게 기록될까? •163
    Part 3. 요약 •165

2부 실전 세무 토크

Part 1 신입사원이 된 나세목

1. 내 생애 첫 급여명세서 •169
2. 13월의 보너스, 연말정산 •176

    연말정산, 토해내지 않으려면? 혹은 덜 토해내려면? •190

    나세목과 함께 연말정산 파헤치기! •192

3. 누가 저 대신 소득신고 좀 해주세요 •196
4. 퇴직금마저도 세금으로 내야 한다니! •200
5. 퇴직소득, 연금으로 받을 수도 있다고? •204

    개인형퇴직연금(IRP) •207

6. 프리랜서는 직장인보다 세금을 적게 낸다고? •209

    억울한 프리랜서? •212

7. 내가 쓴 사보 원고료와 유명작가 강연료는 세금이 왜 다를까? •214
8. 세무서에 내는 세금, 구청에 내는 세금 따로 있다? •217

    지방세의 탈루, 신고포상금제도 •220

9. 잘못 신고하면 더 내야 한다고? •222
10. 작년에 못 받은 월세액 세액공제까지 올해 다 받을 수 있을까? •227

    Part 1. 요약 •231

Part 2 우리는 어디서나 세금을 내고 있다

1. 차 살 때 취득세, 타고 다니면서 자동차세, 그럼 팔때는? •232

    자동차세 연납제 •237

2. 세금 종류가 이렇게 많다고? •238
3. 해외명품은 왜 면세점에서 사야 할까? •240
4. 우리는 매일, 세금을 내고 있다 •243
5. 흰 우유에는 없고, 초코우유에는 있다? •245

    Part 2. 요약 •248

Part 3 결혼을 앞둔 나경영

1. 결혼식 축의금이나 혼수도 세금을 낼까? • 250
2. 아이가 태어났다면 적금통장부터 만들자 • 253
3. 우리집 건물인데 증여세를 내라고? • 257
4. 돈 받고 팔았는데 왜 또 증여야? • 261
5. 증여받은 건물, 10년은 가만히 두어야 한다? • 266

　편법증여 • 271

　Part 3. 요약 • 273

Part 4 투자를 시작한 나세목

1. 내 집 한 채로 세금폭탄? • 274
2. 9억 원? 12억 원? 고가주택 기준이 다르다? • 278
3. 집은 똘똘한 한 채만 가져야 한다? • 281

　양도세 중과 • 285

4. 입주권, 분양권도 세금을 내야 한다고? • 287
5. 오피스텔은 집이 아니다? • 291

　Part 4. 요약 • 295

에필로그 • 296

회계·세무 업무에 도움이 될 만한 사이트 • 299

| 프롤로그 |

 이 책을 펼친 여러분은 혹시 수학을 좋아했나요, 싫어했나요? '세무', '회계'라는 단어만 봐도 머리가 지끈거리나요? 학창 시절 어렵다는 수학에서 겨우 벗어났는데 취업하고 나니 숫자들의 행진인 '회계' 기초를 알아야 한다고 합니다. 또 연말정산, 부동산투자, 증여 등 우리 일상 곳곳에서 '세무'를 아는 것이 재테크의 첫걸음이라고 이야기합니다. 어렵지만 피해갈 수 없는 운명인 것이죠. 경제인이라면 개인의 자산관리를 위해 '세무'를 알아야 합니다. 사회인이라면 기업의 살림을 나타내는 '회계'를 알아야 한다고 합니다.
 우리가 세무나 회계를 어렵게 느끼는 이유는 아마도 끊임없는 숫자와 한자로 이루어진 용어 때문일 것입니다. 세무와 회계라는 단어 자체도 세무(Tax, 稅務_세금 세, 힘쓸 무, 세금에 힘쓰는 업무?)와 회계(Accounting, 會計_모일 회, 셈 계: 셈들의 모임?)라는 한자어입니다. 세무 및 회계학을 전공한 저자들 역시 용어 자체에서 오는 반감이 어마어마해 회계학과 세법학 수업을 철회할지 고심했던 적이 한두 번이 아니었습니다. 그럴 때마다 차라리 각 용어의 한자와 그 뜻을 설명해주었다면 용어 자체가 어렵게 느껴지지는 않았으리라고 생각하곤 했습니다. 실제 업무를 하면서도 마찬가지였고요. 이런 마음으로 언젠가 회계·세

무를 쉽게 풀어서 책을 쓰면 좋겠다는 생각을 줄곧 가져왔습니다. 그 마음 그대로, 지금 이 책을 읽는 독자들에게는 어려운 회계·세무를 어떤 책보다도 쉽게 설명하고자 노력했습니다.

이 책이 '생활밀착형' 필독서가 되었으면 하는 마음으로 집필했습니다. 벤저민 프랭클린도 "죽음과 세금은 피할 수 없다"고 말했지만 정말로 세금은 늘 우리와 함께하고 있습니다. 사회에 첫발을 내디디면서, 경제활동을 시작하고 인생의 이런저런 일들을 겪어가면서, 함께 따라오는 세금 이야기를 누구나 쉽게 이해할 수 있게 사례와 함께 설명했습니다.

회계는 우선 용어를 보다 쉽게 설명하기 위해 용어 각각의 한자를 풀어서 설명하고, 필요한 경우 영어로도 설명을 덧붙였습니다. 일단 용어가 이해되었다면, 단어 자체에서 오는 반감이 사라질 것이고 한 걸음 더 다가설 수 있는 준비가 될 테니까요.

여기에 연구나 신문기사를 통해 사회적으로 이슈가 되는 회계·세무 사례를 소개하면서 독자들이 조금 더 깊이, 흥미를 느끼며 읽을 수 있도록 이야기를 구성했습니다. 또 주식이나 코인, 부동산과 같은 재테크에 관심 있는 투자자들이 알아두어야 할 내용들도 빠뜨리지 않고 담고 있습니다.

세상에서 제일 쉽지만, 있을 건 다 있는, 꼭 알아두어야 할 회계와 세무 이야기.
이 책을 선택해준 독자들에게 회계·세무를 가장 빠르고 쉽게 이해할 수 있도록 도와주는 친절한 길잡이가 되었으면 하는 바람입니다.

실전 회계 토크

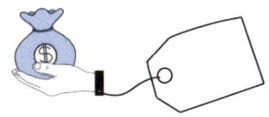

회계팀 신입사원도 어려운 회계

이 어려운 취업난에 당당히 글로벌 기업인 글로전자에 입사하게 된 '나경영.' 경영학과 출신의 고학점 스펙을 가진 그는 인턴 기간에 우수한 성적으로 정규직 전환에 성공했고, 글로전자는 그 어렵고 골치 아픈 회계팀에 그를 배정해주었다. 항상 자신만만한 나경영, 회계팀으로 배정받고 나서 절망에 빠지게 되었다. 그 이유는?

그는 경영학과 4.5만점에 4.0이라는 고학점을 가졌지만, 단점이 있다면 회계학 수업은 '회계원리' 단 한 과목만 수강했다는 점이다. 대학 1학년 부푼 꿈을 안고 친구들과 함께 회계사가 되어보겠다며 '회계원리'를 수강했지만, 이건 뭐 어느 나라 말인지 겨우겨우 울며 겨자 먹기로 필수과목이라 수강철회도 못하고 겨우 C+라는 학점을 받았다. 나경영의 대학생활을 통틀어 가장 낮은 학점을 안겨주었고 다시는 회계과목을 쳐다보지도 않았다. 그 이후 마케팅, 인사/전략 등의 수업에서는 고득점으로 학교를 졸업했는데, 두둥 회계팀이라니 하늘이 노래지는 순간이다.

회계팀에 입사하고 업무를 하면서, 점점 좌절감에 빠져드는 나경영, 그러니

그는 경영학과 동기들한테 절대 물어볼 수 없었다. 왜냐고? 왕창피하니까. 그렇다고 포탈 지식검색을 아무리 해봐도 속 시원하게 설명해주는 곳도 없었다.

"으아악! 돌아버리겠네, 몰래 학원 수강이라도 해야 하는 걸까?"

그때 나경영 머릿속에 두둥. 스치는 그 사람, 바로 '전인문' 선배다. 전인문 선배는 고등학교 선배인데, 같은 대학교지만 인문학부 출신이었다. 그러나 전인문은 학원 수강 등의 독학으로 공인회계사(KICPA)까지 취득한 특이한 이력의 소유자!

"그래! 전인문 선배한테 회계공부를 어떻게 해야 하는지 물어봐야겠다! 인문대 출신이니 아예 기초지식이 없는 사람도 회계공부를 해갈 수 있는 방법을 알 수 있을 거야."

용기를 낸 나경영은 전인문 선배한테 톡을 쓰기 시작했다. 스마트폰 톡을 쓰는 나경영 손가락의 리듬과 함께 나경영의 심장도 콩닥콩닥한다.

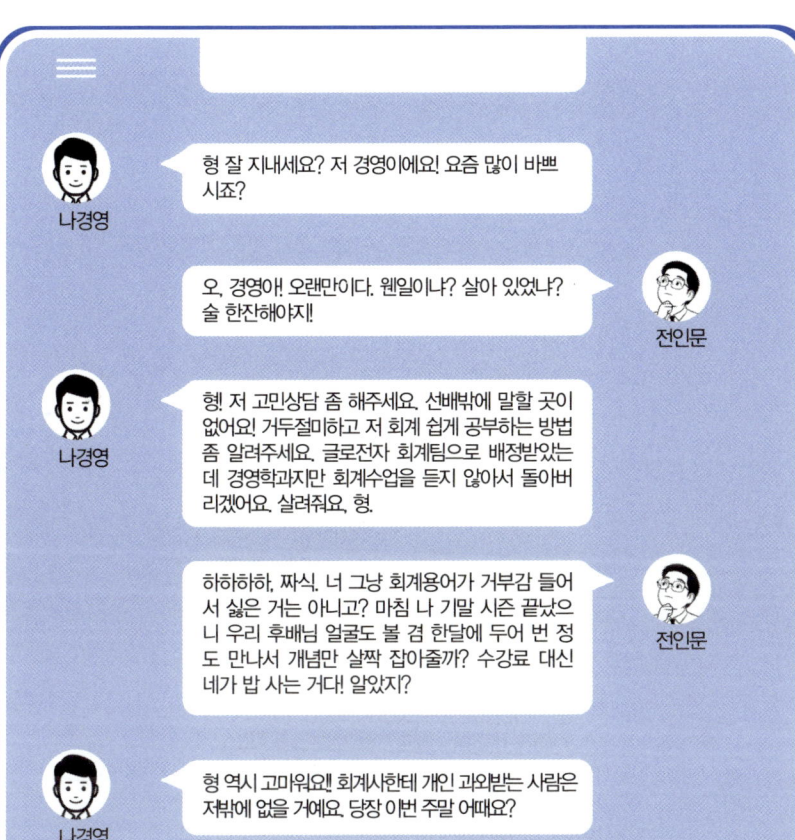

나만 몰랐던 회계상식

전인문 선배와 첫 수업, 선배는 아주 기초개념부터 알려주기로 했다.

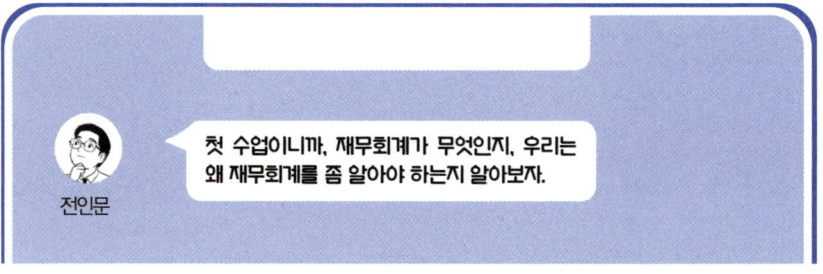

재무회계(Finance Accounting, 財務會計 재물 재, 업무 무, 모일회, 셈 계)[1]란, 기업의 경영활동을 외부에 공표할 목적으로 '재무제표'라는 회계보고서를 기록, 분류, 정리, 작성하는 회계다. 이는 기업의 외부 이해관계자들이 합리적인 의사결정을 할 수 있도록 필요한 회계정보를 제공할 목적으로 행하여지는 회계다. 따라서 재무회계는 외부 이해관계자들의 의사결정에 필요한 재무제표를 작성하는 것이 가장 중심

---

1 출처: 학문명백과: 사회과학 "재무회계" 재무회계(naver.com).

적인 영역이 되며, 나아가 재무회계에 의해 작성된 재무제표는 모든 회계의 기본이다.

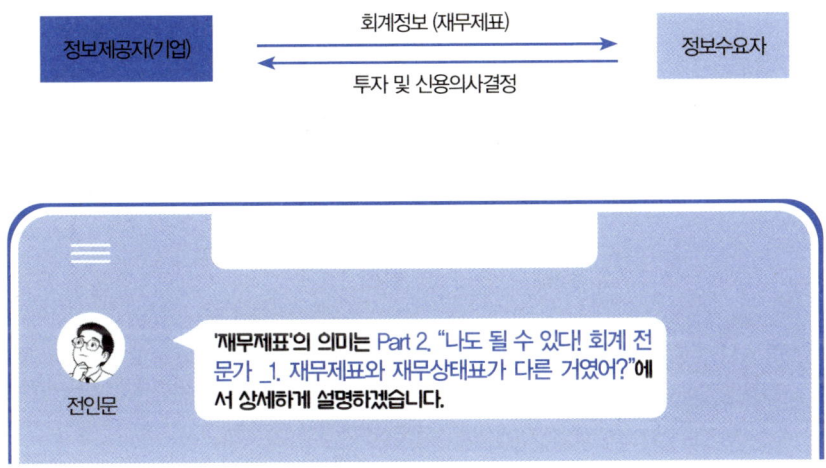

'재무제표'의 의미는 Part 2. "나도 될 수 있다! 회계 전문가 _1. 재무제표와 재무상태표가 다른 거였어?"에서 상세하게 설명하겠습니다.

1. 다른 회사의 매출과 자산은 어디에서 확인할까?

☑ 인터넷에서 회사 자산 매출 확인하는 방법

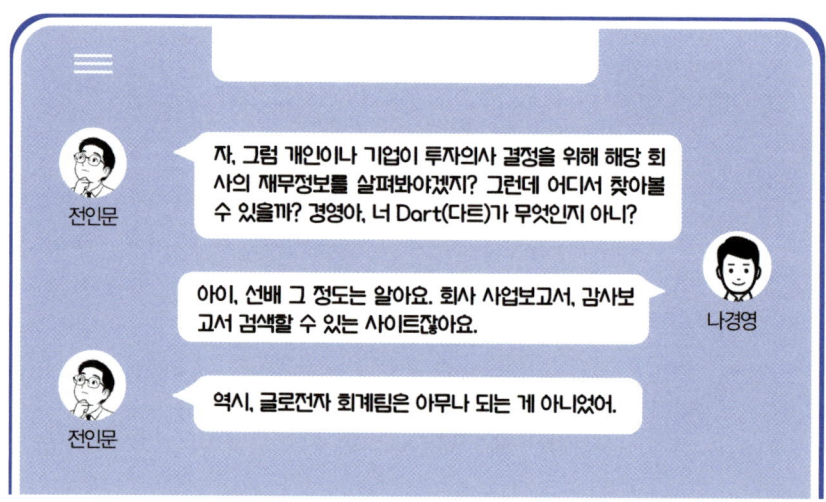

 "나경영 사원, 다트 들어가서 삼성전자[1] 보고서 보고 20XX년 당기순이익이 얼마인지 좀 봐봐"라고 팀장님이 말했다면, 어디서 어떤 보고서를 검색할 것인가? 기업의 공시된 재무제표는 [금융감독원 전자공시시스템 http://dart.fss.or.kr/]을 통해서 검색할 수 있다. 이 사이트를 보통 'Dart(다트)'라고 칭한다.

 금융감독원 전자공시시스템(Dart)에서는 회사에 대한 많은 정보를 검색할 수 있다. 이 중 회사의 매출과 자산은 '사업보고서' 또는 '감사보고서'를 통해서 확인할 수 있다.

---

[1] 이 책에서는 주로 '삼성전자'를 사례로 사용하고 있다. 삼성전자는 국내 시가총액 1위 기업이자 다양한 사례를 포함하고 있어 예시로 제시한 것이며, 필자는 '삼성전자'와는 어떠한 이해관계도 없음을 밝힌다.

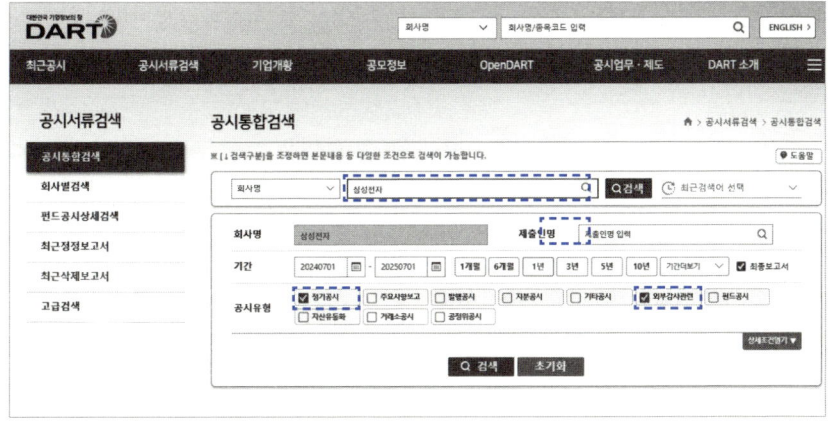

출처: 금융감독원 전자공시시스템(http://dart.fss.or.kr/)

사업보고서

사업보고서는 회사가 직접 작성해 공시하는 내용으로서, 사업상황·재무상황 및 경영실적 등 기업내용을 일반투자자들에게 정기적으로 공개하는 자료다. 사업연도 말(대부분 회사는 사업연도 말이 12월 말이다) 경과 후 90일 이내에 사업보고서를, 분기·반기 경과 후 45일 이내에 반기보고서(사업연도 개시일로부터 6개월간 보고서) 및 분기보고서(사업연도 개시일로부터 3개월간 및 9개월간 보고서)를 공개해야 한다.

감사보고서

회사의 재무상황 및 경영실적을 보여주는 보고서로서, 회사가 작성하고 감사인의 의견이 제시된 형태로 공시된다. 사업보고서를 다트에 공시하는 회사는 사업보고서 중에 감사보고서가 포함되므로 감사보고서 자체가 별도로 공시되지 않는다. 그러나 사업보고서를 공시하지 않는 회사는 감사보고서가 별도로 공시되므로, 별도로 공시되는 감사보고서를 통해서 회사의 매출과 자산 등의 실적을 확인할 수 있다.

따라서 어떤 회사의 재무성과 등의 실적을 확인하고 싶다면, 다트에서 '사업보고서', '반기보고서', '분기보고서', '연결감사보고서'를 클릭해 검색하면 된다.

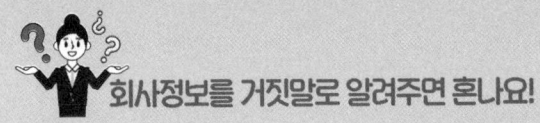
회사정보를 거짓말로 알려주면 혼나요!

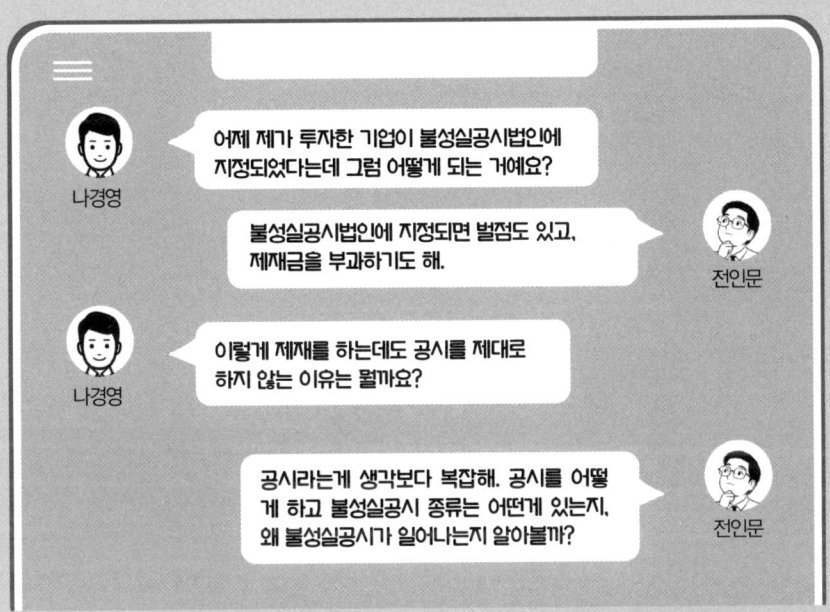

공시는 기업의 재무제표뿐 아니라 중요한 경영 관련 사항을 정보이용자에게 알림으로써 기업에 대한 이해를 돕는 것으로, 기업에서 작성한 정보들을 외부로 전달할 수 있는 중요한 기능이다. 따라서 공시가 제대로 이루어지지 않으면 불성실공시법인으로 지정될 수 있고, 이는 투자자의 의사결정에 중요한 정보가 된다.

국내 공시는 규정에 따라 금융위원회, 공정거래위원회, 거래소 공시로 구분되고 거래소 공시는 의무공시와 자율공시로 나누어진다. 하지만 여러 이유로 공시의무를 이행하지 않는 경우가 있는데, 이런 기업은 불성실공시법인으로 지정된다. 불성실공시법인으로 지정하는 것은 금융위원회의 공시의무 위반에 대한 공적인 제재 외에 한국거래소가 자율규제로 제재 조치하는 제도다. 한국거래소는 공시규정을 위반해 공시불이행, 공시번복 또는 공시변경을 했을 경우에는 정해진 절차에 따라 불성실공시법인으로 지정하고 벌점 및 제재금을 부과한다.

불성실공시 유형

유형	불성시공시법인 지정 사유
공시불이행	• 주요경영사항 등을 공시기한 내에 신고하지 아니한 때 • 주요경영사항 등을 거짓으로 또는 잘못 공시하거나 중요사항을 기재하지 아니하고 공시한 경우 • 확인절차 면제 공시에 대한 거래소의 정정요구에도 불구하고 정정시한까지 공시내용을 정정해 공시하지 아니한 경우
공시번복	이미 신고·공시한 중요 내용에 대한 전면 취소, 부인 또는 이에 준하는 내용을 공시한 경우
공시변경	기공시한 사항 중 중요한 부분에 대해 변경이 발생한 경우

출처: 한국거래소.

불성실공시법인 지정 현황

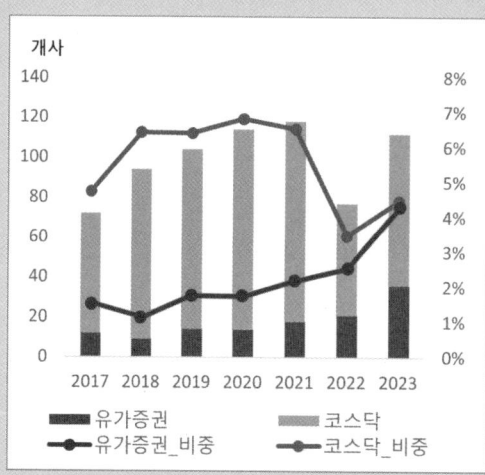

출처: 한국거래소 공시시스템(KIND).

공시의무가 확대되고, 공시량이 증가하면서 투자자, 이해관계자 등 정보이용자가 얻을 수 있는 정보가 많아졌다. 그만큼 기업에서는 공시에 대한 부담이 커졌고 유가증권 상장기업보다는 내부 전문인력과 시스템이 미약한 코스닥 상장기업이 불성실공시법인에 많이 지정되는 편이다.

코스닥 상장기업의 불성실공시법인 지정건수는 2017년 60건에서 2021년 100건으로 증가했다가 2022년에는 크게 감소했다.

그동안 코스닥 상장기업의 불성실공시법인 지정이 유가증권 상장기업에 비해 크게 나타났는데, 그 이유는 코스닥 상장기업 수의 증가와 더불어 공시 전문인력의 부족, 내부 공시 체계 시스템 부족 등에 기인한다. 이에 코스닥 상장기업의 불성실공시법인 지정을 최소화하기 위해 제도를 개편하고 기업 내부의 노력도 계속되었다.

제재 강화 조치로 2016년 12월 공시위반에 대한 제재금 한도가 유가증권 상장기업은 기존 2억 원에서 10억 원, 코스닥 상장기업은 1억 원에서 5억 원으로 대폭 상향 조정되었다. 2018년 4월에는 상장적격성 실질심사제도 강화의 일환으로 불성실공시 벌점 15점 이상인 경우를 심사대상에 포함해 공시의무를 강화했다. 그럼에도 불성실공시 사례가 감소하지 않자, 한국거래소는 2021년 기업의 공시 역량 강화를 위한 지원책으로 공시체계를 구축하는 컨설팅을 실시했다. 사전진단→진단 및 미비점 분석→결과 보고 및 교육의 3단계로 진행되며, 기존 제재를 강화하는 것보다는 근본적으로 공시체계를 강화하기 위한 노력이 계속되고 있다.

2. 글로전자랑 글로은행의 재무재표는 모양부터 다르네?

✅ 제조업 재무제표와 은행 재무제표 차이

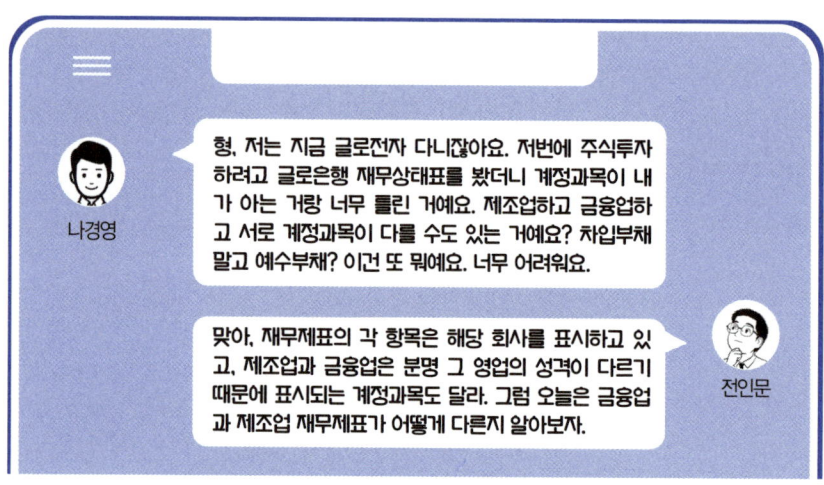

 우리가 일반적으로 회계를 배울 때는 제조업을 기초로 작성된 재무제표를 배운다. 이 말의 의미는 금융업 재무제표는 금융업을 하지 않은 회계사도 처음 보는 순간 쉽게 이해하지 못하는 경우도 있다는 뜻이다. 금융업은 우리가 소위 말하는 은행, 보험, 증권회사 등일 것이고, 우리 개인은 은행에 돈을 적금하거나 돈을 빌리는 자인데, 은행의 자산과 부채는 나의 부채와 자산과 반대로 대응되므로, 금융업 재무제표를 처음 딱 보는 순간 혼돈이 있을 수 있기 때문이다. 이 설명을 위해 우선 제조업 재무제표 먼저 들여다보자.

제조업 재무제표

내가 가진 것 →

자산		부채	
현금 및 예치금		매입채무	
매출채권		차입금	
재고자산		충당부채	
유형자산		자본	
무형자산		자본금	
기타자산		이익잉여금	

← 내가 갚아야 할 것

자본=자산-부채
내가 순수하게 가진 것

제조업 재무제표를 개인의 재무제표로 그린다고 가정하면,

개인의 재무제표

기업(제조업)	개인	기업(제조업)	개인
자산		부채	
현금 및 예치금	현금 은행적금 등	매입채무	남에게 빌린 돈
매출채권	내가 받을 돈	차입금	은행에서 빌린 돈
재고자산	우리집의 식량 등	충당부채	
유형자산	집, 자동차 등	자본	
무형자산	임차보증금(전세)	자본금	
기타자산		이익잉여금	

개인인 내가 생각하는 의미 그대로 기업의 자산과 부채가 그려질 것이다. 그런데 금융업 은행의 재무제표를 보면,

금융업 재무제표

은행의 자산 = 내가 은행에 빌린 돈
은행의 부채 = 내가 은행에 맡긴 예적금

자산		부채	
현금 및 예치금		예수부채	
대출채권		차입금	
재고자산		충당부채	
유형자산		자본	
무형자산		자본금	
기타자산		이익잉여금	

여기서 '대출채권'과 '예수부채'의 의미가 개인인 내가 생각하는 것과 순간적으로 반대의 포지션이 되어 혼동을 가져올 수 있다.

예를 들면, 내가 은행에 빌린 돈인 '대출'은 개인에게는 갚아야 할 부채이지만, 은행의 입장에서는 고객한테 받을 돈이므로 자산인 '대출채권'으로 인식된다.

내가 은행에 적금, 저축한 돈인 '예금/적금'이 개인에게는 든든한 자산이지만, 은행 입장에서는 향후 적금가입자에게 돌려줘야 하는 돈이므로 '부채'가 되고 이를 '예수부채'라는 계정과목으로 인식한다. 그래서 기업의 재무제표를 분석할 때, 개인인 나를 투영하지 말고, 기업의 입장에서 기업을 1인칭 시점에서 들여다보아야 훨씬 이해가 쉽다.

3. 주식투자를 할 때 이 정도는 알아야 하지 않겠어?

✓ 주식 입문자를 위한 기초 상식

나경영은 생전 하지 않던 주식투자에 관심이 생겼다. 한번 주식투자를 해보고 싶어서 다른 회사의 재무제표를 열심히 들여다보기 시작했지만, 무엇을 보고 서로 비교해야 하는지 막막하다. 그래서 결론적으로 어떠한 주식을 사야 할지도.

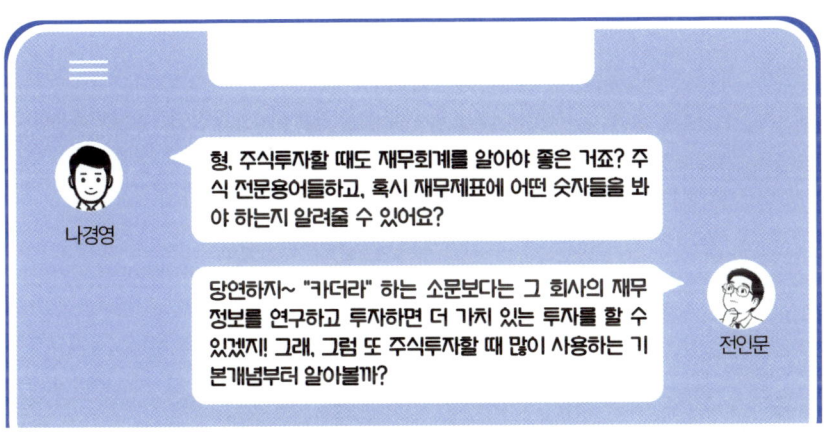

1) 주식거래시장: 코스피 vs 코스닥

우리나라 대표 증권시장인 유가증권시장(KOSPI Market)은 1956년 개장 이래 삼성전자, 현대자동차, POSCO, LG전자 등 세계적인 기업들이 상장되어 있으며, 대형 우량기업들의 꾸준한 성장세를 바탕으로 시가총액 1,150조 원 규모의 시장을 견지하고 있다.

• KOSPI(Korea Composite Stock Price Index)란?

- 종합주가지수를 뜻하는 단어로, 현재는 유가증권시장의 주가지수를 코스피지수, 유가증권시장을 코스피시장이라고 부르기도 한다. 현재 코스피지수는 시가총액식 주가지수로 1980년 1월 4일 시가총액을 기준시점으로 현재의 지수를 산출하고 있다. (기준지수 100) KOSPI=(비교시점 시가총액/기준시점 시가총액) × 100으로 산출된다.[1]

- 코스닥 시장이란?

코스닥 시장은 IT(Information technology), BT(Bio technology), CT(Culture technology) 기업과 벤처기업의 자금조달을 목적으로 1996년 7월 개설된 첨단 벤처기업 중심 시장이다. 특히 코스닥 시장은 IT, BT 관련 기술주와 엔터테인먼트, 소프트웨어, 게임 등 시대를 선도하는 기업들이 참여하는 젊은 시장이다.[2]

2) 주주의 권리: 주식배당 vs 현금배당

드디어 고민 끝에 주식을 매수했다. 이제부터 나는 내가 주식을 매수한 그 회사의 '주주'가 되며, 회사가 이익을 얻으면 회사는 주주에게 이익의 일부를 돌려줄 수 있다.

이익의 일부를 주주에게 돌려주는 방법으로 크게 두 가지가 있는데, 현금으로 주는 방법을 현금배당(Cash Dividend, 現金配當_나타날 현, 쇠 금, 나눌 배, 밑바탕 당), 주식을 더 주는 방법을 주식배당(Stock Dividend, 株式配當_근본 주, 제도 식, 나눌 배, 밑바탕 당)이라 한다.

---

[1] 한국증권거래소[유가증권시장 소개](http://open.krx.co.kr/contents/OPN/01/01010101/OPN01010101.jsp).

[2] 한국증권거래소[코스닥시장](http://open.krx.co.kr/contents/OPN/01/01010201/OPN01010201.jsp).

우선 배당과 관련된 기본 용어를 배워보자.

- 배당 기준일: 배당받을 권리가 있는 주주를 결정하는 날! 즉 12월 말 결산 법인의 배당 기준일을 12월 31일로 정했다면, 12월 31일 현재 주식을 보유한 주주만 배당을 준다.
- 배당 선언일: 이익잉여금 중 배당으로 얼마를 주겠다고 주주총회에서 최종 결의한 날
- 배당 지급일: 주주총회에서 배당으로 결의한 금액을 실제 지급한 날

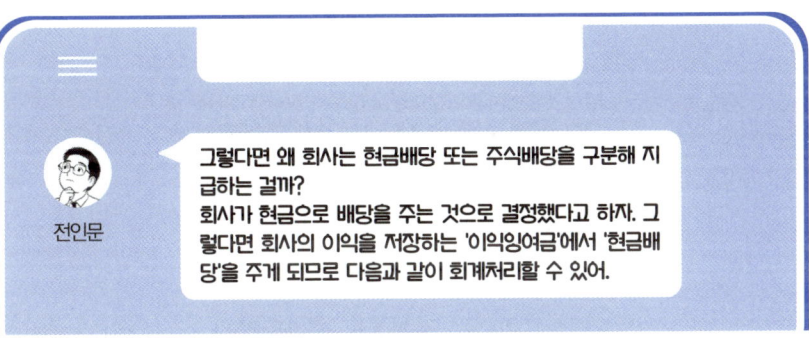

전인문: 그렇다면 왜 회사는 현금배당 또는 주식배당을 구분해 지급하는 걸까?
회사가 현금으로 배당을 주는 것으로 결정했다고 하자. 그렇다면 회사의 이익을 저장하는 '이익잉여금'에서 '현금배당'을 주게 되므로 다음과 같이 회계처리할 수 있어.

구분	차변		대변	
현금배당 기준일	–	–	–	–
현금배당 선언일	이익잉여금	1,000	미지급배당금	1,000
현금배당 지급일	미지급배당금	1,000	현금	1,000

결론적으로 회사의 이익이 주주들에게 현금으로 분배된다. 이 경우 자산도 감소(현금 지급)하고, 자본도 감소(이익잉여금 감소)하는 형태가 된다. 한편 회사가 주식배당을 주는 것으로 결정했다고 하자. 그렇다면 회사는 '이익잉여금'의 일부를 '자본금'과 '자본잉여금'으로 대체하게 된다. 왜냐하면 주식으로 배당을 주었으므로, 회사의 자

본은 전혀 유출 없이 그 구성내역만 바꾸는 형태가 된다.

구분	차변		대변	
주식배당 기준일	–	–	–	–
주식배당 선언일	이익잉여금	1,000	미교부주식배당금	1,000
주식배당 지급일	미교부주식배당금	1,000	자본금	1,000

3) 회사가 자본금을 증가시키는 방법: 유상증자 vs 무상증자

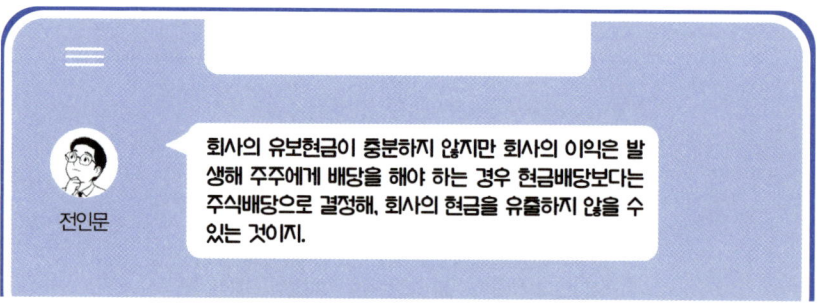

전인문: 회사의 유보현금이 충분하지 않지만 회사의 이익은 발생해 주주에게 배당을 해야 하는 경우 현금배당보다는 주식배당으로 결정해, 회사의 현금을 유출하지 않을 수 있는 것이지.

이미 주식회사로 설립된 회사는 '자본금'을 증가시켜야 하는 다양한 이유가 존재한다. 이 경우 '자본금'을 늘리려면 '증자'를 진행해야 하며, 그 방법은 '유상증자'와 '무상증자'로 나뉜다.

유상증자(Capital increase with consideration, 有償增資_있을 유, 갚을 상, 증가하다 증, 재물 자)는 주식 수를 늘리고, 그 주식 수에 맞는 돈을 주주로부터 수령하므로 자본과 주식 수가 동시에 증가한다. 그러나 무상증자(Increase of capital stock without consideration, 無償增資_없을 무, 갚을 상, 증가하다 증, 재물 자)는 주식을 무상으로 주주들에게 나누어 주는 것이므로, 늘어나는 주식 수만큼 자본금은 증가하며, 증가하는 자본금은 이익잉여금 등에서 전입이 된다.

다음의 관점에서 회사는 돈을 조달하는 방법 중 '증자'를 선택한다.
(1) 주주를 증가시키는 것은 부채를 증가시키는 경우와 비교해 원금 및 이자를 상환해야 할 의무가 없어진다.
(2) 유상증자시 기업의 재무구조를 개선시킨다. 총자본이 증가하므로 부채비율이 감소하게 된다.

유상증자의 방법은 크게 세 가지로 나뉜다.
(1) 주주배정방식: 주주에게 신주인수권을 부여해 새로운 주주를 모집하는 방법
(2) 제3자배정방식: 임직원, 거래업체 등 이해관계자들에게 신주인수권을 부여해 새로운 주주를 모집하는 방법
(3) 일반공모방식: 일반인에게서 주주를 모집하는 방법

무상증자는 자본잉여금 또는 이익준비금을 자본금으로 대체하는 방법이다.

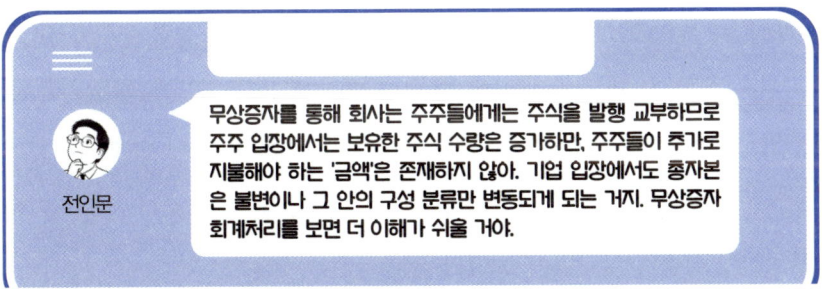

전인문: 무상증자를 통해 회사는 주주들에게는 주식을 발행 교부하므로 주주 입장에서는 보유한 주식 수량은 증가하지만, 주주들이 추가로 지불해야 하는 '금액'은 존재하지 않아. 기업 입장에서도 총자본은 불변이나 그 안의 구성 분류만 변동되게 되는 거지. 무상증자 회계처리를 보면 더 이해가 쉬울 거야.

차변		대변	
자본잉여금 or 이익잉여금	xxx	자본금	xxx

전인문: 유상증자는 단기적으로 수량이 증가해 주가가 하락하지만, 유상증자의 목적이 성장가능성이 높은 신규사업 추진을 위한 자금 조달이라면 장기적으로는 주가는 상승하게 되지. 그러나 부실한 회사가 운영자금을 마련하기 위해 유상증자를 한다면 주가는 더욱 하락하게 되겠지.

무상증자도 단기적으로 수량이 증가해 주가가 하락하지만, 예전보다 주식가격이 저렴해지는 착시효과로 인해 주식거래량이 늘어나고 시장의 주목을 받아 주가가 상승하는 효과가 있어.

4) 회사가 자본금을 감소시키는 방법: 유상감자 vs 무상감자

주식회사의 자본금을 줄이는 방법을 감자(Reduction of capital 減資_빼다 감, 재물 자)라고 한다. 이는 어떠한 방법이든 기존 주주들에게 큰 손해를 미칠 수 있으므로 상법에서는 정관의 변경만큼 중요한 안건으로 보고 주주총회 특별결의를 거쳐야만 시행할 수 있다.

유상감자(Capital decrease with consideration, 有償減資_있을 유, 갚을 상, 빼다 감, 재물 자)는 기존 주주들에게 감자 대가로 주식가액의 일부를 돌려주는 방법으로, 돌려주는 금액만큼 자본이 감소한다. 유상감자는 기업의 규모에 비해 자본금이 너무 많다고 판단될 때, 자본금의 규모를 적정하게 감소함으로써 기업의 가치 및 주가를 상승시키는 방안으로 활용된다.

액면금액 5,000원 주식을 현금 5,000원으로 유상감자하는 경우의 회계처리를 한번 보자.

차변		대변	
자본금	5,000	현금	5,000

무상감자(Capital decrease without consideration 無償減資_없을 무, 갚을 상, 빼다 감, 재물 자)는 기존 주주들에게 감자 대가로 아무런 보상도 하지 않는 방법이다. 따라서 무상증자가 결정된 주식 수만큼 주주들은 투자금을 상실하게 된다(필자도 2008년 금융위기 때 투자했던 회사의 무상감자를 당한 뼈아픈 경험이 있다). 회사의 자본은 전혀 감소하지 않는다.

일반적으로는 주식병합의 방법으로 진행되는데, 만약 10대 1로 무상감자가 진행되면 기존 주식 10주가 1주로 감소한다. 무상감자는 일반적으로 누적 결손금이 너무 커질 때 자본금으로 충당하기 위한 방법으로 많이 사용되며, 이는 회사의 경영상태가 좋지 않다는 시그널로 주가의 추가 하락을 야기한다.

액면금액 5,000원 무상감자하는 경우의 회계처리는 이렇게 되지.
어때? 유상감자 회계처리와 다른 점을 찾을 수 있겠어?

차변		대변	
자본금	5,000	이월결손금	5,000

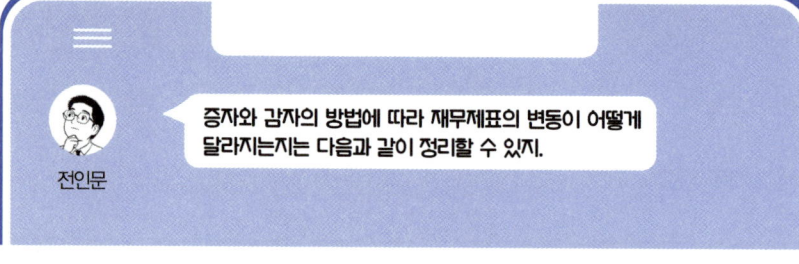

	증자		감자	
	유상증자	무상증자	유상감자	무상감자
자본금	증가	증가	감소	감소
총자본	증가	불변	감소	불변

5) 투자 시 참고하면 좋은 재무제표 숫자

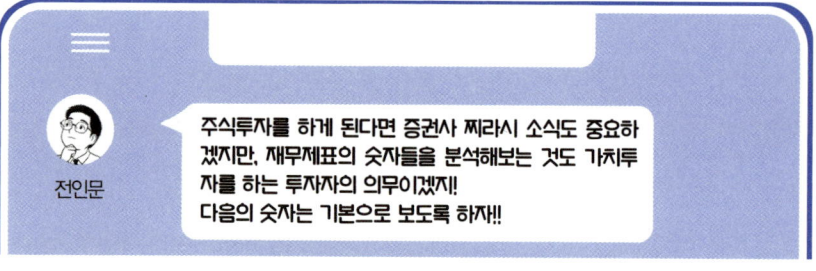

① 영업이익, 당기순이익

영업이익(Operating Profit, 營業利益_경영할 영, 업 업, 이로울 이, 더할 익)이란, 해당 회사 고유의 영업활동으로 생긴 이익(=영업수익-영업비용)이다. 따라서 그 회사가 목적상의 영업활동을 잘하는지 못하는지 알아볼 수 있는 척도다. 당기순이익(Net Income, 當期純利益_지금 당(접두어), 기약할 기, 순수할 순, 이로울 이, 더할 익)이란, 회사의 영업이익에서 회사를 경영하면서 발생한 모든 수익과 비용을 더하고 뺀 후 그야

말로 그해에 발생한 회사의 순수한 손익이다.

만약에 회사가 현금 확보를 위하여 오래된 회사 소유의 토지를 매각했다고 해보자. 토지 장부가액은 500만 원, 현금 1,000만 원에 매각하면 회계처리는 다음과 같이 표기할 수 있어.

차변		대변	
현금	1,000만 원	토지(유형자산)	500만 원
		유형자산처분이익	500만 원

이 경우 유형자산처분이익은 비경상적 손익으로 영업활동에는 포함되지 않으나, 당기순손익에는 가산되어 영향을 미친다. 따라서 주식투자를 위해서는, 특히 장기투자를 위해서는 그 회사의 영업이 잘 굴러가는지가 중요하므로 당기순손익보다는 '**영업이익**' 숫자에 집중하자.

② ROE, EPS, PER, BPS

주식 종목을 사보려고 포털에 해당 주식을 검색해보면, ROE, EPS, PER, BPS 이런 영어와 함께 수치들이 튀어나온다. 과연 이 수치들은 무엇을 의미하는지 알아보자.

· **ROE**(Return on Equity: 자기자본이익률) = 당기순이익/자기자본

주주의 자본으로 이익이 얼마나 발생했는지 보여주는 지표. 즉 회사를 운영

하기 위해 자금이 필요하고 해당 자금은 부채 또는 자본으로 이루어지는데, 이때 자본 대비 이익률을 보여주는 지표다.

예를 들어 회사의 자기자본은 1,000이고, 당기순이익은 100이다. 그렇다면 ROE는 당기순이익/자기자본이므로 100/1,000이기에 0.1 즉 10%이다. 이 수치는, ROE가 높을수록 자기자본을 사용해 회사가 이익을 많이 창출했다고 해석되므로 주식을 투자하는 유인이 커진다. 특히 ROE가 동종업종 대비, 또는 시중은행의 예·적금 금리보다 작다면 해당 회사의 주식에 투자하는 매력이 떨어진다. 왜냐하면, 안전한 예·적금에 투자하는 것이 누가 봐도 더 좋아 보이니까!

- **EPS**(Earning Per Share, 주당순이익) = 당기순이익/발행총주식수

기업의 당기순손익을 기업이 발행한 총주식수로 나누는 것으로, 기업이 1주당 이익을 얼마나 발생시켰는지를 보는 지표다. EPS는 감사보고서의 주석으로도 표기되는 항목이다. 따라서 동종업계에서 EPS가 높을수록 해당 기업의 경영실적이 보다 양호하다는 뜻이며, 1주당 기업의 순이익이 높다는 것은, 해당 기업의 주주들에게 배당을 줄 여력이 더 많다는 의미로 해석할 수도 있다.

- **PER**(Price-Earning Ratio, 주가수익비율) = 주가/주당순이익(EPS)

주가를 주당순이익으로 나누는 것으로, 주가가 1주당 순이익의 몇 배가 되는가를 보여주는 지표이다. 예를 들어 회계전자의 주식이 주당 5만 원인데, EPS가 1만 원이라고 하자. 그러면 PER는 5이다. 동종업계인 세무전자의 주식은 주당 4만 원인데 EPS가 1만 원이라고 하자. 그러면 PER는 4이다. 즉 회계전자의 PER가 세무전자의 PER보다 높다. 두 회사가 동종업종의 경쟁기업이라

면, 지금 회계전자의 주식이 세무전자의 주식보다 고평가되었다고 해석할 수 있다. 이는 즉, 세무전자의 주식은 저평가되었다는 뜻이므로, 이 경우 세무전자의 주식을 매수한다면 회계전자의 주식보다 향후 상승가치가 더 높을 것으로 예측하는 것이다.

• **BPS**(Bookvalue per Share, 주당순자산가치) = 순자산/발행총주식수

기업의 순자산(=총자산−총부채)을 발행주식수로 나누는 것으로, 기업활동을 중단시키고 남은 자산을 모든 주주에게 나눠줄 경우, 1주당 얼마씩 배분되는지를 보여주는 지표다. 따라서 BPS가 높을수록 기업의 수익성 및 재무 건전성이 높은 것을 의미하며, 이는 투자가치가 높은 기업으로 판단할 수 있다.

• **PBR**(Price-Book value Ratio, 주가순자산비율) = 주가/BPS

주가를 1주당 순자산(BPS)으로 나누는 것으로, 주가가 1주당 순자산에 대비해 몇 배가 되는지를 보여주는 지표다. 1주당 순자산(BPS)은 '(순자본=총자산−총부채)/발행주식수'로 산출한다. PER은 주가와 회사의 영업성과를 비교하는 반면에, PBR은 주가와 재무상태를 비교하는 지수다.

삼성전자의 재무제표는 이미 앞에서 배운 것처럼, 금융감독원 전자공시시스템(http://dart.fss.or.kr/)을 통해 검색할 수 있다.

회사명에 삼성전자를 입력하고, 공시유형에 '정기공시'를 선택하고 '사업보고서'를 클릭한다.

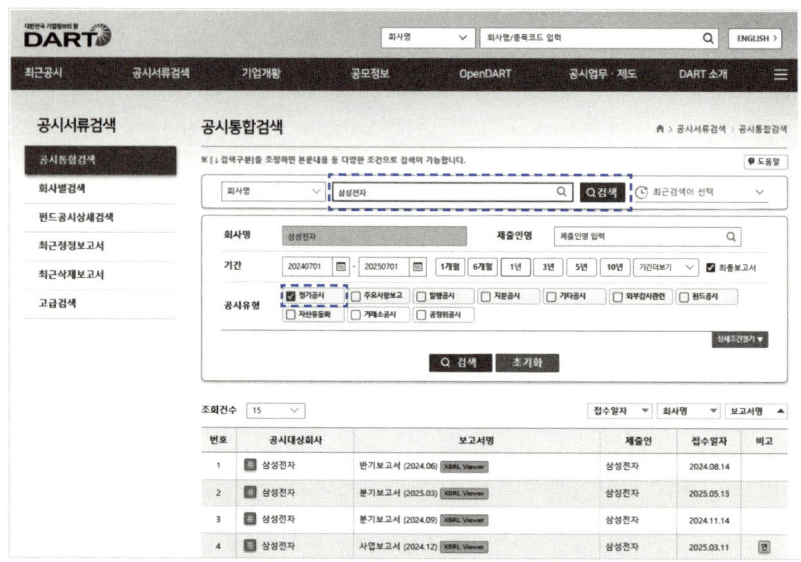

출처: 금융감독원 전자공시시스템(http://dart.fss.or.kr/)

우리가 ROE, EPS, PER, PBR을 구하기 위해 필요한 자료는 다음과 같으며 사업보고서상 다음의 위치에서 찾을 수 있다.

	ROE	EPS	PER	PBR	Data 검색 위치
당기순이익	V	V	V		사업보고서상 '손익계산서'
자본	V			V	사업보고서상 '재무상태표'
발행총주식수		V	V	V	사업보고서 주석 '자본'
현재 주가			V	V	각 증권사 트레이딩 시스템

포털에 삼성전자 종목을 검색해보자. 이미 포털에서 많은 정보를 한눈에 볼 수 있게 정리를 잘해주었다. 세상 너무 좋지 아니한가!

전인문

기업실적분석 더보기 ▶

주요재무정보	2022.12 IFRS 연결	2023.12 IFRS 연결	2024.12 IFRS 연결	2025.12(E) IFRS 연결	2024.03 IFRS 연결	2024.06 IFRS 연결	2024.09 IFRS 연결	2024.12 IFRS 연결	2025.03 IFRS 연결	2025.06(E) IFRS 연결
매출액(억원)	3,022,314	2,589,355	3,008,709	3,187,735	719,156	740,683	790,987	757,883	791,405	768,128
영업이익(억원)	433,766	65,670	327,260	317,692	66,060	104,439	91,834	64,927	66,853	68,125
당기순이익(억원)	556,541	154,871	344,514	324,280	67,547	98,413	101,009	77,544	82,229	68,992
영업이익률(%)	14.35	2.54	10.88	9.97	9.19	14.10	11.61	8.57	8.45	8.87
순이익률(%)	18.41	5.98	11.45	10.17	9.39	13.29	12.77	10.23	10.39	8.98
ROE(%)	17.07	4.15	9.03	7.90	5.53	7.69	8.79	9.03	9.24	
부채비율(%)	26.41	25.36	27.93		26.61	26.66	27.19	27.93	26.99	
당좌비율(%)	211.68	189.46	187.80		189.76	192.36	190.56	187.80	187.68	
유보율(%)	38,144.29	39,114.28	41,772.84		39,581.75	40,382.62	41,198.62	41,772.84	42,056.84	
EPS(원)	8,057	2,131	4,950	4,725	975	1,420	1,440	1,115	1,186	973
PER(배)	6.86	36.84	10.75	12.66	28.42	19.92	13.03	10.75	11.20	61.48
BPS(원)	50,817	52,002	57,981	62,009	53,339	55,011	55,376	57,981	59,059	
PBR(배)	1.09	1.51	0.92	0.96	1.54	1.48	1.11	0.92	0.98	
주당배당금(원)	1,444	1,444	1,446	1,458	361	361	361	363	365	
시가배당률(%)	2.61	1.84	2.72		0.44	0.44	0.59	0.68	0.63	
배당성향(%)	17.92	67.78	29.18		37.04	25.43	25.07	32.40	30.48	

출처: Naver 금융 "삼성전자."

동일업종비교 (업종명: 반도체와반도체장비 / 재무정보: 2025.03 분기 기준)　　　　　더보기 ▶

종목명 (종목코드)	삼성전자* 005930	SK하이닉스* 000660	한미반도체* 042700	리노공업 058470	젬백스* 082270
현재가	59,400	246,500	95,500	50,700	68,800
전일대비	▼ 400	– 0	▲ 8,000	▲ 500	▲ 200
등락률	-0.67%	0.00%	+9.14%	+1.00%	+0.29%
시가총액(억)	3,516,264	1,794,525	91,023	38,639	28,487
외국인취득률(%)	49.78	55.31	7.62	34.98	6.26
매출액(억)	791,405	176,391	1,474	784	124
영업이익(억)	66,853	74,405	696	349	-30
조정영업이익	66,853	74,405	696	349	-30
영업이익증가율(%)	2.97	-7.95	-3.21	-5.63	63.78
당기순이익(억)	82,229	81,082	547	293	-89
주당순이익(원)	1,186.35	11,136.06	566.67	385.04	-221.50
ROE(%)	9.24	37.94	24.05	21.43	-106.33
PER(배)	11.51	6.91	67.16	31.67	-44.70
PBR(배)	1.01	2.09	17.36	6.34	67.37

출처: Naver 금융 "삼성전자."

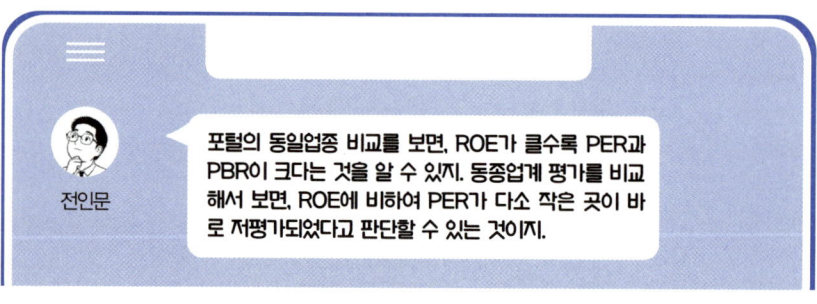

전인문: 포털의 동일업종 비교를 보면, ROE가 클수록 PER과 PBR이 크다는 것을 알 수 있지. 동종업계 평가를 비교해서 보면, ROE에 비하여 PER가 다소 작은 곳이 바로 저평가되었다고 판단할 수 있는 것이지.

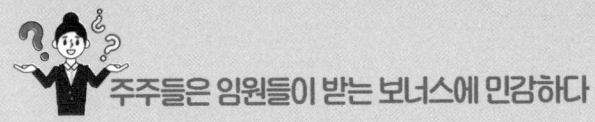
주주들은 임원들이 받는 보너스에 민감하다

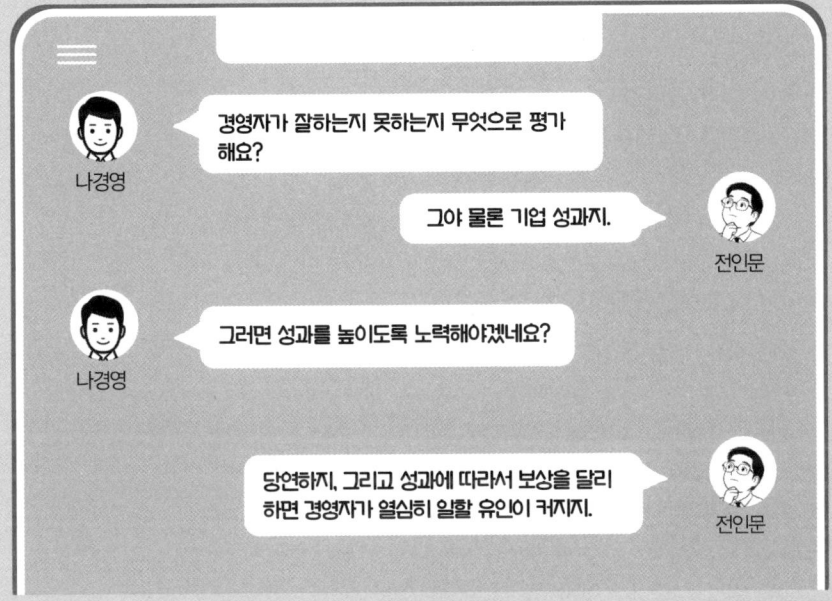

구글 지주회사인 알파벳은 지난 1분기 매출 247억 5000만 달러(약 28조 2273억 원)를 냈다고 발표했다. 전년 동기보다 22.2% 증가한 수치다. 같은 기간 순이익은 29% 늘어난 54억 3000만 달러(약 6조 1000억 원)를 기록해 월가의 전망치를 웃돌았다. …… 실적 돌풍을 이끈 순다르 피차이 CEO는 두둑한 보수를 받았다. 블룸버그 통신에 따르면 구글은 지난해 그에게 연봉과 성과급을 합쳐 총 1억 9970만 달러(약 2278억 원)를 지급했다. 이 가운데 100만 달러를 제외한 나머지 금액은 스톡옵션(주식매수사권) 방식으로 줬다.

「구글CEO 성과급 7128억 원 '잭팟'」, 《한국경제》 2017.4.30.

이처럼 경영실적이 좋아 경영자가 막대한 규모의 성과급을 받았다는 소식을 쉽게 접할 수 있다. 경영자가 받는 성과금의 종류는 현금 상여금, 주식매입선택권, 연금 등 다양하다. 급변하는 사업 환경에서 경영자가 기업의 이익 극대화를 위해 최선을 다하게 하기 위해서는 업무 권한과 보상이 뒷받침되어야 한다.

즉 성과주의(Pay for performance philosophy)를 적용해 경영자의 동기부여를 유도하는 것이 중요하다. 따라서 경영자 보상은 경영자가 업무 책임을 다하는 유인이 되면서 경영자의 능력을 유추할 수 있는 정보가 되기도 한다. 그렇다면 이러한 경영자 보상은 어떻게 책정되는 것일까? 경영자 보상의 규모는 가장 객관적인 수치인 회계정보 및 시장성과에 근거해 책정될 수 있다.

- 단기적인 성과지표: ROA, ROE ⇨ 현금 보상과 더 유의한 관계
- 장기적인 성과지표: 주가수익률 ⇨ 스톡옵션 보상과 더 유의한 관계

하지만 회계이익은 경영자 보상의 성과지표로서 한계점도 있다. 경영자는 단기에 나타나는 회계이익과 같은 성과뿐 아니라 R&D 투자 같은 장기성과를 위한 의사결정도 한다. 또한 경영자가 통제할 수 없는 경제적 상황 및 자연환경 등의 영향을 받기도 한다. 그리고 어떠한 의사결정의 할 때 기회비용도 있을 수 있는데, 이러한 점은 회계이익만으로 경영자 성과를 판단하기 어려운 부분이다.

이처럼 경영자 보상을 성과에 따라 적절하게 책정하는 것은 어려운 문제다. 과연 경영자 보상이 성과를 얼마나 반영하고 있을까. 이를 나타내는 성과-보상 민감도(pay performance sensitivity)에 관한 연구가 많이 이루어졌다. 기업성과가 경영자 보상에 잘 반영되지 않고 다른 비경제적 요인에 영향을 받는다는 결과가 있는 반면, 기업성과는 경영자 보상 계약에 반영이 되고 이러한 관계를 나타내는 민감도를 결정하는 다양한 요인에 관한 연구도 많이 진행되었다.[1] 이와 같은 연구 결과들은 기업의 경영전략, 자본구조, 성장 정도 등 기업이 처한 다양한 여건에 따라 기업성과가 경영자 보상에 반영되는 정도가 차별화되는 것으로 나타나 경영자 보상을 결정할 때 기업성과뿐 아니라 기업 내외부의 다양한 요인을 고려할 필요가 있음을 시사한다.

---

1 Michael C. Jensen, Kevin J. Murphy, "Performance pay and top-management incentives", *Journal of Political Economy* 98(2)(1990.4), pp.225~264; Richard A. Lambert, David F. Larcker, "An analysis of the use of accounting and market measures of performance in executive compensation contracts", *Journal of Accounting Research* 25(3)(1987), pp.85~125; 김태수·정준수·지성권, 「한국기업에서 경영자보상과 경영성과 간의 관계」, 《회계학연구》 24(2)(1999) 87~116쪽; 지성권·신성욱·전미진, (2012), 「기업의 회계 보수주의 수준이 경영자 회계성과: 현금보상 민감도에 미치는 영향」, 《관리회계연구》 12(2)(2012), 87~117쪽.

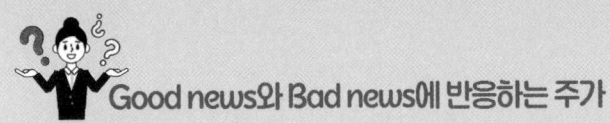
Good news와 Bad news에 반응하는 주가

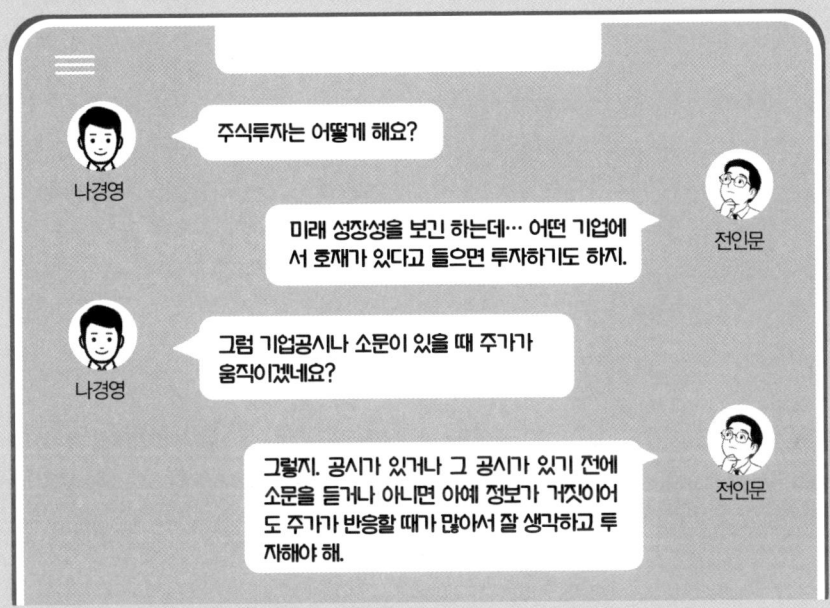

 회계정보에 따른 주가 반응은 Ball and Brown(1968)의 연구에서부터 시작한다. 효율적 시장가설에 근거해 비기대이익(UE: Unexpected Earnings)과 비정상수익률 간의 관계를 검증한 결과 비기대이익이 커지면 비정상수익률도 높아졌고 특히, 주가변동은 이익발표 이전에 발생할 가능성이 85%에 이른다는 결과를 보였다. 이후 분석된 또 하나의 대표적인 주가 반응 연구인 Beaver et al.(1979)은 비기대이익이 클수록 초과수익률이 높게 나타나는 결과를 보이며 투자자들이 이익정보를 보고 미래수익성을 판단해 투자의사 결정을 할 수 있다는 것을 검증했다.[1]

---

[1] R. Ball & P. Brown,. "An empirical evaluation of accounting income numbers", *Journal of accounting research* 6(1968), pp.159~178; W. H. Beaver, Clarke, R. & Wright, W. F., "The association between unsystematic security returns and the magnitude of earnings forecast errors", *Journal of accounting research*, vol.17, no.2(1979), pp.316~340.

이와 같이 회계이익의 증가와 같은 호재성(good news) 공시는 주가에 긍정적인 영향을 미치지만, 반대로 악재성(bad news) 공시는 주가가 하락하는 경향이 있다.

다음은 전형적인 호재성 공시에 따른 주가 반응 사례이다. 미래 수익이 기대되는 긍정적인 뉴스가 해당 기업은 물론 기업이 속한 산업에도 긍정적인 영향을 나타냈다.

27일 SKC(169,000 −15.08%)는 8.52% 오른 19만 1000원에 거래를 마쳤다. 외국인 매수세가 주가를 끌어올렸다. SKC는 지난 24일 파이낸셜 스토리데이를 열고 동박 증설 계획과 음·양극재 사업 진출 계획을 내놨다. 2025년 기준 동박 생산능력을 25만t으로 기존(20만t) 대비 25% 늘린다고 발표했다
「이번엔 동박…끝없이 오르는 배터리 소재주」, 《한국경제》 2021.9.27.

다음은 빅테크 기업인 네이버와 카카오에 대한 규제 강화 소식에 주가가 폭락한 사례이다. 향후 규제로 인해 수익창출에 제동이 걸릴 것으로 예상되어 주가가 하락하는 결과를 나타낸 경우다.

네이버와 카카오가 8일 장초반 하락했다. 전일 금융당국이 네이버파이낸셜과 카카오페이 등에서 제공하고 있는 펀드, 보험 상품 등의 판매를 금융소비자보호법(금소법) 위반행위로 판단함에 따라 이들 플랫폼업체가 투자중개업자 등으로 금융당국에 등록하기 전에는 금융 관련 서비스를 중단할 수밖에 없게 된 것이 악재로 작용하는 분위기다.
「네이버−카카오 동반 하락…'빅테크 금융서비스 중단 악재'」, 《뉴스1》 2021.9.8.

다음은 호재성 공시임에도 주가에 긍정적인 영향을 미치지 못하고 하락한 사례이다. 호재성 정보임에도 주가가 하락하는 경우는 그 정보가 이미 이전에 반영되어 적시 공시된 정보의 효과가 나타나지 않는 것일 가능성이 높다. 내부자의 정보 유출 문제와도 관련이 있을 때도 있다.

대한통운은 …… 서울시 중구 서소문동 토지에 대해 자산재평가를 하기로 했다고 장 마감 뒤 공시했다. 좋은 소식인가 싶더니, 결과는 영 아니었다. 막상 자산재평가가 공시된 직후 거래일인 15일 대한통운 주가는 0.47% 하락세로 마감했다

CJ제일제당 역시 호재성 공시의 '약발'을 받지 못한 채 주가가 미끄러졌다. 25일 장 마감 뒤 삼성생명 500만 주를 매각하기로 했다고 공시한 뒤 다음 거래일인 26~27일 이틀 동안 하락률이 각각 1.5%를 넘어서고 있다. …… 회사측이 공시하기 전부터 시장이 예견해왔었다는 게 주가 하락의 원인으로 지목된다.

「호재성 공시' 이후 주가 하락 많더라」, 《조선비즈》 2010.3.30.

손실이 아닌데 손실이다? 억울한 기업들

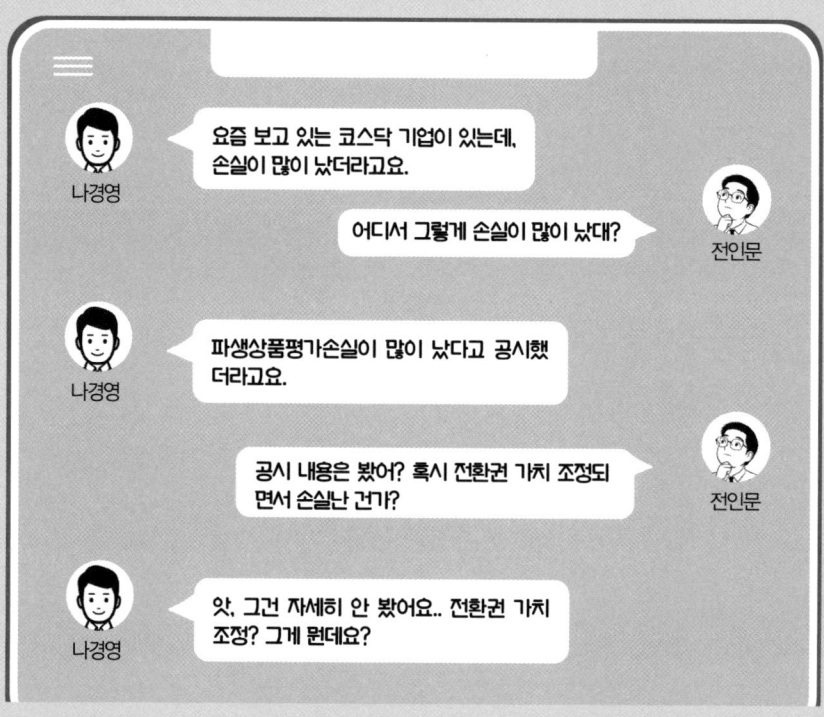

전환사채는 '주식으로 전환할 수 있는 전환권이 있는 사채'이며, 일반 회사채 발행 금리보다 낮아 자본조달비용 부담이 상대적으로 작고 발행절차가 간단해 대체로 은행 대출 및 회사채 발행 등의 자금조달에 어려움을 겪고 있는 기업이 전환사채를 활용하는 편이다. 그렇다면 전환사채의 회계처리에 어떤 문제가 발생할 수 있는지 살펴보자.

전환권 조정에 의한 파생상품 거래손실 발생 공시 건수

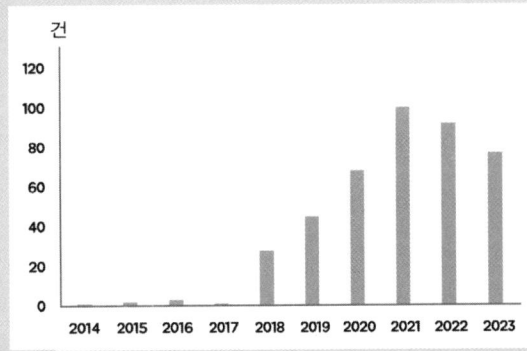

출처: 한국거래소 공시시스템(KIND).

리픽싱 조항이 있는 전환사채를 회계처리하는 문제

리픽싱 조항(Re-fixing, 주가가 하락할 때마다 전환가격을 낮추는 조항)이 있는 전환사채는 회계처리할 때 '전환권'을 파생금융부채로 계상한다. K-IFRS 1109호에 따라 파생상품 요소가 내재된 금융상품은 파생상품요소를 공정가치로 평가하므로 리픽싱 조건이 있는 전환사채의 전환권 대가는 파생상품 부채로 분류하고 전환권을 공정가치로 평가한다.

따라서 주가가 상승하는 경우 전환권의 공정가치도 상승하기 때문에 조정 금액(옵션가격결정모형으로 평가해 최초 전환권 가치와의 차액)이 파생상품평가손실로 인식된다. 이는 현금유출이 없는 회계상의 손실이다.

전환사채 발행 증가와 주가변동에 따라 전환권 조정에 의한 파생상품거래손실은 매년 몇십 건씩 공시되고 있으며 2021년에는 100건에 달했다. 공시규정에 따라 파생상품평가손실이 자기자본의 10% 이상인 경우에만 의무공시인 것을 고려하면 이보다 더 많을 것으로 예상된다. 그러므로 손실이 발생했다고 해도 해당 공시 내용을 면밀히 살피고 투자 의사 결정을 해야 할 것이다.

4. 코인은 어떻게 회계처리하고 세금을 낼까?

✓ 가상자산 회계처리와 과세

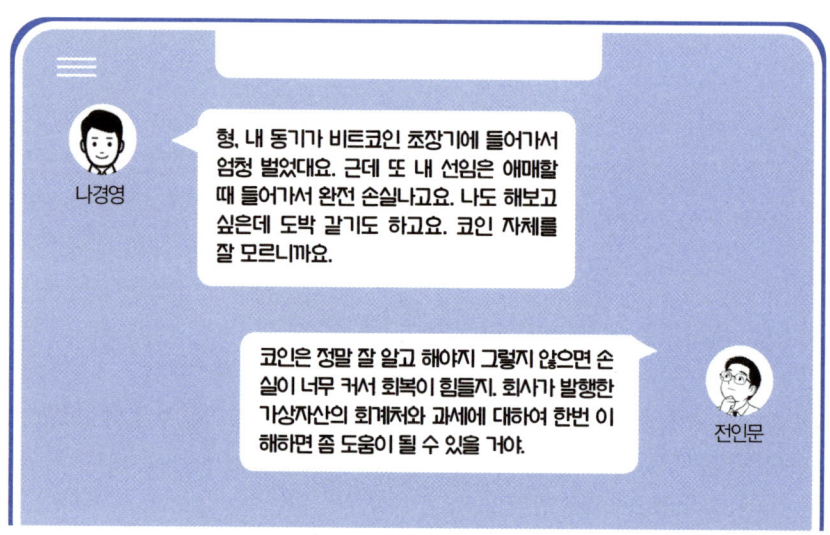

　　가상자산(Virtual Asset, 假想資産_거짓 가, 생각 상, 재물 자, 낳을 산)의 법적 개념은 국내 '특정금융거래 정보의 보고 및 이용 등에 관한 법률'에서 '경제적 가치를 지닌 것으로서 전자적으로 거래 또는 이전될 수 있는 전자적 증표'로 정의하며 암호화폐, 암호화자산, 가상화폐 등의 명칭이 사용되지만, 국내에서는 법적 개념인 '가상자산'으로 통용한다. 투자 광풍이 불고 있는 비트코인, 이더리움 같은 코인은 가상자산의 한 종류로 암호화 기술을 이용해 발행하는 화폐다. 가상자산은 코인과 토큰으로 구분[1]되는데 중앙은행이 발행하지 않는 전통 화폐와는 달리 '채굴(mining)'을 통해 암호화폐의 거래내역을 기록해 블록을 생성하

---

[1] 코인: 독립된 블록체인 네트워크를 소유한 경우. / 토큰: 다른 블록체인 네트워크를 기반으로 한 경우.

고 암호화폐를 얻는 블록체인 기술로 관리되고 있다.

그렇다면 가상자산의 회계처리는 어떻게 할까?

가상자산의 회계처리에 관한 논의는 2016년 IFRS 회계자문 포럼(ASAF)에서 처음으로 논의되었으며, 국가별로 의견 차이가 있었다. 현금 또는 통화, 현금 이외의 금융자산, 무형자산, 재고자산 등 의견이 분분했다. 하지만 IFRS 해석위원회는 2019년 '거래상대방으로부터 현금 등의 금융자산을 수취할 수 있는 계약상의 권리'를 의미하는 금융자산 요건을 충족하지 못하기 때문에, 통일된 기준으로 무형자산이나 재고자산으로 분류하기로 결정했다. 즉 가상자산이 기업 경영에서 판매 또는 중개 목적으로 보유된 것인 경우 재고자산이고, 그 이외에는 무형자산으로 볼 수 있다.

논의 내용

현금 또는 통화	현금 이외의 금융자산	재고자산	무형자산
• 암호화폐는 법적 통화가 아니며 대부분 정부나 국가에서 발행 또는 지원하지 않음 • 암호화폐는 현재 상품 및 서비스 가격을 직접 설정할 수 없음	• 일반적으로 암호화폐를 보유한다고 해서 보유자에게 현금이나 다른 금융자산을 받을 수 있는 계약상의 권리를 부여하지 않으며, 계약상 관계의 결과로 암호화폐가 존재하게 되는 것도 아님	• 재고자산은 통상적인 사업에서 판매를 위해 보유되는 자산으로 구성되어야 함 • 기업이 통상적인 사업에서 판매를 위해 암호화폐를 보유하는 경우 재고자산 회계처리가 적절할 수 있음	• 기업이 자산이 창출할 경제적 효익을 얻고, 미래 경제적 효익이 기업에 유입될 것으로 예상 • 개별적으로 판매, 교환 또는 양도될 수 있기 때문에 식별할 수 있음 • 현금 또는 비화폐성 자산이 아님 • 물리적 형태가 없음

출처: PWC, 2019, A look at current financial reporting issues 참고.

가상자산의 과세는 어떻게 될까?

2022년 세제 개편안에서 가상자산의 소득에 대한 과세 방안을 발표했고, 원래 2023년부터 적용할 예정이었으나, 두 차례 유예해 2027년 1월 1일부터 적용하기로 했다.

- [거주자] 가상자산의 양도 또는 대여에 따른 일정 소득을 기타소득으로 분류해 20%의 세율로 분리과세한다. 즉 250만 원까지는 기본 공제금으로 정하고, 250만 원을 초과한 금액에 대해서는 수익의 20%를 부과한다.
- [비거주자 및 외국법인] 가상자산 소득은 국내원천 기타소득으로서 가상자산 사업자가 비거주자 및 외국법인에게 가상자산의 양도 대가를 지급할 때 세액을 원천징수해 과세관청에 납부한다. 원천징수세액은 양도가액의 10% 또는 양도차익의 20% 중에서 적은 금액으로 정한다.

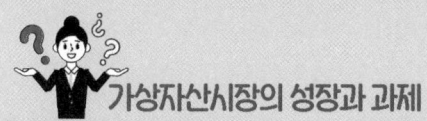
가상자산시장의 성장과 과제

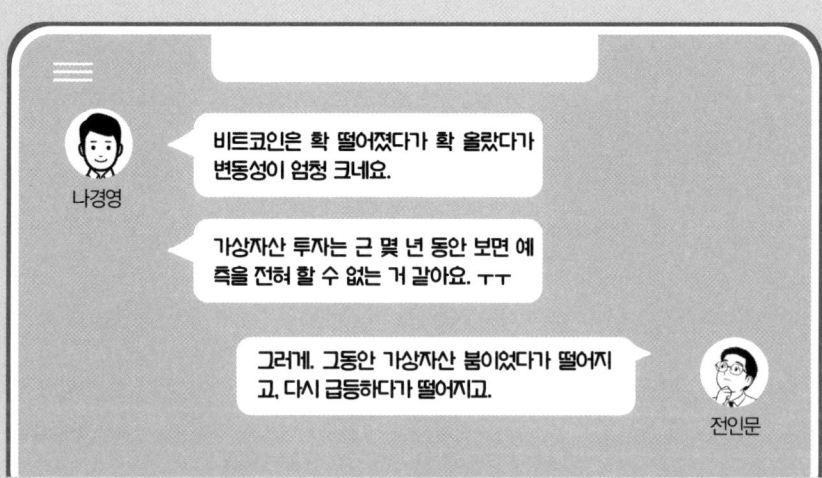

테슬라 최고경영자(CEO) 일론 머스크는 24일 트위터를 통해 "지금부터 비트코인으로 테슬라를 살 수 있다"고 밝혔다. 이어 그는 "테슬라는 (비트코인 결제 과정에서) 오직 내부 오픈소스 소프트웨어만 사용하고, 비트코인 노드를 직접 운영하고 있다"라며 "지불된 비트코인은 명목화폐로 전환되지 않고, 비트코인으로 유지될 것"이라고 덧붙였다. 테슬라의 '깜짝 발표' 소식이 알려지면서 비트코인 가격은 두 자릿수대 증가율을 보이기도 했다. 당시 테슬라는 미국증권거래소(SEC)에 제출한 자료를 통해 "현금 수익을 낼 수 있는 곳을 더욱 다양화하고 수익을 극대화하기 위해 비트코인 매입을 결정했다"라고 밝혔다.

「머스크 "비트코인으로 테슬라 살 수 있다"…가상화폐 열풍 불 지피나」, 《더팩트》 2021.3.24.

2020년 하반기부터 2021년 말까지 비트코인(Bitcoin), 이더리움(Ethereum) 같은 가상자산에 대한 열기가 뜨거웠다. 2020년 하반기부터 2021년 초 큰 변동성을 나타내는 가운데 급등하는 모습을 시현했다. 이후 급락하다가 하반기 다시 급등하는 모습을 보이며 큰 폭의 변동성을 나타냈다. 지난 2018년의 열풍 때는 개인투자자들이 주도했다면 이번에는 기관투자자, 기업 등이 투자 유입으로 더욱 관심을 불러일으켰다.

• 비트코인

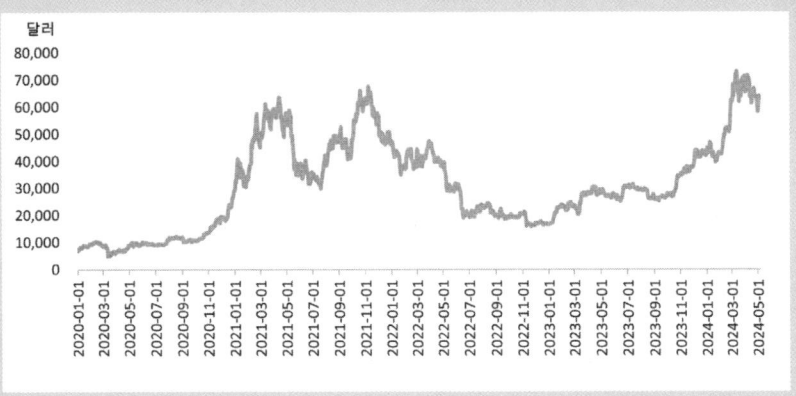

• 이더리움

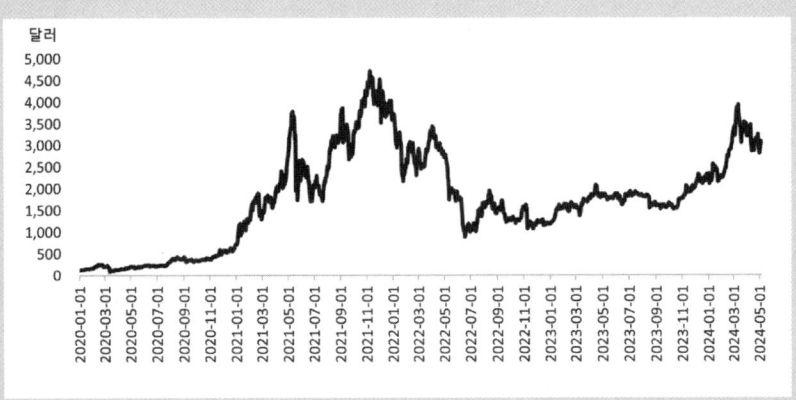

출처: Coinmarketcap.

글로벌 전기차 기업인 테슬라의 비트코인 매수는 기업의 적극적인 투자 참여가 드러나면서 개인투자자의 가상자산에 대한 관심을 증폭시켰고, 비트코인뿐 아니라 이더리움 등 다른 코인의 가격도 폭등하는 현상이 나타났다. 이에 더해 테슬라 CEO의 말 한마디에 코인들의 가격이 들썩였다.

일론 머스크 테슬라 최고경영자(CEO)가 14일(현지시간) 테슬라 제품을 구매할 때 앞으로 도지코인으로 결제하도록 할 것이라고 트위터에서 밝혔다. 이 트윗후 도지코인 가격은 한국시간으로 14일 오후 7시 22센트로 전날 대비 40% 상승했다고 월스트리트저널(WSJ)이 보도했다.

…… 하지만 테슬라는 비트코인 결제를 허용한 뒤 두 달도 안 돼 비트코인은 채굴이 환경에 악영향을 미친다며 결제를 중단했다. 또 머스크는 지난 5월 미국 NBC방송의 코미디쇼 '새터데이 나이트 라이브(SNL)'에 출연해 도지코인이 사기냐는 질문에 '사기(hustle)'라고 농담조로 말했다가 방송이 끝나기도 전에 30% 가까이 가격이 폭락하기도 했다.
「머스크, 도지코인 관련 트윗...가격 40% 폭등」, 《파이낸셜뉴스》 2021.12.14.

그뿐만 아니라 미국 SEC(Securities and Exchange Commission)는 2021년 10월 프로셰어즈(ProShare) 비트코인 선물 EFT 거래를 승인했고, 이후 발키리(Valkyrie), 반에크(VanEck), 튜크리엄(Teucrium) 비트코인 EFT 거래도 승인되면서 가상자산 활용에 대한 기대는 더욱 높아졌다.
가상자산 투자가 늘어나면서 국제자금세탁방지기구(FAFT, Financial Action Task Force)와 각국 정부에서 가상자산에 대한 법적 지위를 인정하면서 명칭을 통일했다. 2019년 2월부터 전자적으로 거래 및 이전될 수 있는 자산을 의미하는 용어를 '가상자산(Virtual Assets)'이라고 통용하기 시작했으며, 국내에서도 지난해 개정된 「특정금융거래정보의 보고 및 이용 등에 관한 법률(특정금융정보거래법)」에서 같은 의미로 가상자산을 정의한다.

2023년 들어서는 세계 각국에서 가상자산 투자자 보호를 위한 규제 마련이 적극적으로 진행되었다. 유럽 의회에서는 2023년 4월 가상자산에 대한 새로운 입법인 MiCA(Market in Crypto-Assets) 법안이 최종 통과되었다. MiCA는 가상 자산 발행인 및 사업자를 규제하고 불공정거래 행위를 규제하며, 공시의무에 대한 내용을 담고 있다. 특히 가상자산을 전자화폐토큰, 자산준거토큰, 유틸리티토큰의 유형별로 분류해 규제를 차등적으로 적용한다.
영국에서도 2023년 6월 가상자산과 스테이블코인을 금융당국이 감독할 수 있는 법안이 승인되었고, 미국에서는 현행법에서 증권거래위원회, 국세청, 상품선물거래위원회 등이 개별적으로 규제를 적용하고 있는 가운데, 포괄적인 규제의 필요성을 주장하며 법안 도입 움직임이 나타나고 있다.
우리나라에서도 2022년 5월 테라-루나 사태와 11월 FTX 파산보호 신청에 따른 영향 등 큰 고초를 겪으며 투자자보호를 위한 규제 마련 논의를 진행한 끝에 2023년 6월 '가상자산 이용자 보호 등에 관한 법률'이 마련되어 시행되고 있다.

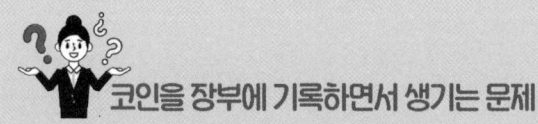
코인을 장부에 기록하면서 생기는 문제

나경영: 가상자산은 재무제표에 어떻게 기록해요?

전인문: 가상자산의 보유는 무형으로 인식하고 매각대가는 수익으로 인식해. 예전에 가상자산을 판 것을 매출로 처리해서 논란이 되었거든. 그래서 새로 지침이 마련됐어!

2021년 가상자산시장이 급속도로 성장하면서 투자가 확대되며 가상자산을 발행하고 보유, 거래하는 기업도 늘어났다. 하지만 가상자산 관련 회계기준이 미비해 가상자산을 활용하는 기업들이 회계처리하기 위한 기준 마련이 필요했다. 2022년 초 게임업체 위메이드는 매출액과 영업이익의 상당 부분이 가상자산 위믹스의 유동화 매출액을 포함한 것으로 알려져 이를 정정공시했고, 매출액과 영업이익이 크게 감소하면서 주가가 폭락하는 사태가 발생했다.

위메이드는 지난해 자체 발행한 가상화폐(위믹스)를 팔아서 얻은 현금 2,255억 원을 한꺼번에 2021년 4분기 매출로 처리했다. 게임업계는 물론 금융·투자업계에도 일대 혼란이 일었다. 위메이드가 위믹스 매각분을 '매출'로 잡은 것을 두고 "가상화폐로 매출을 뻥튀기했다"는 비판이 나왔다. 실제로 지난해 4분기 위메이드 전체 매출 중 위믹스 유동화분이 차지하는 비중은 64%에 달했다. 가상화폐 매각분에 대한 회계처리를 두고 명확한 국내 기준이 없어 논란은 더욱 가중됐다. 국제회계기준(IFRS)도 가상화폐에 대한 명확한 기준이 없어 당국에서 해답을 내리기도 사실상 어려웠다.

「회계지침 없던 코인수익…매출 아닌 부채로」, 《매일경제》 2022.3.16.

위메이드는 2021년 손익계산서에 자체 발행한 가상자산을 매각한 금액을 매출로 계상했다가 회계 감사를 통해 선수수익으로 변경해 정정공시했다. 가상자산의 매각으로 현금을 받았지만, 고객에게 서비스 제공 후 가상자산을 회수할 때 매출로 인식하는 상품권과 유사한 회계처리를 하도록 한 것이다.

위메이드의 회계처리 변경

변경 전	변경 후
위믹스 매각	위믹스 매각
현금(자산) *** 　 매출(수익) ***	현금(자산) *** 　 선수수익(부채) ***
	추후수익 실현
	선수수익(부채) *** 　 매출(수익) ***

이처럼 가상자산시장의 성장에도 불구하고 회계처리와 관련해 보유 시 적용지침[1]만 있고 그 외에는 기준이 없었다. 이에 금융감독원은 2022년 7월 '가상자산 회계감독 관련 논의를 위한 전문가 간담회'를 개최해 가상자산 회계처리 현황 및 주석공시 강화 필요과제에 관해 논의를 시작했다.

---

[1] 통상적인 영업목적으로 보유하면 재고자산, 그 외는 무형자산으로 분류.

세 차례 논의 끝에 2023년 발행자 및 보유자, 사업자 측면에서의 다음과 같은 가상자산 회계처리 방안을 마련했다.[1]

	회계처리 감독지침	주석공시 의무화
발행자	• 매각: 판매 목적이라면, 수익 기준서(K-IFRS 제1115호)를 적용하고, 회사가 가상자산 보유자에 대한 의무를 모두 완료한 이후에 가상자산의 매각대가를 수익으로 인식, 의무 완료 전에는 부채로 인식 • 지출 원가: 명확한 근거를 제시할 수 없다면 발생시 비용으로 처리	• 해당 가상자산의 수량·특성, 이를 활용한 사업모형 등 일반정보 • 가상자산의 매각대가에 대한 수익 인식 등 회계정책과 수익인식을 위한 의무이행 경과에 대한 회사의 판단 • 자체 유보(Reserve)한 가상자산에 대해 보유정보 및 기중 사용내역(물량 포함)
보유자	• 판매목적 여부에 따라 무형자산 또는 재고자산으로 분류, 단, 금융상품의 정의를 충족하는 경우에는 금융자산·부채로 분류	• 가상자산의 분류기준에 대한 회계정책 • 회사가 재무제표에 인식한 장부금액 및 시장가치 정보(물량 포함)
사업자	• 경제적 통제권을 고려하여 자산·부채 인식 여부를 결정(경제적 통제권 : 가상자산의 사용을 지시하고 가치상승 등의 효익을 얻을 수 있는 권리)	• 물량과 시장가치 등의 정보를 가상자산별로 공시 • 가상자산 보유에 따른 물리적 위험(해킹 등) 및 이를 예방하기 위한 보호수준 등에 대한 정보

---

[1] 「가상자산 관련 회계·공시가 투명해집니다」, 금융감독원 보도자료, 2023.7.11.

5. 회사도 '동거'와 '별거'를 할 수 있다

✅ 인수합병 VS 분할

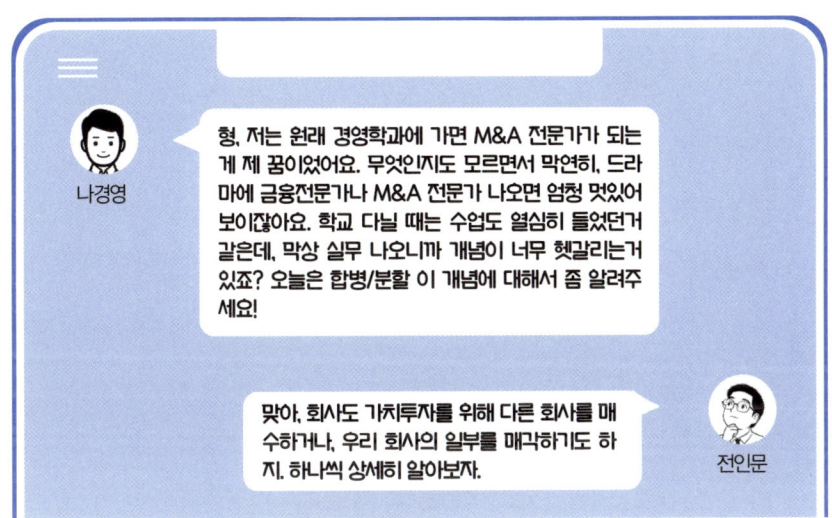

드라마 또는 매체 등에서 보이는 M&A 전문가, 구조조정전문가, 이런 타이틀이 일반인에게는 멋있으면서도 생소해 보인다. 그렇다면 회사에 대한 M&A란 무엇이고 구조조정이란 무엇일까?

M&A와 구조조정 모두, 현재의 기업현황에서 부족한 점을 보완하고 더 나은 기업으로 발전시키기 위해 각기 다른 회사를 합친다거나, 또는 현재 기업 내부의 특정 부문을 축소 등을 하는 행위를 의미한다.

인수합병(Mergers and Acquisitions(이하, M&A, 引受合併_끌 인, 받을 수, 합할 합, 아우를 병)에서 '인수'란 한 기업이 다른 기업의 주식이나 자산 취득을 통해 경영권을 획득하는 것이고, '합병'이란 2개 이상의 기업이 법률적 및 사실적으로 하나의 회사가 되는 것을 의미한다.

인수합병(M&A)은 그 성격에 따라 우호적 M&A(인수 또는 합병 대상 기업의 동의를 얻는 경우)와 적대적 M&A(인수 또는 합병 대상 기업의 동의 없이 강행)가 있다.

일반적인 M&A 방법으로는 주식인수, 영업양수, 자산인수, 위임장대결, 합병 등이 있다. 적대적 M&A는 주식인수와 위임장대결로 이루어진다.

- 주식인수: 주식매수(주주개별매수, 증권시장매수, 공개매수 등)를 통한 회사의 경영권 인수
- 자산인수: 대상기업의 자산뿐 아니라 영업권 등 포괄적 권리를 매수. 부채를 제외한 자산만을 인수하므로, 원하지 않는 부채에 대해 책임지지 않아도 되는 장점이 있음.
- 위임장대결: 주주총회에서 기업인수 합병 의결을 추진하기 위하여 다수의 주주로부터 의결권 행사 위임장을 확보하는 방법(드라마에서 많이 보는 방법. 소수 주주나 주요 주주로부터 의결권을 위임하여 현재 경영진의 무능력함 또는 부패 등을 이유로 경영진을 교체하는 상황 등)
- 흡수합병: 인수기업이 대상기업을 흡수
- 신설합병: 양 기업이 합병해 새로운 회사를 설립
- 역합병: 실질적인 인수기업이 소멸하고 피인수기업이 존속

기업분할(企業分割_꾀할 기, 업 업, 나눌 분, 벨 할)은 인수합병의 반대 개념으로 회사의 특정사업부문을 독립적인 회사로 분리하는 것이다. 따라서 특정사업부문에 대한 자산, 부채, 자본까지 나누는 것으로 우리나라에서는 IMF 경제위기 이후 기업의 구조조정을 보다 쉽게 진행하기 위해 1998년 상법이 개정되면서

본격적으로 허용되었다.

기업분할은 물적분할(Split-off, 物的分割_물건 물, 과녁 적, 나눌 분, 벨 할)과 인적분할(Spin-off, 人的分割_사람 인, 과녁 적, 나눌 분, 벨 할)로 구분할 수 있다.

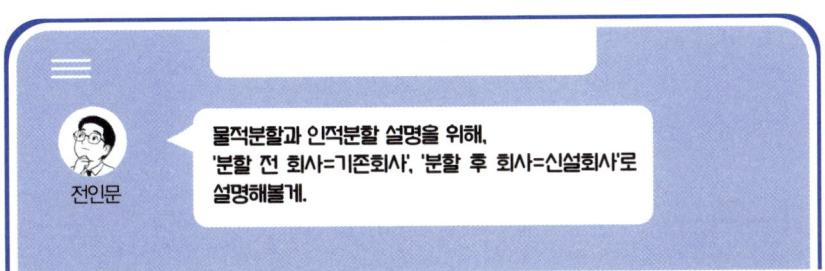

물적분할은 기존회사가 신설회사의 주식을 모두 소유하게 된다. 즉 물적분할을 통해 기존회사는 신설회사의 주주권과 경영권을 보유하게 된다. 기존회사는 모회사이고 신설회사는 '종속기업'으로 구분된다.

그러나 인적분할은 기존회사의 주주들이 본인의 지분율대로 신설회사의 주식을 배분받는다. 다시 말해서, 신설회사의 주식 보유자는 기존회사 자체가 아니라, 기존회사의 주주이므로 '인적(人的)'분할이라고 일컫는다.

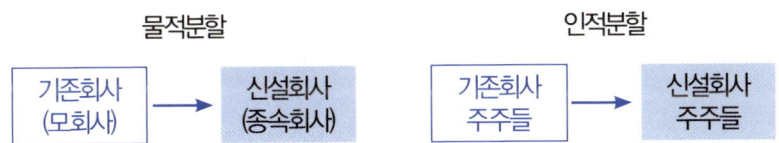

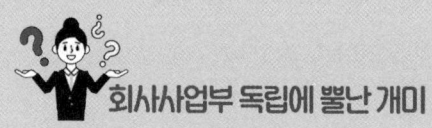
회사사업부 독립에 뿔난 개미

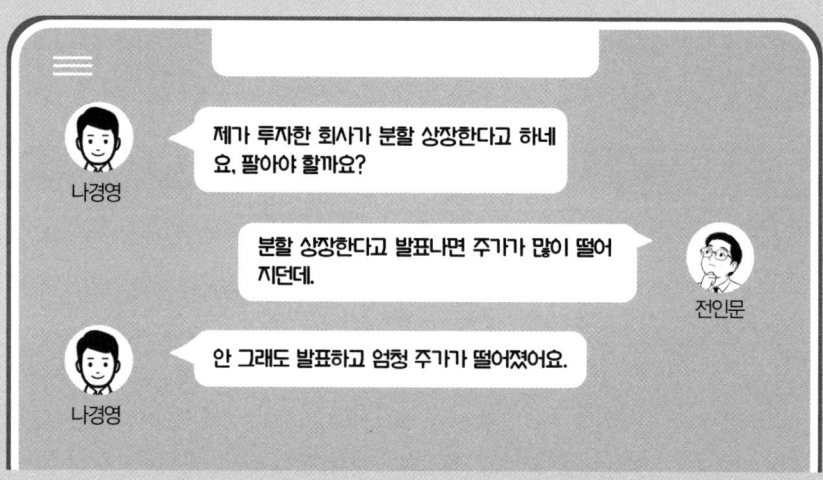

상장기업이 사업부를 자회사로 분할해 재상장하는 물적분할 사례가 계속 증가하면서, 물적분할로 인해 기존 기업의 투자자 손실이 발생하는 것에 대해 논란이 제기되었다.

LG에너지솔루션은 2020년 12월 LG화학의 핵심 사업부인 배터리 사업부문을 분할해 설립한 기업으로 2022년 1월 27일 유가증권시장에 상장했다. 분할 상장하기로 발표한 2020년 9월 당시 LG화학의 주가는 전일대비 11.5% 하락했다. 또한 SK이노베이션에서 SK아이테크놀로지, SK케미칼에서 SK바이오사이언스의 물적분할 사례에서도 주가 하락 경향이 관찰되었다. 이러한 경우 해당 기업의 투자자들은 손실을 떠안으며 주주가치가 훼손될 수 있다.

반도체 파운드리 기업 DB하이텍의 사업부 분할을 둘러싼 논란이 가열되고 있다. 아직 구체적인 분할 방식과 시기가 정해지지 않았지만 개인 투자자들은 소수 지분을 모아 DB하이텍을 상대로 주주명부 열람·등사 가처분 제기 신청을 준비하는 등 소송전을 불사할 태세다. 이들은 LG와 SK처럼 '물적분할-자회사 상장-모기업 디스카운트'의 악순환을 우려하며 집단 행동에 나서고 있다.

「'물적분할 결사반대' 뿔난 DB하이텍 개미들 지배구조 개편 악용 논란에 속 타는 DB」, 《매일경제》 2022.8.19.

물적분할은 기업의 핵심부문을 자회사로 만들어 별도 상장 후 새로운 투자원을 받는 것으로 기존의 주주들은 물적분할한 기업의 주식을 받지 못한다. 따라서 중복 상장 및 핵심 사업부 분리로 인한 물적분할 리스크로 모기업의 가치가 하락할 수 있다. 이에 금융당국은 물적분할 자회사 상장 시 주주보호 방안에 대한 정책 세미나를 개최하며 주주 보호를 위한 방안을 강구했다.

논의 끝에 2022년 12월 '물적분할 자회사 상장 관련 일반주주 권익 제고방안'의 후속조치로 자본시장법 시행령 개정안이 의결되었다. 따라서 물적분할 자회사 상장 관련 3중 보호장치(① 물적분할 정보에 관한 공시 강화, ② 반대주주에게 주식매수청구권 부여, ③ 물적분할 자회사 상장 시 상장심사 강화)가 모두 제도화되었다.

Part 1. 요약

재무회계(Finance Accounting, 財務會計)란, 기업의 경영활동을 외부에 공표할 목적으로 '재무제표'라는 회계보고서를 기록, 분류, 정리, 작성하는 회계다. 이는 기업의 외부 이해관계자들이 합리적인 의사결정을 할 수 있도록 필요한 회계정보를 제공할 목적으로 행해지는 회계다.

다른 회사의 매출과 자산을 확인하고 싶을 때 금융감독원전자공시시스템(http://dart.fss.or.kr/)에서 사업보고서 또는 감사보고서를 통해 확인할 수 있다.

주식투자할 때는 그 회사의 당기순이익보다는 영업활동에서 창출한 매출액과 영업이익 숫자에 집중해보자. 재무제표는 물론 그 회사에서 발생하는 Event(유상증자 목적, 무상증자 시기, 유상감자/무상감자 여부)를 꼭 눈여겨보자! 또한, 동종업계의 ROE, EPS, PER, BPS, PBR 등을 비교해보자!

합병(合倂)은 두개 이상의 기업들이 법률적으로 하나의 회사가 되는 것이고, 분할(分割)은 회사의 특정부문을 독립적인 회사로 분리하는 것이다.

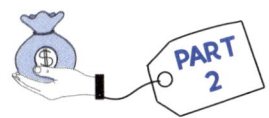

나도 될 수 있다! 회계 전문가

1. 재무제표와 재무상태표가 다른 거였어?

☑ 재무제표는 1개의 표가 아니다

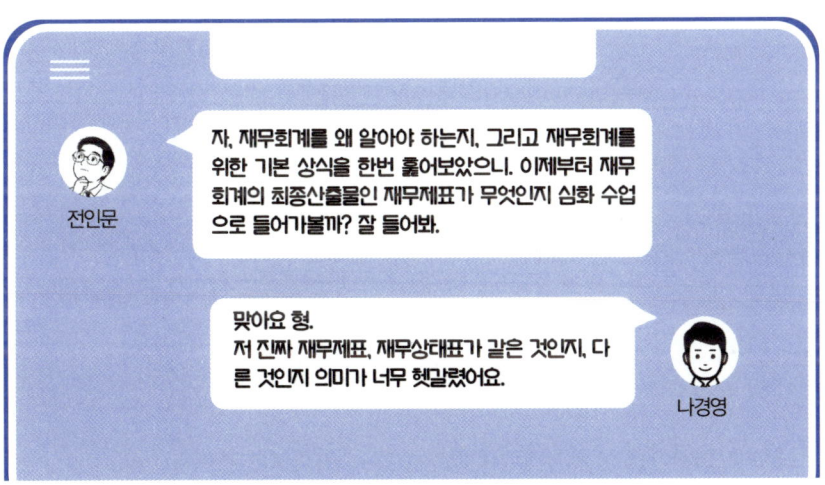

재무제표(Financial Statement, 財務諸表_재물 재, 업무 무, 모두 제, 도표 표: 재무업무 관련 모든 도표)는 회사의 재산 상태와 수익과 손실 상태, 현금흐름 등을 보여주는 모든 표를 의미하며 다음과 같이 나눌 수 있다.

(1) 재무상태표(Balance Sheet(B/S), 財務狀態表_재물 재, 업무 무, 형상 상, 형태 태, 도표 표): X월 XX일 현재 회사의 자산, 부채, 자본의 상태를 보여주는 표(대부분의 회사는 12월 31일 재무상태를 보여준다).

(2) 포괄손익계산서(Statement of Comprehensive Income (I/S), 包括損益計算書_꾸러미 포, 묶을 괄, 덜 손, 더할 익, 셀 계, 셈 산, 글 서): 일정기간 동안 X월 XX일 ~ X월 XX일까지 발생한 회사의 수익과 비용을 보여주는 표(대부분의 회사는 1월 1일 ~12월 31일까지의 수익비용을 보여준다).

(3) 자본변동표(Statement of Changes in Equity , 資本變動表_재물 재, 근본 본, 변할 변, 움직일 동, 표할 표): 일정 기간 동안 자본의 구성 항목 및 변동을 보여주는 표.

(4) 현금흐름표(Statement of Cash Flows, 現金흐름表_나타날 현, 쇠 금, 흐름(한글임), 표할 표): (1)~(3)은 발생주의로 작성된 표이므로 실질 기업의 현금흐름을 보기 위해서는 현금흐름표를 보아야 함.

(5) 주석(Notes, 註釋_글 뜻 풀 주, 풀 석): 재무상태표/포괄손익계산서/자본변동표/현금흐름표 이해에 필요한 보충정보 제공.

재무제표라는 것은 상기 총 다섯 개를 모두 일컫는 명칭이며, 재무제표는 또 다시 연결재무제표, 별도재무제표, 개별재무제표로 분류될 수도 있다.

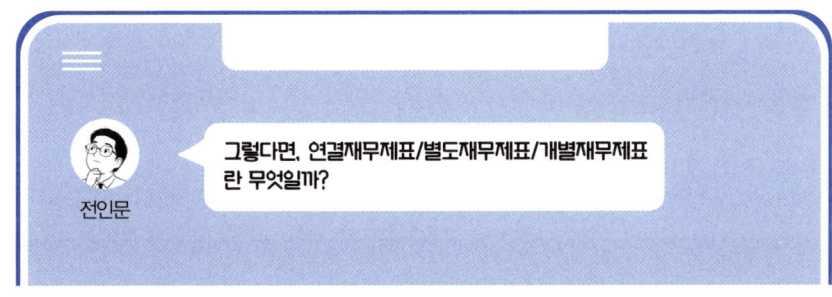

2011년 K-IFRS(한국채택국제회계기준)이 도입되면서 연결재무제표가 회사의 기본재무제표가 되었으며, 연결회계처리를 하는 회사의 연결개념이 아닌 그 회사 단독의 재무제표를 '별도재무제표'라고 한다. '개별재무제표'란 연결회계처리를 하지 않는 회사 단독의 재무제표만을 일컫는다.

예를 들어, S전자가 최상위 지배기업(Parent Company), 그 밑에 S전기/S모바일을 종속기업(Consolidated Company)이라고 하고 S전자가 연결회계처리를 하는 회사라면, 종속회사들을 모두 합친 S전자의 연결재무제표와 S전자 단독만을 표시한 별도재무제표 이렇게 2개의 재무

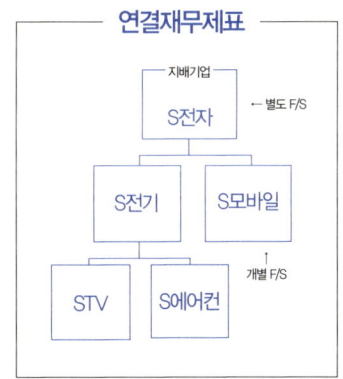

제표가 산출이 된다. 그러나 연결회계처리를 하지 않는 나홀로 회사라면 개별재무제표 하나만 산출되는 것이다.

여기서 용어사용에 주의할 점은 별도재무제표와 개별재무제표의 분류는 K-IFRS(한국채택국제회계기준)에서만 적용되는 것이며, 일반회계기준에서는 '개별재무제표' 용어 하나만 적용된다.

	한국채택국제회계기준	일반기업회계기준
연결회계처리 O	연결재무제표/별도재무제표	연결재무제표/개별재무제표
연결회계처리 X	개별재무제표	개별재무제표

2. 회사의 가계부인 재무제표, 나도 만들 수 있다

☑ 재무제표를 만들기 위한 첫걸음

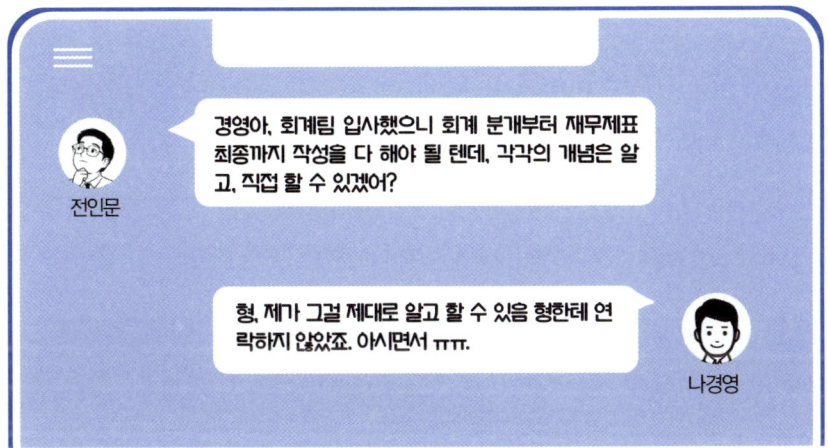

회사의 숫자에 관련된 거래를 모아놓은 것을 재무제표라 한다면, 그 재무제표를 만드는 시작은 어디부터 해야 하는 것일까?

1) 회계상 거래의 기록

회사에서는 하루에도 수많은 사건(event)이 발생한다. 그 사건 중에서, 숫자로 정확히 표현할 수 있는 내용이 있다면 회계거래로 기록해야 한다. 그렇다면 회계거래인 것과 아닌 것은 어떻게 판단할 수 있을까?

사건 1 : 주주들이 현금 5,000,000원을 출자해 회사를 설립했다.
사건 2 : 우리 회사는 소비자만족도 1위에 선정되어, 표창장을 수여했다.

회계상 거래가 되기 위해서는 금액이 정확히 측정 가능해야 한다. 그래서 사건1은 회계상 거래로 기록되어야 하며, 사건2는 회사에 좋은 사건이지만 금액적으로 측정할 수 없으므로 회계상 거래로 기록되지 않는다.

2) 회계상 거래의 기록 방법

회계상 거래를 기록하는 방법으로는 단식부기법과 복식부기법 두 가지 방법이 있다. 우리 개개인이 용돈 기입장이나 가계부로 쓰던 방법은 '단식부기법'이고, 기업에서 회계를 기록하는 방법은 '복식부기법'이다.

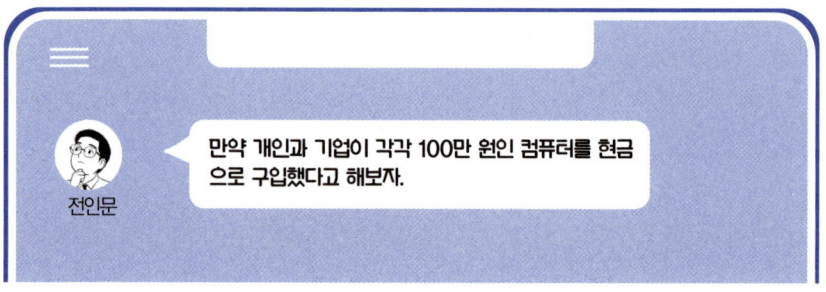

전인문: 만약 개인과 기업이 각각 100만 원인 컴퓨터를 현금으로 구입했다고 해보자.

그렇다면 개인은 가계부 또는 용돈기입장에 다음과 같이 기재할 것이다.

구분	금액	적요
현금사용	1,000,000	컴퓨터 구입

위와 같이 현금거래에 대해 입금과 출금만을 단순하게 기록하는 것을 '단식부기법'이라 한다.

그러나 기업은 다음과 같이 기록할 것이다.

차변		대변	
컴퓨터	1,000,000	현금	1,000,000

재산이 증가하고 감소하는 원인을 각각 기재하는 것이다. 현금 100만 원을 사용해(재산 감소), 컴퓨터(재산 증가)가 생긴 것이다.

복식부기의 매력은, 해당 기록만 보면 컴퓨터를 사기 위해 현금을 사용했다는 것을 언제든 누구나 알 수 있다는 것이다. 이렇게 차변과 대변을 나누어 적는 것을 '분개'라고 한다.

3. 회계를 기록할 때 왜 양쪽으로 나누어 적어야 하지?

☑ 왼쪽(차변)과 오른쪽(대변)을 나누어 적는 방법

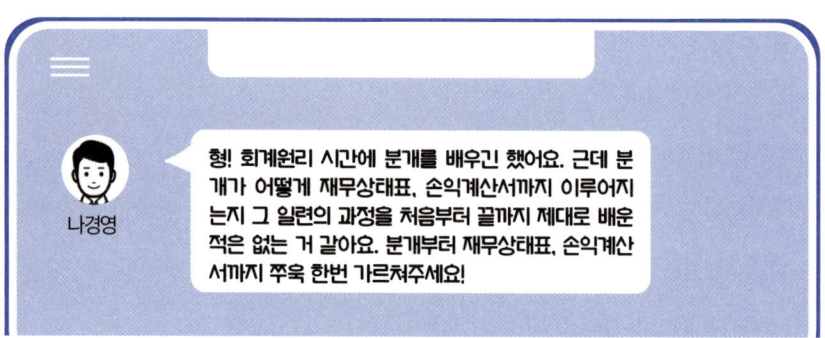

나경영: 형! 회계원리 시간에 분개를 배우긴 했어요. 근데 분개가 어떻게 재무상태표, 손익계산서까지 이루어지는지 그 일련의 과정을 처음부터 끝까지 제대로 배운 적은 없는 거 같아요. 분개부터 재무상태표, 손익계산서까지 쭈욱 한번 가르쳐주세요!

회사에서 거래가 오고 갈 때, 거래에 대한 최초의 회계기록을 분개(Journalizing, 分介_나눌 분, 낄 개)라고 한다. 분개는 구체적인 계정과목과 금액을 정해 기재해야 하며, 분개를 기록할 때 차변과 대변이라는 용어를 사용한다. 분개에서 왼쪽은 차변(Debtor, 借邊_빌릴 차, 가 변), 오른쪽은 대변(Creditor, 貸邊_빌릴 대, 가 변)이다.

분개라는 것은 다음처럼 기록된다.

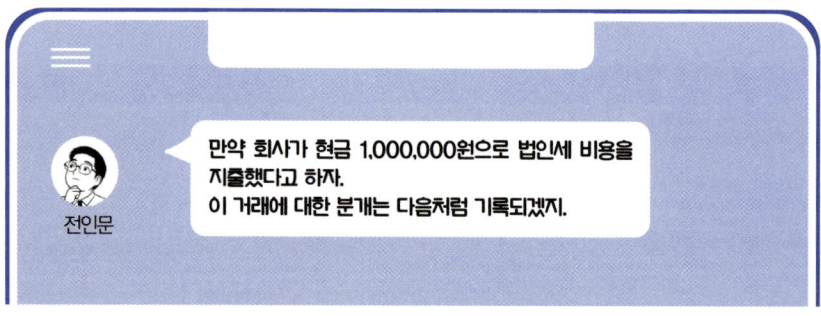

전인문: 만약 회사가 현금 1,000,000원으로 법인세 비용을 지출했다고 하자.
이 거래에 대한 분개는 다음처럼 기록되겠지.

차변		대변	
법인세 비용	1,000,000	현금	1,000,000

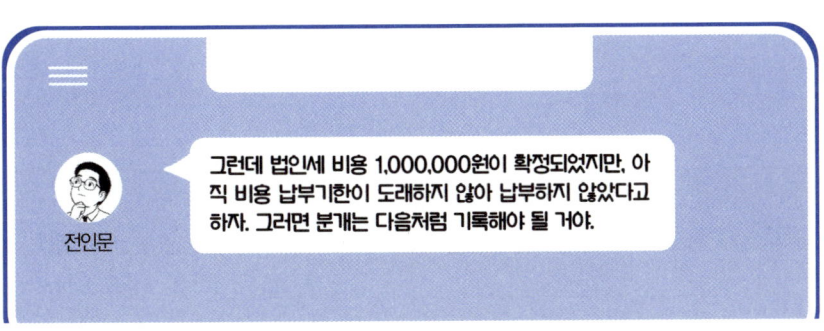

전인문: 그런데 법인세 비용 1,000,000원이 확정되었지만, 아직 비용 납부기한이 도래하지 않아 납부하지 않았다고 하자. 그러면 분개는 다음처럼 기록해야 될 거야.

차변		대변	
법인세 비용	1,000,000	미지급법인세	1,000,000

여기서 분개의 기본 원칙이 있다. 차변과 대변 각각의 금액은 같아야 한다. 위에 분개를 보면 알겠지만, 차변 대변 모두 동일한 1,000,000원이다.

회계기록의 가장 기본은 차변과 대변으로 나누고, 그 양쪽의 금액을 동일하게 맞추는 것이다. 이를 '복식부기(bookkeeping by double entry, 複式簿記_겹칠 복, 법 식, 장부 부, 기록할 기)'라고도 말한다.

재무제표를 가만히 들여다보면 표를 왼쪽과 오른쪽으로 나눌 수 있다.
왼쪽을 차변, 오른쪽을 대변으로 구분하면 된다. 그러면 자산은 차변, 부채와 자본은 대변이다.

그럼 여기서 의문이 드는 것은 차변과 대변으로 정하는 원칙은 무엇일까? 그건 다시 재무제표로 돌아가보면 이해할 수 있어. 잘 들어봐.

재무상태표	
차변	대변
자산	부채
	자본

그렇다면 포괄손익계산서는 어떻게 그려질까? 사실 우리가 쉽게 찾아볼 수 있는 공시되는 포괄손익계산서는 수익이 먼저 나오고 비용이 밑으로 순서대로 나열되는 표이지만, 원래 회계에서는 손익계산서도 다음과 같이 그릴 수 있다.

손익계산서	
차변	대변
비용	수익
	이익

회사에서는 금전과 관련된 모든 기록을 '분개'라는 회계기록에 발생 시점마다 기록하고, 그 분개들이 모여서 재무상태표와 손익계산서가 만들어진다. 사실 재무상태표와 손익계산서가 만들어지기 전에 '시산표'라는 곳으로 모두 모이고, 회계기록이 모두 모이면 재무상태표와 손익계산서로 분류한다.

시산표(Trial balance, 試算表_시험 시, 셈할 산, 겉 표)라는 것은 복식부기의 옳고 그름을 검증하는 표다. 모든 회계기록을 시산표의 차변과 대변으로 나누어 기재하고, 이 차변과 대변의 합계액이 일치해야만 회계기록을 최소한 복식부기에 따라 기재한 것으로 인정할 수 있다.

시산표는 다음과 같이 작성된다.

시산표	
차변	대변
자산	부채
	자본
비용	수익

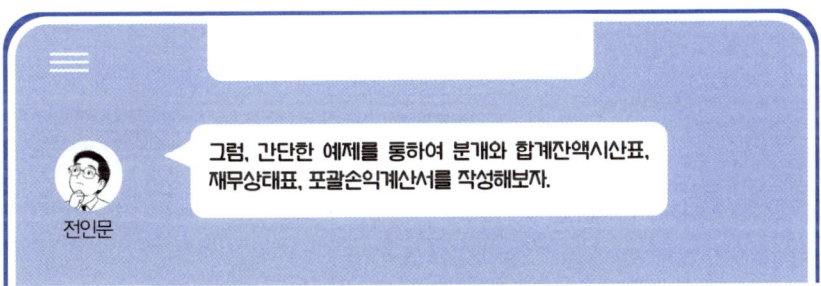

기초 재무상태표는 다음과 같다. 재무상태표의 차변과 대변의 합은 항상 동일해야 한다. 총자산 1,000,000원=총부채 400,000원+총자본 600,000원으로 동일하다!

재무상태표			
현금 및 예금	200,000	매입채무	200,000
매출채권	200,000	차입금	200,000
재고자산	200,000	**총부채**	**400,000**
유형자산	300,000		
무형자산	100,000	자본금	600,000
총자산	**1,000,000**	**총자본**	**600,000**

이번 달 발생한 거래를 분개로 작성해보자.

① 직원들에게 급여로 100,000원을 현금으로 지급한다.

② 차입금 100,000원을 현금으로 상환한다.

③ 재고자산 50,000원을 100,000원으로 판매하고, 현금으로 수령한다.

④ 상품 100,000원을 구매하고, 구입대금은 다음 달에 지급한다.

⑤ 회사 회의실의 컴퓨터 장비를 100,000원 현금으로 구입한다.

No	차변		대변	
(1)	급여	100,000	현금	100,000
(2)	차입금	100,000	현금	100,000
(3)	현금	100,000	매출	100,000
	매출원가	50,000	재고자산	50,000
(4)	상품(재고자산)	100,000	매입채무	100,000
(5)	비품(유형자산)	100,000	현금	100,000

기초 재무상태표에 이번에 발생한 분개를 모두 단순하게 합산하면 다음과 같이 되며, 이를 시산표라 말한다.

차변		대변		비고
현금	200,000	매입채무	200,000	기초 재무상태표
매출채권	200,000	차입금	200,000	
재고자산	200,000			
유형자산	300,000			
무형자산	100,000	자본금	600,000	
급여	100,000	현금	100,000	기중 분개
차입금	100,000	현금	100,000	
현금	100,000	매출	100,000	
매출원가	50,000	재고자산	50,000	
재고자산	100,000	매입채무	100,000	
유형자산	100,000	현금	100,000	
합계	1,550,000	합계	1,550,000	

이것을 자산, 부채, 수익, 비용 순서로 기재하는 것이 합계잔액시산표다.

여기서 '합계'란 기초재무상태표+기중분개의 차변합계, 대변합계를 각각 기재하는 것이고, '잔액'은 차변과 대변의 차액을 기재하는 것이다.

자산과 비용은 원래 차변이 자기 위치이므로, [차변합계-대변합계]금액을 차변잔액에 기재하고, 부채, 자본, 수익은 원래 대변이 자기 위치이므로, [대변합계-차변합계]금액을 대변잔액에 기재한다.

회계에서의 모든 표는 차변과 대변의 금액이 일치해야 한다(이를 이미 언급했던 복식부기의 원리라고 한다). 따라서 합계잔액 시산표를 만들었는데, 차변과 대변이 다르다면 분개 또는 기초잔액 기표과정에서 분명히 오류가 있으니 재검토해야 한다.

차변잔액	차변합계	계정과목	대변합계	대변잔액
0	300,000	현금	300,000	-
200,000	200,000	매출채권		
250,000	300,000	재고자산	50,000	-
400,000	400,000	유형자산	-	-
100,000	100,000	무형자산	-	-
-	-	매입채무	300,000	300,000
-	100,000	차입금	200,000	100,000
-	-	자본금	600,000	600,000
-	-	매출	100,000	100,000
50,000	50,000	매출원가	-	-
100,000	100,000	급여	-	-
1,100,000	1,550,000	합계	1,550,000	1,100,000

자산·비용: 차변합계−대변합계

부채·자본·수익: 대변합계−차변합계

이제 합계잔액시산표를 가지고 재무상태표와 손익계산서로 나누어 보겠다.

합계잔액시산표에서 재무상태표와 손익계산서를 만드는 손쉬운 방법은 손익계산서부터 만드는 것이다. 왜냐하면 손익계산서의 최종 순손익이 재무상태표의 자본 사이드에 포함되어야만 재무상태표의 대변과 차변의 합계액이 일치하기 때문이다.

우선 손익계산서를 만들어보면, 손익계산서 항목(즉 수익과 비용항목)만 분류해 계정과목을 가져오고, 금액은 '차변잔액', '대변잔액'으로 기재한 후, 대변과 차변의 차이를 순수익 또는 순손실로 표시한다.

손익계산서

차변		대변	
매출원가	50,000	매출	100,000
급여	100,000		
		당기순손익	(−)50,000

전인문

이렇게 하면 손익계산서는 완성! 정말 뿌듯하지 않아? 내 손으로 만들었다는 것이!
재무상태표를 만들려면, 합계잔액시산표에서 재무상태표 항목(자산, 부채, 자본)만 모아서 차변과 대변에 각각 기재하고 금액은 '차변잔액'과 '대변잔액'만을 기재하는 거지.
정확하게 잘 적었다면, 손익계산서에서 도출된 당기순손익만큼만 차변과 대변의 차이가 발생할 거야.
그 금액을 자본 사이드(side)에 당기순손익으로 기재하고, 재무상태표를 완성시키는 거지!
어렵지 않지? 이 짜릿함에 회계를 하는 거라니까!

재무상태표

차변		대변	
현금 및 예금	0	매입채무	300,000
매출채권	200,000	차입금	100,000
재고자산	250,000	**총부채**	**400,000**
유형자산	400,000	자본금	600,000
무형자산	100,000	당기순손익	(−)50,000
총자산	**950,000**	**총자본**	**550,000**
총합	**950,000**	**총합**	**950,000**

4. 회사는 외상도 매출로 잡네!

✓ 현금주의와 다른 발생주의

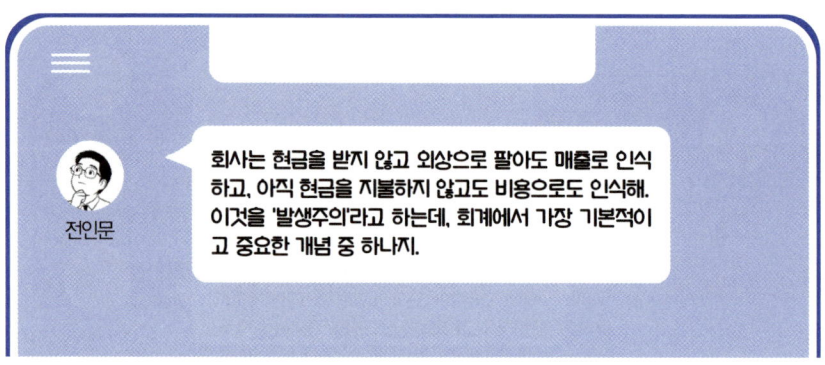

회계를 배울 때 가장 먼저 배워야 하는 개념이다. '발생주의'!

재무제표의 가장 기본적인 작성 원칙이 '발생주의'다. 발생주의(Accrual basis, 發生主義_필 발, 날 생, 주인 주, 옳을 의)는 현금과 상관없이 거래가 발생했을 때, 재무제표에 인식하는 것을 의미한다.

현금주의(Cash basis, 現金主義_나타날 현, 쇠 금, 주인 주, 옳을 의)는 이와 반대로, 현금이 실제로 오고 갈 때, 재무제표에 인식하는 것을 의미한다. 현금주의의 가장 기본적인 예는 우리가 어릴 적부터 쓰고 있던 '용돈기입장' 또는 지금 가정에서 쓰는 '가계부'를 떠올리면 더욱 이해가 빠르다.

> 예를 들어, 기업이 물건을 판매했을 때, 바로 현금으로 수취하지 않고, 한 달 후에 현금으로 수취한다고 하자. 그러면 발생주의 회계와 현금주의 회계의 차이는 다음처럼 나타낼 수 있을 거야.

전인문

	발생주의				현금주의			
물건 외상 판매 시점	매출채권	1,000	매출	1,000	없음			
현금 수취 시점	현금	1,000	매출채권	1,000	현금	1,000	매출	1,000

그렇다면, 발생주의를 기본으로 작성된 재무상태표와 포괄손익계산서에서 우리는 회사의 현금흐름을 알 수 없는 것일까? 즉 외상매출만 잔뜩 있고 현금이 없는 회사인지 어떻게 아는가? 그래서 필요한 것이 '현금흐름표'다. 이는 기초 현금에서 시작해 기말 현금까지 기업에서 발생한 수익활동, 비수익활동이 모두 기재되어 있어 회사의 현금흐름을 알 수 있는 유용한 표다.

흑자도산(Insolvency by paper-profits, 黑字倒産_검을 흑, 글자 자, 도산할 도, 낳을 산)이란 말을 들어본 적 있는가? 회사의 매출액과 재무상태는 양호하나, 지금 당장 지급해야 할 현금(Cash)이 없어서 부도가 나는 것을 말한다. 흑자도산이 되는 회사는, 외상으로 제품을 팔아서 회계상의 숫자는 발생주의 회계처리로 인해 매출액은 많았지만, 지금 현금은 바닥난 상태이고, 회사가 사들인 원자재 대금 및 급여 등을 지급해주어야 하는 시점에 현금이 고갈되어, 딱 바로 그 순간 부도가 나는 것이다.

우리 개인의 삶에도 '흑자도산'이 있다. 나의 월급은 적지 않지만, 카드결제일과 월급수령일 사이에 그 며칠 동안 정말 현금이 없어서 잔고가 아슬아슬한 상태, 그러다 현금 잔고가 (-)로 바뀌는 순간이 바로 개인의 '흑자도산' 상태일 것이다.

그렇다면, 현금흐름표는 어떻게 분석해야 하는지 한번 알아보자.

과목	금액	설명
영업활동으로 인한 현금흐름	1,000	제품판매, 원재료 구입, 급여지급 등
투자활동으로 인한 현금흐름	(-)500	주식 매수매도, 부동산 매수매도 등
재무활동으로 인한 현금흐름	(-)200	차입금 상환 등
현금변동액	300	이번에 증감된 현금
기초현금	500	원래 있던 현금
기말현금	800	지금 현재 남은 현금

현금흐름표에서는 현금의 증감이 나타나는 항목을 크게 영업활동, 투자활동, 재무활동으로 구분한다. 영업활동은 회사의 주목적인 영업활동으로 인해 증감된 현금흐름, 투자활동은 주식투자/부동산투자 등으로 증감한 현금흐름, 재무활동은 차입금 발생 및 상환/주식발행 및 소각/배당금 지급 등으로 발생한 현금흐름이다. 따라서 흑자도산이 일어나지 않는 건실한 회사인지 여부를 판단하려면, 우선 '현금변동액' 부분이 증가해야 하고, 회사가 존재하는 주목적인 회사의 영업활동에서 현금이 증가로 표시되었는지 살펴볼 필요가 있다.

이익을 일부러 늘리거나 줄일 수 있다?

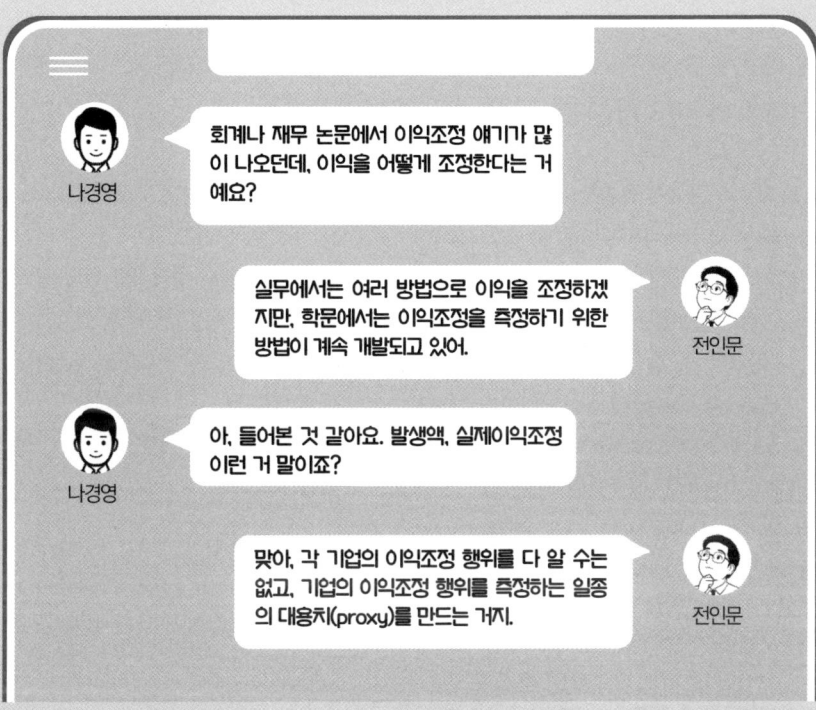

회계학 초기 연구부터 지금까지 가장 많이 볼 수 있는 제목은 아마도 바로 '이익조정'일 것이다. 이익조정(earnings management)이란 기업 또는 경영자가 사적 이익 추구를 위해 재무보고 과정에 의도적으로 개입하는 것으로(Schipper, 1989) 이익을 조정하는 행위를 의미한다. 예를 들어, 경영자가 자신의 보상 책정의 근거로 이용되는 보고이익을 높이기 위해 지출을 축소하거나 단기적인 매출액을 증가시키는 방법으로 이익을 증가시킬 수 있다. 반면 다음 해 실적에 대한 부담으로 당해연도 이익을 축소하는 행위를 할 수도 있다. 이익조정은 회계기준을 준수하는 범위 내에서 회계처리의 선택, 의사결정의 변경 등을 통해 이익을 조정하는 것으로서 회계부정, 분식회계 행위와 같은 이익조작(earnings manipulation)과는 다른 개념이다.

연구에서 사용되는 이익조정은 크게 발생액 이익조정(AEM: Accrual Earnings Management)과 실제이익조정(REM: Real Activity Earnings Management)으로 구분된다. 발생액 이익조정은 회계처리 방법을 변경하여 이익을 조정하는 방법이다. 발생액 이익조정을 측정하는 대용치(proxy)는 여러 연구에서 다양한 모형을 통해 탄생했는데, 1991년에 발표한 Jones의 논문[1]에서 개발한 모형이 여러 학자들에 의해 보완되어 최근에도 이익조정 연구에 활용되고 있다.

> 발생액 이익조정 측정치 ⇨ 발생액에서 매출액 및 유형자산 등 경영자가 재량으로 조정하지 못하는 비재량적 발생액으로 설명될 수 없는 부분(발생액 모형에서 추정된 잔차(ε))
> - 총 발생액은 발생기준 회계원칙에 따라 산출된 당기순이익에서 현금기준 회계원칙에 따라 산출된 영업현금흐름을 차감한 값으로 정의
> - 여기서 총 발생액은 재량적 발생액(discretionary accruals)과 비재량적 발생액(nondiscretionary accruals)으로 구분

실제이익조정은 실제 영업활동에서 사용되는 자원의 현금흐름을 조정해 이익을 조정하는 방법이다. 연구에서는 주로 Roychowdhury(2006)의 영업현금흐름, 제조원가, 재량적비용 등 영업활동 전반에서 발생하는 이익조정 대용치(proxy)를 활용해 분석한다.

> 실제이익조정 측정치 ⇨ 비정상 영업활동현금흐름 × (−1) + 비정상 재량적비용 ×(−1) + 비정상 제조원가
> - 기업이 가격할인, 신용매출 증가 등으로 이익을 상향조정하는 경우 이에 따른 현금흐름은 비례하지 않을 수 있으므로 실제이익조정에 따른 영업활동현금흐름은 정상적인 수준보다 더 낮아져 영업현금흐름이 감소 → 비정상 영업현금흐름 음(−)의 값
> - 연구개발비, 광고선전비, 복리후생비, 교육훈련비 등 경영자가 재량적으로 결정할 수 있는 비용을 낮추는 방법으로 실제이익을 조정하려는 기업 → 비정상 재량적비용 음(−)의 값
> - 생산규모를 조정해 이익을 상향조정하려는 기업은 생산량을 확대해 제조원가는

---

[1] J. J. Jones, "Earnings management during import relief investigations", *Journal of Accounting Research* 29(2)(1991), pp.193~228.

높아지고 단위당 고정제조간접비 배부액은 감소해 매출원가를 낮추어 보고이익을 증가 → 비정상 제조원가 양(+)의 값

*실제이익조정하는 비정상금액의 크기 분석 편의를 위해 음(-)의 값을 가지는 경우 -1을 곱하여 부호를 반대로 설정.

5. 알쏭달쏭 계정과목

☑ 미수금과 미수수익은 같은 말 아니었어?

나경영: 형! 실무를 하면 가장 어려운 것은요, 전표칠 때 계정과목 이름이 너무 비슷해서 내가 입력한 전표가 맞는 건지 틀린 건지 잘 모르겠다는 거예요. 그래서 급할 때는 가수금/가지급금 계정 막 사용하고 나중에 정리하려고 하는데, 막상 정리할 때도 잘 모르겠더라고요. ㅠ.ㅠ 한 번 정리해주세요.

한글로 된 계정과목만 보면, 실무에서 회계전표를 수행할 때 굉장히 어려울 수 있다. 계정과목이 한문이기 때문에 한글로 적힌 계정과목만 보면, 순간 정확히 무슨 의미인지 모를 수도 있다. 특히 회계팀이 아닌 현업부서에서 회계전표를 작성한다면, 유사한 계정과목을 정확히 구분하지 않고 앞에 두 글자만 보고 아무 생각 없이 클릭하는 경우도 있을 것이다. 그런 알쏭달쏭한 계정과목만 골라봤다. 두 둥~ 개봉 박두!

1) 선급금 vs 선급비용

선급금(advanced payments, 先給金_먼저 선, 줄 급, 쇠 금)은 회사의 주영업활동을 하면서 미리 지급한 돈이다. 다시 말해서 매입처에 상품 원재료의 매입을 위해 또는 제품의 외주가공을 위하여 선급한 금액을 말한다. 정상적인 영업순환 과정에서 일반적 상거래로 인해 발생하는 것으로 이해하면 된다. 미리 지급한 돈에 대한 자산이 회사에 들어올 때, 선급금은 원래 자산의 계정과목으로 대체된다.

그렇다면 선급비용(prepaid expense, 先給費用_먼저 선, 줄 급, 쓸 비, 쓸 용)은 무엇일까? 회사에서 발생한 비용을 미리 지급한 돈이다. 즉 회사의 주상거래활동이 아닌 이외 다른 활동에서 발생한 비용으로, 보험료/임대료 등 회사를 운영하면서 발생하는 각종 비용을 미리 지급한 돈이다. 따라서 미리 지급한 돈에 대한 비용이 해당 기간에 도달할 때, 선급비용은 원래 비용의 계정과목으로 대체된다.

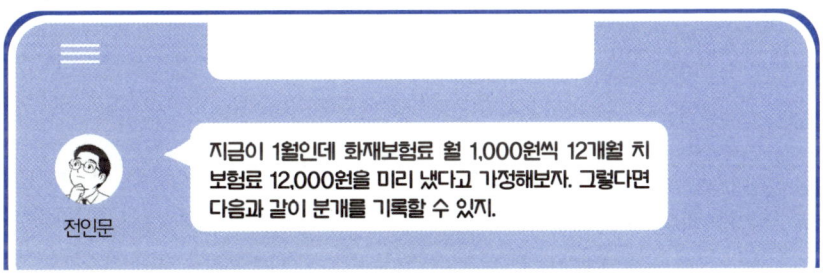

전인문: 지금이 1월인데 화재보험료 월 1,000원씩 12개월 치 보험료 12,000원을 미리 냈다고 가정해보자. 그렇다면 다음과 같이 분개를 기록할 수 있지.

- 1월에 발생하는 분개

차변		대변	
보험료(1월)	1,000	현금	12,000
선급비용	11,000		

- 2월에 발생하는 분개(선급비용 11개월치 중, 2월이 도래했으므로 2월분에 해당되는 금액만큼 원래 비용으로 이전해준다).

차변		대변	
보험료(2월)	1,000	선급비용	1,000

선급금과 선급비용은 자산 사이드에 기재되는 계정과목이다. 내가 미리 현금을 지불했고, 향후에 내가 받을 권리가 있기 때문이다. 이와 반대의 성격으로 아직 지급하지 못한 돈에 대하여 부채 사이드에 기재되는 계정과목은 미지급금과 미지급비용이 있다.

2) 미지급금 vs 미지급비용

미지급금(accounts payable, 未支給金_아닐 미, 지탱할 지, 줄 급, 쇠 금)은 일반적인 상거래 이외의 거래에서 발생한 일시적 채무(아직 지불하지 못한 돈)로서 매입채무(외상매입금)와는 구분된다. 과거의 계약으로 인해 향후 지불해야 하는 의무가 존재하는 것으로, 상품, 제품 이외의 물품 또는 용역의 매입 등에 대하여 아직 지불하지 못한 돈의 개념이다. 따라서 회사가 사무용품, 컴퓨터를 구입하고 아직 지급하지 못한 물품대금 등이 미지급금의 예다.

반면 미지급비용(accrued expense, 未支給費用_아닐 미, 지탱할 지, 줄 급, 쓸 비, 쓸 용)은 특정계약에 의해 제품 또는 용역을 계속 제공받으면서, 발생주의 회계처리를 위해 아직 지불하지 못한 채무를 기간별로 계산해 비용으로 인식하는 것이다. 따라서 미지급임차료, 미지급보험료, 미지급이자 등이 그 예다.

12개월 보험을 계약했으나 보험금은 12개월 후에 납부하고, 1개월 보험료는 1,000원이라고 가정해보자.

- 1월 분개

차변		대변	
보험료(1월)	1,000	미지급비용	1,000

- 2월 분개

차변		대변	
보험료(2월)	1,000	미지급비용	1,000

매달 분개가 쌓이고 재무상태표에는 12개월 치 미지급보험료 12,000원이 누적되어 손익계산서에는 12개월 치 보험료 12,000원이 인식된다.

그리고 내년 1월에 미지급 보험료를 모두 지불 시 회계처리는 다음과 같다.

차변		대변	
미지급비용	12,000	현금	12,000

즉 미지급금과 미지급비용의 차이는, 미지급금은 '자산'에 대해 아직 지불하지 않은 금액이고, 미지급비용은 '비용'에 대하여 아직 지불하지 않은 금액이라는 것이다.

3) 미수금 vs 미수수익

　미수금(account receivable, 未收金_아닐 미, 거둘 수, 쇠 금)은 회사의 사업목적인 상품 또는 제품이 아닌 자산을 매각했을 경우 그 대금 중 받지 못한 돈을 의미한다.

　미수수익(accrued revenue, 未收收益_아닐 미, 거둘 수, 거둘 수, 더할 익)이란 수익을 발생하는 계약상의 조건과 제공해야 할 의무를 모두 행했으나, 아직 현금을 수령하지 못한 것을 의미한다.

전인문: '미수금'은 회사가 사용하던 컴퓨터를 매각하고 그 대금을 받지 못한 경우 사용하는 계정과목이고

차변		대변	
미수금	1,000	비품	1,000

전인문: '미수수익'은 회사의 여유자금을 정기적금으로 가입해 아직 만기가 도래하지는 않았지만, 해당 정기적금에 대한 이자수익을 재무제표상 인식할 때 쓰이는 계정과목이지.

차변		대변	
미수수익	1,000	이자수익	1,000

4) 선수금 VS 선수수익

선수금(advances received, 先受金_먼저 선, 받을 수, 쇠 금)은 일반적인 상거래에서 발생한 물품이나 용역을 계약하고 미리 받은 돈을 의미한다.

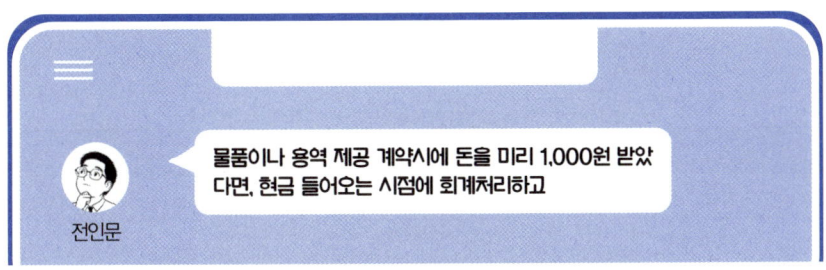

차변		대변	
현금	1,000	선수금	1,000

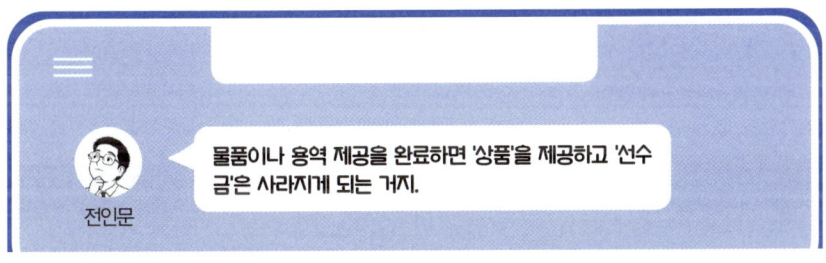

차변		대변	
선수금	1,000	상품	1,000

선수수익(unearned revenue, 先受收益_먼저 선, 받을 수, 거둘 수, 더할 익)은 이미 현금은 수령했으나, 수익이 도래하는 시기가 지금이 아니라서 선수수익으로 인식했다가, 수익이 도래하는 시기에 수익계정으로 대체되는 항목이다.

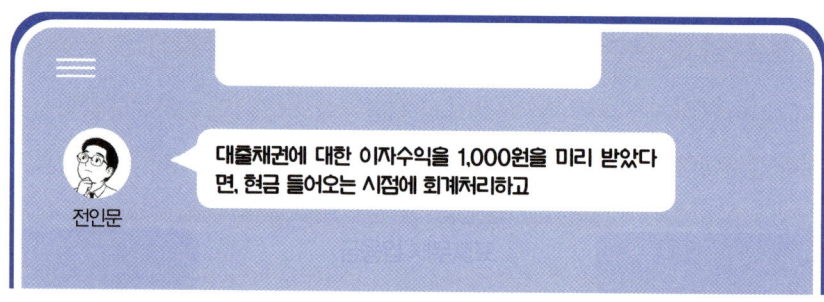

차변		대변	
현금	1,000	선수수익	1,000

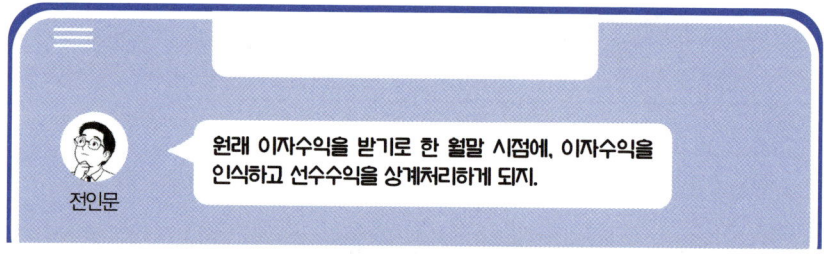

차변		대변	
선수수익	1,000	이자수익	1,000

5) 가수금 vs 가지급금

가수금(Temporary receivable account, 假受金_거짓 가, 받을 수, 쇠 금)은 실제 현금은 수령했으나 현재 거래내용 등이 불분명해 계정과목을 정확히 확정할 수 없는 경우 임시로 사용하는 계정과목이다. 따라서 회사에서 최소한 월결산을 마무리한 재무제표라고 한다면, 가수금과 가지급금 등 임시계정과목이 표시되어서는 안 된다.

가지급금(Temporary payment, 假支給金_거짓 가, 지탱할 지, 줄 급, 쇠 금)은 가수금과 상반되는 의미로, 실제 현금은 지불했으나 현재 거래내용 등이 불분명해 계정과목을 정확히 확정할 수 없는 경우 임시로 사용하는 계정과목이다. 이 역시 임시 계정과목이므로 결산을 마무리한 재무제표라고 한다면, 해당 계정과목은 원래 인식해야 하는 정식계정과목으로 대체되어야 한다.

결론적으로, 현재 재무상태표에 가수금과 가지급금의 계정과목에 금액이 존재한다면, 해당 재무제표는 아직 결산이 확정되지 않은 최종 재무상태표가 아니라는 의미와 동일하다.

6) 유형자산 vs 무형자산 vs 투자부동산

자산 쪽 재무상태표를 보면, 유형자산, 무형자산, 투자부동산으로 나뉘는 것을 볼 수 있다. 각 항목에 대하여 상세하게 알아보자.

유형자산(tangible Assets, 有形資産_있을 유, 모양 형, 재물 자, 낳을 산): 회사의 영업 활동을 위해 계속해서 사용하고 보유하는 유형 즉, 형태가 존재하는 고정자산이다. 예를 들어 회사 건물 토지, 회사 건물, 회사 영업을 위한 기계장치, 회사 영업 전용 차량, 회사 영업 전용 선박, 그 밖의 비품 등이 있다.

무형자산(Intangible Assets, 無形資産 _없을 무, 모양 형, 재물 자, 낳을 산): 유형자산과 반대되는 개념이다. 회사의 영업활동을 위해 계속 보유하고 있지만, 물리적 실체가 없는 것으로 향후 미래의 효익을 가져올 것으로 기대되는 것이다. 예를 들어, 신제품 또는 신기술 등 개발과 관련된 개발비(미래의 효익을 창출할 것이 예상되는 경우에 한해), 특허권, 실용신안권, 상표권, 산업재산권 등이 있다. 또한, 우리 회사가 다른 회사보다 고정 거래고객이나 고정 영업 네트워크 등이 잘 유지되고 인지도가 높아서 다른 기업보다 많은 이익을 낼 수 있는 수익력을 평가한 '영업권'도 무형자산의 가장 큰 예다.

투자부동산(Investments in real estate, 投資不動産_던질 투, 재물 자, 아닐 부, 움직일 동, 낳을 산): 회사의 영업활동이 아니라 단순히 임대수익이나 시세차익 또는 둘 다를 얻기 위해 투자하는 부동산을 의미한다.

7) 퇴직급여_확정급여형 vs 확정기여형

회사가 임직원에게 지급하는 퇴직급여는 크게 2가지로, 확정급여형과 확정기여형으로 나뉜다.

확정급여형(DB: Defined Benefits Retirement Pension, 確定給與型_굳을 확, 정할 정, 줄 급, 줄 여, 모형 형)은 근로자가 퇴직 시 수령하는 퇴직급여가 사전에 확정된 것을 의미한다. 즉 퇴직 시 임직원이 받아야 하는 퇴직급여액이 확정되므로 '확정급여형'이라고 부른다. 사용자(회사)는 매년 부담금을 금융회사에 적립 및 운용하며 운용의 결과에 책임을 지고, 근로자는 운용결과에 상관없이 사전에 정해진 수준의 퇴직급여를 수령한다.

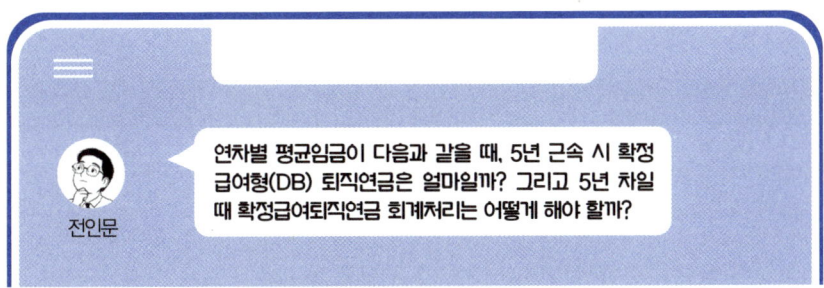

예시: 각 연차별 평균임금

1년 차	2년 차	3년 차	4년 차	5년 차
100만 원	105만 원	110만 원	116만 원	122만 원

임금상승률 5%기준.

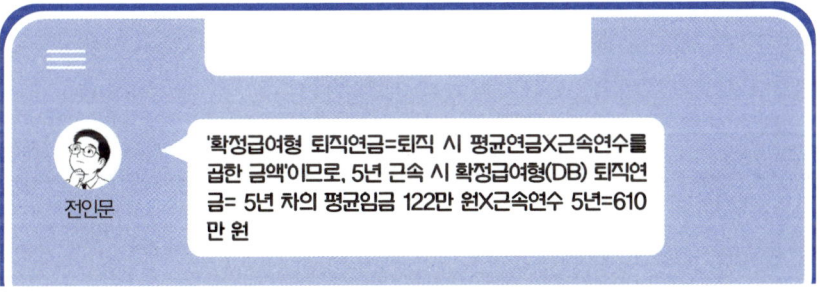

4년 차 기말에 확정급여채무가 116만 원×4년으로 464만 원이 쌓이게 된다. 5년 차 기말에는 122만 원×5년인 610만 원이 쌓여야 한다. 즉 5년 차 기중에는 146만 원(610만 원−464만 원)이 추가로 쌓여야 한다.

5년 차 기말 회계처리

차변		대변	
퇴직급여	146만 원	확정급여채무	146만 원

이렇게 확정된 급여를 임직원의 퇴직 시점에 지급하기 위해 회사는 매년 금융기관에 예상되는 기금을 적립하며, 이를 '사외적립자산'으로 회계처리한다.

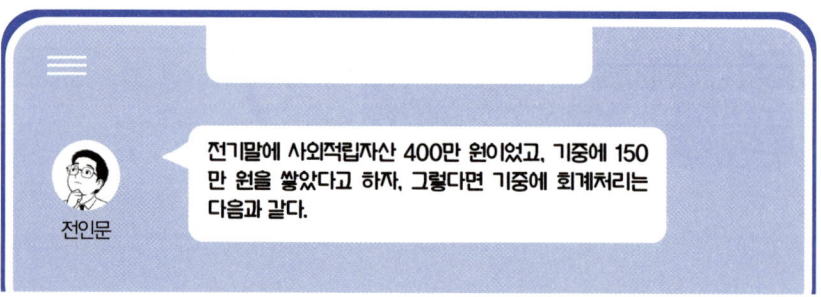

전인문: 전기말에 사외적립자산 400만 원이었고, 기중에 150만 원을 쌓았다고 하자. 그렇다면 기중에 회계처리는 다음과 같다.

차변		대변	
사외적립자산	150만 원	현금	150만 원

확정급여채무와 사외적립자산은 다음과 같이 재무제표에 표기되어 공시된다.

	전기말(4년치 말)	기중	당기말(5년치 말)
확정급여채무	464만 원	146만 원	610만 원
사외적립자산	(400만 원)	(150만 원)	(550만 원)
순확정급여부채(자산)	64만 원	(4만 원)	60만 원

확정기여형(DC: Defined Contribution 確定寄與型_굳을 확, 정할 정, 부칠 기, 줄 여, 모형 형)은 사용자(회사)가 납입할 부담금(매년 연간 임금총액의 12분의 1 이상)이 사전에 확정된 퇴직연금제도다. 사용자(회사)가 근로자 개별 계좌에 부담금을 정기적으로 납입하면, 근로자가 직접 적립금을 운용하며, 근로자 본인의 추가 부담금 납입도 가능하다. 근로자는 사용자(회사)가 납입한 부담금과 운용손익을 최종 급여로 지급받는다. 즉 사용자(회사)는 직원에게 매년 임금의 12분의 1을 확정해서 지급하고, 그 이후 운용손익은 모두 근로자의 책임 하에 이루어지므로 퇴직 시 근로자가 손에 쥐는 금액은 사람마다 다르다. 즉 사용자(회사)가 매년 정해진 금액으로 지급하는 것을 확정기여형이라 한다.

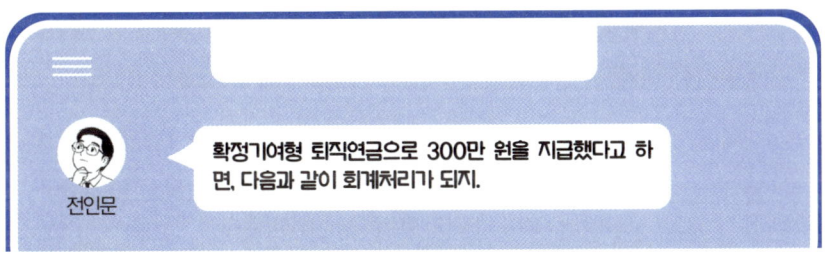

확정기여형 퇴직연금으로 300만 원을 지급했다고 하면, 다음과 같이 회계처리가 되지.

차변		대변	
퇴직급여	300만 원	현금	300만 원

8) 충당부채 우발부채[1]

충당부채(Provisions, 充當負債_채울 충, 마땅 당, 빚 부, 빚 채)는 지급해야 하는 금액 또는 시기가 현재 불확실한 부채를 의미한다. 충당부채는 다음의 요건을 모두

---

[1] 김영덕, 「제12장 충당부채와 보고기간후 사건 제1절 충당부채의 기초」, 『IFRS 중급회계 상』 6판, 627~634쪽

충족하는 경우에만 인식한다.
① 과거 사건의 결과로 현재 의무가 존재한다.
② 해당 의무를 이행하기 위해 경제적 효익이 있는 자원을 유출할 가능성이 높다.
③ 해당 의무를 이행하기 위해 필요한 금액을 신뢰성 있게 추정할 수 있다.

위의 요건을 충족하지 못해 충당부채로 인식할 수 없는 의무를 우발부채(Contingent Liability,偶發負債_짝 우, 필 발, 빚 부, 빚 채)라고 한다. 우발부채는 구체적으로 다음에 해당하는 의무를 말한다.
① 과거 사건으로 생겼으나, 기업이 전적으로 통제할 수 없는 하나 이상의 불확실한 미래 사건의 발생 여부로만 그 존재 유무를 확인할 수 있는 잠재적 의무
② 과거 사건으로 생겼으나, 다음의 경우에 해당해 인식하지 않는 현재 의무
　(ㄱ) 해당 의무를 이행하기 위해 경제적 효익이 있는 자원을 유출할 가능성이 높지 않은 경우
　(ㄴ) 해당 의무의 이행에 필요한 금액을 신뢰성 있게 측정할 수 없는 경우

요건	충당부채	우발부채
과거 사건의 결과	현재 의무	잠재적 의무
자원 유출 가능성	높음	높지 않음
금액의 추정	신뢰성 있는 추정 가능	신뢰성 있는 추정 불가능
재무제표 인식	O(부채로 인식)	X
주석공시	O	O

예를 들어 우발부채로 공시된 사항은 다음과 같다.

삼성전자의 2023년 기말 감사보고서를 보도록 하자. 우발부채에는 회사가 해외 종속기업에 지급보증한 내역, 즉 지급보증계약이 이미 이루어졌으므로 과거 사건의 결과지만, 해당 의무는 현재 발생하지 않았으니 '잠재적 의무'에 해당하며, 얼마나 지급보증을 해줄지도 현재는 정확히 알 수 없다. 따라서 재무상태표의 부채로 인식할 수 없으며(현재 의무가 아니고 금액도 신뢰성 있게 추정 불가), 주석에만 공시하게 된다. 또한 소송 중인 사건도 동일하다. 이미 소송 중인 사건으로 과거 사건이긴 하지만 소송의 결과에 따라서 금액이 결정될 것이며 현재 추정이 불가능하다면, 부채로 인식할 수 없어 우발부채로 공시된다.

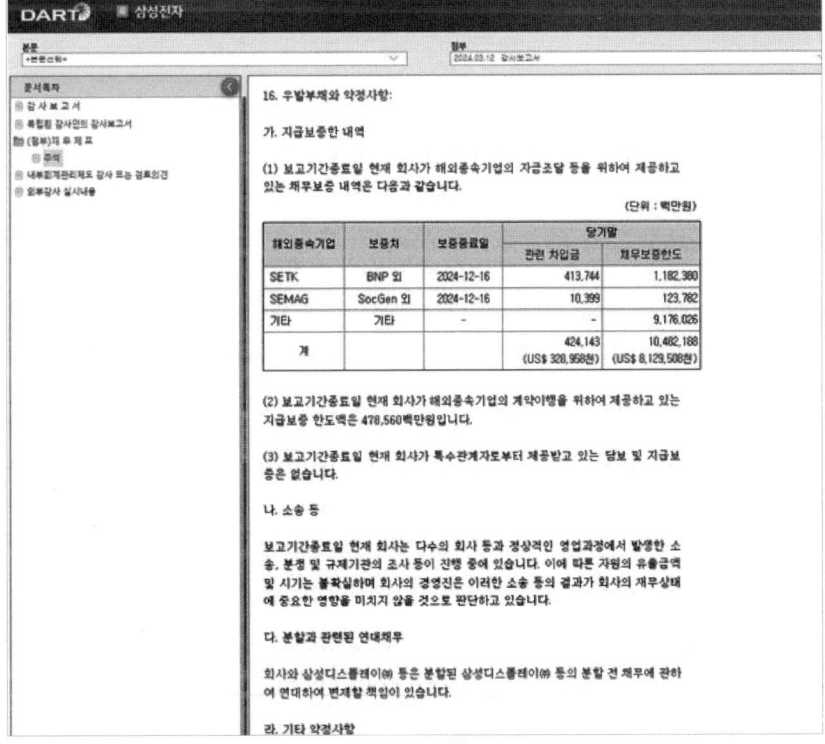

출처: 삼성전자 2023년 감사보고서 주석 16. 우발부채와 약정사항.

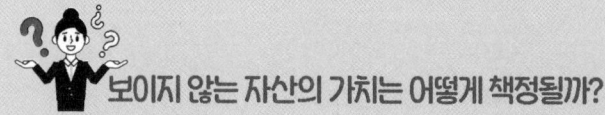
보이지 않는 자산의 가치는 어떻게 책정될까?

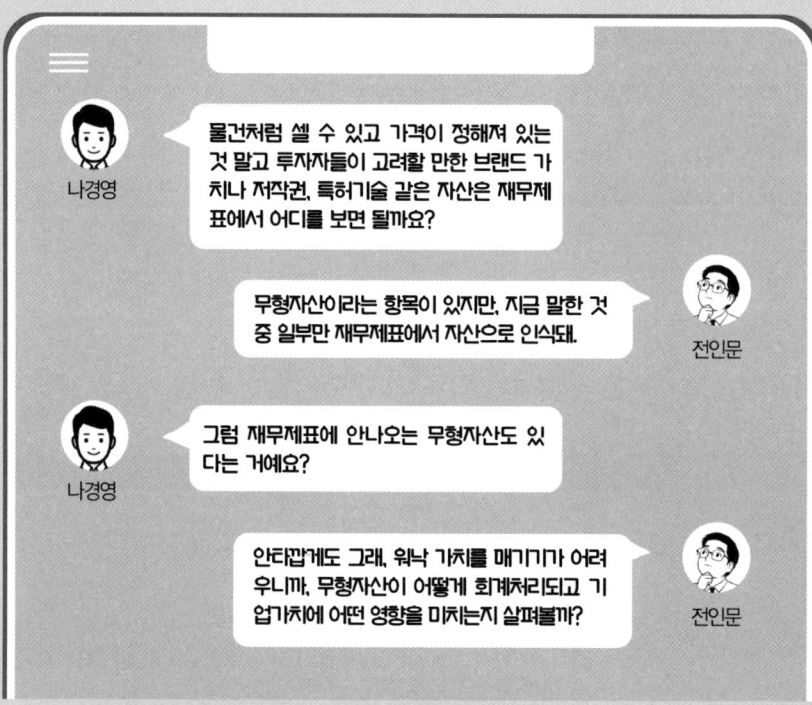

4차 산업혁명 시대를 맞이하면서 이제 유형자산보다 무형자산이 더욱 중요한 경쟁력 요소로 부상하고 있다. 무형자산의 종류는 매우 다양하며, 대표적으로 특허권, 실용신안, 디자인권, 상표권 같은 산업재산권과 문화 및 예술분야와 관련된 저작권, 캐릭터, 영업비밀, 인공지능 등이 있다.

최근 몇 년간 기업이 보유한 무형자산의 가치를 인정받기 위해 유사한 기술을 보유한 기업 간 특허전쟁(patent war)이 끊이지 않고 있다. 휴대폰 기술과 관련해서도 삼성전자 vs 애플, 삼성전자 vs 화웨이, 삼성전자 vs 에릭슨 등의 글로벌 기업의 소송전이 이어졌다. LG에너지솔루션(구 LG화학)은 2차전지 관련 영업비밀 관련 핵심인력을 빼간 것에 대해 SK이노베이션을 상대로 2019년부터 미국에서 소송전을 벌여

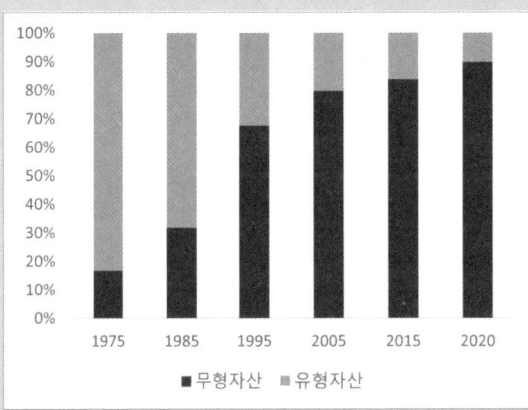

출처: Ocean Tono Intangible Asset Market Value Survey.

2021년 승소했고, 이에 미국 내 10년 수입금지가 결정됐다. 특허 침해 관련해서는 소송이 진행되다가 2021년 4월 전격 합의하며 마무리되었다.

S&P500 기업의 무형자산 비중을 살펴보면 점차 증가하다가 2000년 들어 50%를 넘어섰고, 2015년에는 84%, 2020년에는 90%까지 확대되어 매우 큰 비중을 차지하고 있다.

국내에서는 현행 회계기준 상 특정 기술에 대한 특허권을 얻게 되면 특허 신청 과정에서 소요되는 비용 정도만 자산으로 회계처리하고, 브랜드나 축적한 노하우 등의 지적재산권 가치는 재무제표에 반영되지 않는다.

그렇기 때문에 특허권, 저작권 같은 지식재산권(Intellectual Property, IP)의 가치를 보고 자금 지원이나 투자가 이루어질 때 특허청이 지정한 기관이 평가하고, 그 가치를 담보로 자금 융통 및 투자가 실행된다. 하지만 여전히 가치평가에 대해 전문인력 및 세부기준의 부족으로 고품질의 가치평가가 이루어지지 않는다는 의견이 있으며, 이에 따라 가치평가가 보다 명확히 될 수 있는 방안 마련에 힘쓰고 있다.[1]

이처럼 무형자산의 가치는 실물이 아니기 때문에 정량화해 인식하는 데 어려움이 있다. 그렇다면 무형자산의 가치를 보고 투자하는 투자자들은 무엇을 보고 투자할까. 무형자산 연구에서는 투자자들이 재무제표에 인식되는 무형자산성 지출을 보고 기업의 미래가치를 우호적으로 평가한다고 보고 있다.[2] 연구개발비, 광고선전비와 같은 무형자산성 지출의 수익성 향상 기여도가 유형자산의 기여도보다 높게 나

---

[1] 「지식재산 가치평가 체계 전면적으로 손질한다」, 특허청 보도자료, 2020.9.5.
[2] 백원선, 전성일, 「무형자산성 지출의 회계처리, 초과이익 지속성 및 가치평가」, 《회계학연구》 29(3) (2004), 190~226쪽.

타나고 장기적인 기업가치에 긍정적인 영향을 미친다는 유의한 결과도 있다.[1] 향후 기업 무형자산 비중이 확대되고 투자자의 관심 증대, 빅테크 기업의 등장 및 지적재산권 소유 분쟁 증가 등은 무형자산의 가치를 정량화해 평가하는 것이 지속적으로 고려해야 할 과제임을 시사한다.

---

[1] 조성표·박선영·김성용, 「무형자산과 유형자산이 기업성과에 미치는 영향에 대한 종단적 분석」, 《경영학연구》 43(6)(2014), 2039~2066쪽.

Part 2. 요약

재무제표란, 회사의 재산상태와 수익과 손실 상태, 현금흐름 등을 보여주는 모든 표다.
(1) 재무상태표(Balance Sheet(B/S), 財務狀態表): 현재 회사의 자산, 부채, 자본의 상태를 보여주는 표.
(2) 포괄손익계산서(Statement of Comprehensive Income (I/S), 包括損益計算書): 일정 기간 동안 발생한 회사의 수익과 비용을 보여주는 표.
(3) 자본변동표(Statement of Changes in Equity, 資本變動表): 일정 기간 동안 자본의 구성 항목 및 변동을 보여주는 표.
(4) 현금흐름표(Statement of Cash Flows, 現金흐름表): (1)~(3)은 발생주의로 작성된 표이므로 실질 기업의 현금흐름을 보기 위해서는 현금흐름표를 보아야 함.
(5) 주석(Notes, 註釋_글 뜻 풀 주, 풀 석): 재무상태표/포괄손익계산서/자본변동표/현금흐름표 이해에 필요한 보충 정보 제공

분개(Journalizing, 分介)란, 회사에서 발생하는 거래에 대한 최초의 회계기록이다.
복식부기(bookkeeping by double entry, 複式簿記)란, 회계기록을 차변(왼쪽)과 대변(오른쪽)으로 나누고, 그 양쪽의 금액을 동일하게 기록하는 것이다.

발생주의(Accrual basis, 發生主義)란, 현금과 상관없이 거래가 발생했을 때, 재무제표에 회계처리 하는 것을 의미한다.

1. 회계처리하는 방법도 회사마다 다르네?

✓ 국제회계기준과 일반기업회계기준

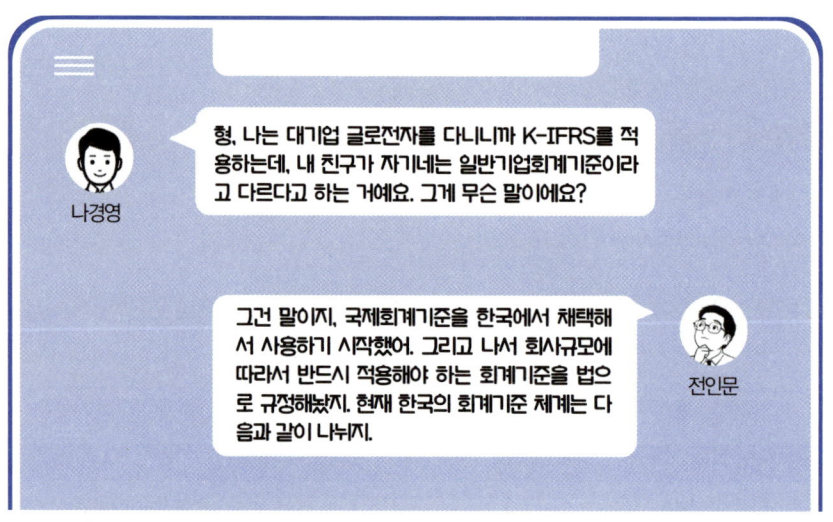

한국의 회계기준 체계[1]

회계기준	적용대상	외부감사	관련법령
한국채택국제회계기준	주권상장법인, 상장예정회사, 금융회사	의무	주식회사 등의 외부감사에 관한 법률
일반기업회계기준	비상장 외부감사대상 주식회사	의무	주식회사 등의 외부감사에 관한 법률
중소기업회계기준	외부감사대상 이외의 주식회사	면제	상법

- 한국채택국제회계기준(K-IFRS): 한국회계기준원 회계기준위원회에서 국제회계기준(IFRS)을 근거로 제정개정한 회계기준
- 일반기업회계기준: 한국회계기준원 회계기준위원회에서 제정개정한 회계기준으로서 주식회사의 외부감사에 관한 법률의 적용대상기업 중 '한국채택국제회계기준'을 적용하지 않는 기업이 적용해야 하는 회계기준
- 중소기업회계기준: [상법]제446조의 2 및 동법 시행령 제15조 제3호에 따라 법무부 장관이 금융위원회 및 중소기업청장과 협의해 고시한 회계기준

우리나라가 국제회계기준을 도입함으로써 얻게 되는 장점은 다음[2]과 같다.
① 전 세계적인 회계처리기준 단일화 추세에 적극 동참할 수 있다.
② 우리나라 기업의 재무제표와 외국기업의 재무제표 간 비교 가능성이 제고되며, 국제사회에서 우리나라 회계투명성에 대한 신뢰도 향상된다.
③ 국제자본시장에서 자본흐름의 장벽을 제거하고 국제자본시장 참여자의 기업에 대한 투자 및 신용에 대한 의사결정에 도움이 되는 양질의 정보를

---

[1] 출처: 한국회계기준원(www.kasb.or.kr)회계기준체계(http://www.kasb.or.kr/fe/cms/accstd/NR_system/NR_index.do).
[2] 김영덕, 「제1장 재무보고를 위한 개념체계_제1절 재무회계의 기초」, 『IFRS 중급회계 상』 6판, 18쪽.

제공할 수 있다.

④ 우리나라 기업의 해외소재 사업장 또는 우리나라에서 영업하는 외국기업의 사업장에 대한 재무보고 비용을 감소시킨다.

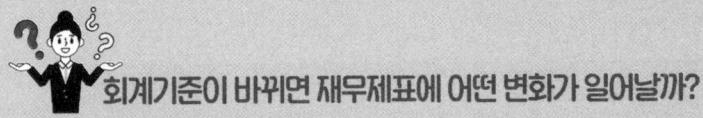
회계기준이 바뀌면 재무제표에 어떤 변화가 일어날까?

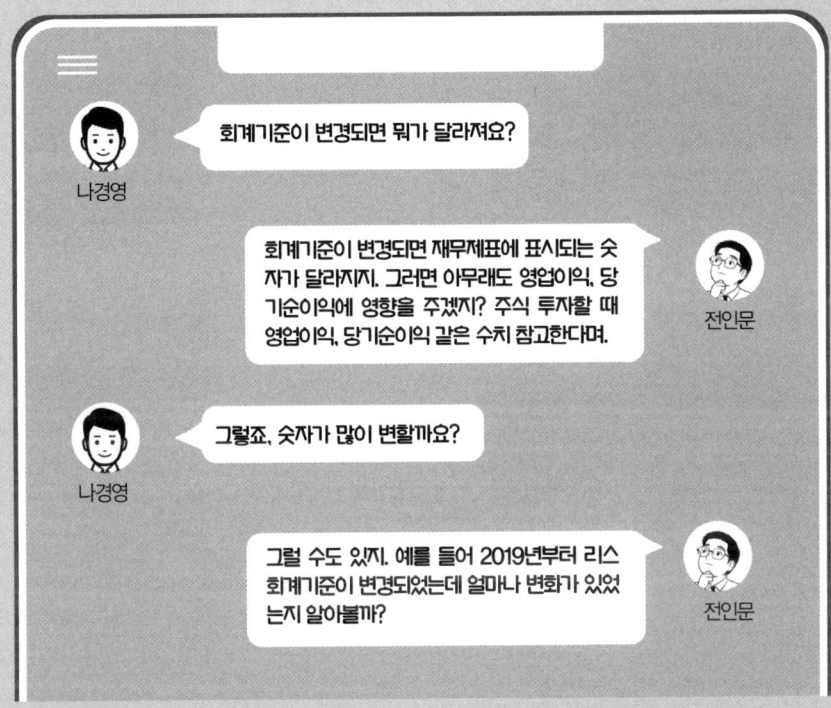

- 리스 회계기준의 변경(K-IFRS 1116호)

2019년부터 변경된 회계기준에서는, 과거에 리스를 구분해 회계처리한 것과 달리 리스 개시일 기준 기간이 12개월 이하인 단기리스와 기초자산이 5,000달러 이하인 소액 기초자산리스를 제외한 모든 리스를 운용리스와 금융리스의 구분 없이 동일하게 회계처리한다. 즉 리스 사용기업은 리스 사용권 자산 및 부채를 인식하고, 사용권 자산의 감가상각비와 리스부채에 따른 이자비용을 인식한다. 또한 리스부채의 상환액은 원금과 이자로 분류해 현금흐름표에 계상한다.

변경 전	변경 후
금융리스 • 리스 사용기업에서 리스자산 및 리스부채를 인식 • 리스계약을 금전대차계약으로 인식 운용리스 • 리스 제공기업이 리스자산 및 리스부채를 인식 • 리스계약을 단순임대차계약으로 인식	리스 사용기업은 리스 유형의 구분 없이 단기리스와 소액 기초자산리스를 제외한 모든 리스를 리스자산 및 리스부채로 인식 • 리스자산에 대한 감가상각비 인식 • 리스부채에 대한 이자비용 인식 • 리스부채의 현금상환액은 원금과 이자로 구분해 현금흐름표에 계상

전인문

여기서 잠깐! 금융리스와 운용리스는 어떻게 구분하는가?
금융리스 인식 조건은 다음과 같고 이외의 경우는 모두 운용리스

① 리스자산의 소유권이 사용기업에 이전되는 경우
② 리스 사용기업이 염가매수선택권을 보유한 경우
③ 리스 기간이 내용연수의 75% 이상을 차지하는 경우
④ 리스료의 현재가치가 공정가액의 90% 이상인 경우
⑤ 리스 사용기업만이 중요한 변경 없이 사용할 수 있는 특수한 성격의 리스자산인 경우

• 리스 회계기준의 변경 배경은?

기존의 회계처리 방법은 운용리스로 분류된 경우 지급 리스료만 비용으로 처리하기 때문에 재무제표에 리스 규모가 나타나지 않았다. 이는 회계정보의 비교 가능성 및 투명성이 저하될 가능성이 있다는 논의 끝에 국제회계기준위원회(International Accounting Standards Board, IASB)는 2016년 1월 'IFRS 16 리스'를 발표했다.

• 리스 회계기준의 변경이 재무제표에 미치는 영향은?

국내에서는 2019년부터 변경된 리스 회계기준이 적용됨에 따라 운용리스를 적용했던 기업은 재무제표상 부채비율의 변화가 나타났다. 사용권자산과 리스부채가 반영되면서 부채비율은 상승하고, 손익계산서에서는 리스자산에 따른 감가상각비가 증가하지만 리스비용은 제외되므로 영업이익의 증가에도 리스부채에 따른 이자비

리스 회계처리 변경이 재무제표에 미치는 영향

	기존 리스기준		변경된 리스 기준	
채무상태표	부외자산	부외부채	사용권자산	부채
손익계산서		리스료	리스료	감가상각비↑ 이자비용↑
현금흐름표	영업활동으로 인한 현금흐름 리스료		영업활동으로 인한 현금흐름↑ 리스료	이자비용↓
	재무활동으로 인한 현금흐름		재무활동으로 인한 현금흐름↓ 리스부채 원금상환	

용 반영으로 순이익 상승효과는 크지 않게 된다. 현금흐름표에서도 변화가 나타나는데 영업비용이었던 리스료가 제외됨에 따라 영업활동 현금흐름은 증가하지만, 리스부채 상환으로 인한 재무활동 현금흐름은 감소한다(그림 참조).

실제로 변경된 리스 회계기준을 적용한 2019년 1분기 분기보고서에서 운용리스 사용 비중이 높을 것으로 예상되는 대표적인 여섯 개 항공사의 부채비율 상승이 두드러졌다.

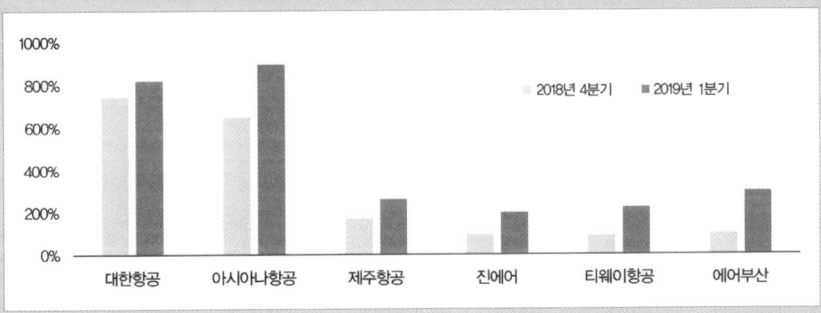

변경된 회계기준 적용 후 6개 항공사의 부채비율 변화

부채비율=총부채/총자본.
출처: 각 기업의 재무제표를 참조해 저자 계산.

이와 같이, 동일한 사업 활동을 어떤 기준으로 회계처리하는지에 따라 기업의 재무제표에 나타나는 숫자가 달라짐을 알 수 있다. 이러한 숫자의 변화는 정보이용자의 투자 실행 시 참고가 되는 재무비율 등에 영향을 준다. 따라서 정보이용자들은 재무제표를 이용할 때 회계기준의 변경 시점, 그에 대한 영향도 고려해야 할 것이다.

2. 회계기록은 영원히 바꾸지 못하는 것일까?

✓ 회계기록을 변경하는 세 가지 방법

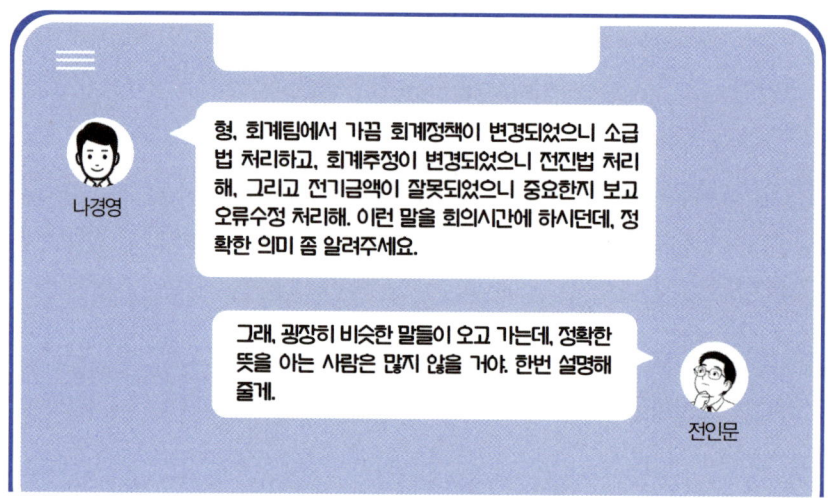

회계정책의 변경은 재무제표의 작성과 보고에 적용하던 회계정책을 다른 회계정책으로 바꾸는 것을 말한다. 회계추정의 변경은 기업환경의 변화, 새로운 정보의 획득, 또는 경험의 축적에 따라 지금까지 사용했던 회계적 추정치의 근거와 방법 등을 바꾸는 것이다(회계추정은 기업환경의 불확실성 하에서 미래의 재무적 결과를 사전적으로 예측하는 것을 말한다).

매기 동일한 회계정책 또는 회계추정을 사용하면 비교 가능성이 증대되어 재무제표의 유용성이 향상된다. 따라서 재무제표를 작성할 때 한번 채택한 회계정책이나 회계추정은 유사한 종류의 사건이나 거래의 회계처리에 그대로 적용해야 한다. 그러나 회계정책을 변경하는 경우에는 소급해 적용한다. 즉 전기 또는 그 이전의 재무제표를 비교목적으로 공시하는 경우에는 소급 적용에 따른 수정사항을 반영해 재작성한다. 비교재무제표상의 최초 회계기간 전의 회계기간에 대한 수정사항을 비교재무제표상 최초 회계기간의 자산, 부채 및 자본의 기초금액에 반영한다. 또한 전기 또는 그 이전 기간과 관련된 기타 재무정보도 재작성한다. 그러나 회계추정의 변경은 그 효과를 당기와 당기 이후의 기간에 반영(전진법 적용)한다.

회계변경의 속성상 그 효과를 회계정책의 변경효과와 회계추정의 변경효과로 구분하기가 불가능한 경우에는 이를 회계추정의 변경으로 본다. 예를 들면, 비용으로 처리하던 특정 지출의 미래 경제적 효익을 인정 자본화하는 경우에는 회계정책의 변경효과와 회계추정의 변경효과 구분이 불가능한 것이 일반적이다.

소급법 VS 전진법

	소급법(Retroactive Method)	전진법(Prospective Method)
적용시기	회계정책의 변경	회계추정의 변경
적용방법	회계변경의 누적효과를 계산해, 회계변경 연도의 기초이익잉여금에 가감해 수정	회계추정 변경을 한 연도부터 변경된 방법에 의하여 회계처리
전기 F/S 수정 여부	O (재작성 필요)	X (당기부터 회계처리)
장점	기간별 비교 가능성 제고	① 이미 공표된 재무제표 신뢰성 유지 ② 포괄이익의 개념에 부합(모든 손익이 I/S에 포함됨) ③ 회계처리 방법의 간편성
단점	① 회계변경의 영향이 손익계산서가 아닌 이익잉여금에 반영되어 포괄이익에 부합하지 않음 ② 실무상 어려움	기간별 비교 가능성 저해

오류수정은 전기 또는 그 이전의 재무제표에 포함된 회계적 오류를 당기에 발견해 이를 수정하는 것을 말한다. 당기에 발견한 전기 또는 그 이전 기간의

오류는 당기 손익계산서에 영업외손익 중 '전기오류수정손익'으로 보고한다. 다만 재무제표의 신뢰성을 심각하게 손상할 수 있는 오류는 중대한 오류로 보고, 전기 이전 기간에 발생한 중대한 오류의 수정은 자산, 부채 및 자본의 기초금액에 반영한다. 비교재무제표를 작성하는 경우 중대한 오류의 영향을 받는 회계기간의 재무제표 항목은 재작성한다.[1]

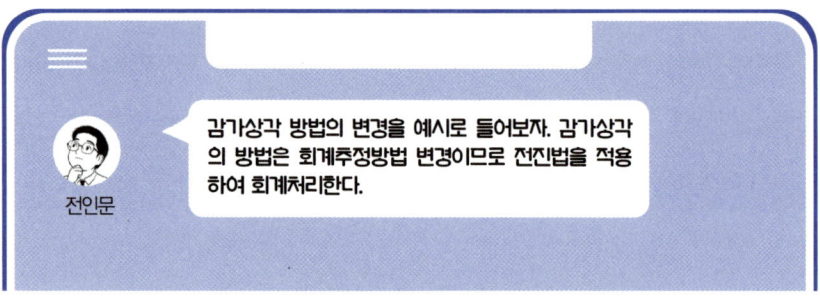

전인문: 감가상각 방법의 변경을 예시로 들어보자. 감가상각의 방법은 회계추정방법 변경이므로 전진법을 적용하여 회계처리한다.

우리가 차량을 사면 상식적으로 생각하는 바와 같이, 차량을 사용함에 따라 가치가 감소한다. 쉽게 중고차 시세를 생각해보면 될 것이다. 1,000만 원에 신차를 샀지만, 기간이 경과할수록 그 가치가 떨어진다(이것을 회계에서는 '감가상각' 처리한다고 이야기한다).

유무형자산의 가치가 감소하는 것을 회계적으로 추정할 때 정액법과 정률법을 사용한다. 정액법은 자산의 내용연수(Service life, 耐用年數_견딜 내, 쓸 용, 년 년, 셈 수: 고정자산 이용가능 연수) 동안 동일한 금액이 감소한다고 가정하는 것이다. 즉 1,000만 원에 구매한 차량을 5년 감가상각한다고 하면, 1년에 200만 원씩 가치가 감소한다. 정률법은 자산의 내용연수 초기에 감가상각비를 많이 계상하

---

[1] 일반기업회계기준 제05장 회계정책, 회계추정의 변경 및 오류.

고, 시간이 지날수록 감가상각비를 감소시키는 방법이다. 정률법은 장부가액에 기존에 정해진 상각률을 곱해 계산할 수 있다(예시 상각률: 0.451).

	정률법		정액법	
	감가상각비	장부가액	감가상각비	장부가액
1st 감가상각비	451만 원(1,000×0.451)	549만 원	200만 원	800만 원
2nd 감가상각비	248만 원(1,000−451)×0.451	301만 원	200만 원	600만 원
3rd 감가상각비	136만 원(1,000−451−248)×0.451	165만 원	200만 원	400만 원
4th 감가상각비	74만 원(1,000−451−248−136)×0.451	91만 원	200만 원	200만 원
5th 감가상각비	91만 원(1,000−451−248−136−74)	0만 원	200만 원	0만 원

차변		대변	
감가상각비	100만 원	감가상각 누계액	100만 원

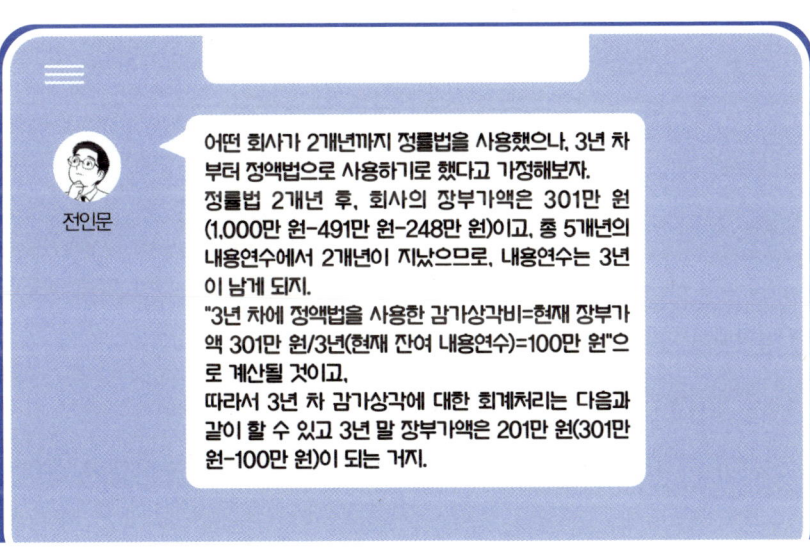

전인문: 어떤 회사가 2개년까지 정률법을 사용했으나, 3년 차부터 정액법으로 사용하기로 했다고 가정해보자.
정률법 2개년 후, 회사의 장부가액은 301만 원(1,000만 원−491만 원−248만 원)이고, 총 5개년의 내용연수에서 2개년이 지났으므로, 내용연수는 3년이 남게 되지.
"3년 차에 정액법을 사용한 감가상각비=현재 장부가액 301만 원/3년(현재 잔여 내용연수)=100만 원"으로 계산될 것이고,
따라서 3년 차 감가상각에 대한 회계처리는 다음과 같이 할 수 있고 3년 말 장부가액은 201만 원(301만 원−100만 원)이 되는 거지.

3. 회계감사, 꼭 받아야 하나?

☑ 법에서 정하는 회계감사 대상 기업

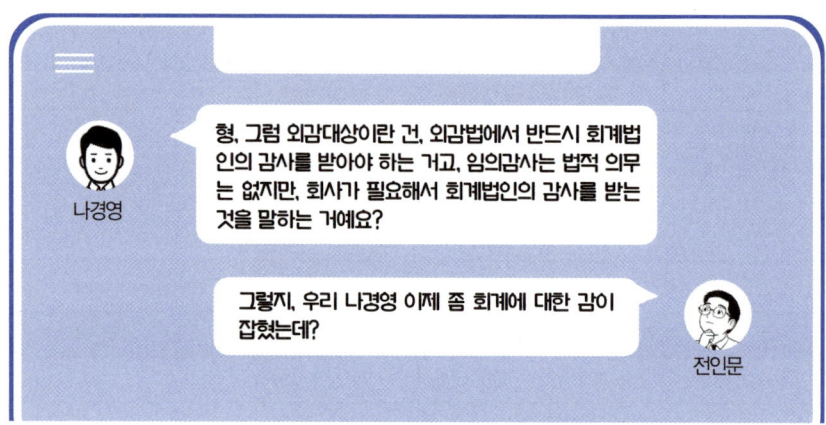

외부감사 대상이란, 회사가 작성한 재무제표에 대해 독립된 외부의 감사인(회계법인 등)으로부터 의무적으로 회계감사를 받아야 하는 대상이다.

외부감사 대상 회사 구분

외부감사 대상 회사의 정의는 [주식회사 등의 외부감사에 관한 법률 제4조]에 열거되어 있다.

(1) 주권상장법인

(2) 해당 사업연도 또는 다음 사업연도 중에 주권상장법인이 되려는 회사(즉, IPO 예정)

(3) 직전 사업연도 말의 자산, 부채, 종업원 수 또는 매출액 등 대통령령[1]으로

---

[1] 대통령령, 주식회사의 외부감사에 관한 법률 시행령 제5조.

정하는 기준에 해당하는 회사(유한회사의 경우, 대통령령 으로 정하는 기준에 해당하는 유한회사에 한정)

> **주식회사 등의 외부감사에 관한 법률 시행령**
> **제5조(외부감사의 대상)**
> ① 법 제4조 제1항 제3호 본문에서 "직전 사업연도 말의 자산, 부채, 종업원 수 또는 매출액 등 대통령령으로 정하는 기준에 해당하는 회사"란 다음 각 호의 어느 하나에 해당하는 회사를 말한다.
> 1. 직전 사업연도 말의 자산총액이 500억 원 이상인 회사
> 2. 직전 사업연도의 매출액(직전 사업연도가 12개월 미만인 경우에는 12개월로 환산하며, 1개월 미만은 1개월로 본다. 이하 같다)이 500억 원 이상인 회사
> 3. 다음 각 목의 사항 중 2개 이상에 해당하는 회사
>   가. 직전 사업연도 말의 자산총액이 120억 원 이상
>   나. 직전 사업연도 말의 부채총액이 70억 원 이상
>   다. 직전 사업연도의 매출액이 100억 원 이상
>   라. 직전 사업연도 말의 종업원(「근로기준법」 제2조 제1항 제1호에 따른 근로자를 말하며, 다음의 어느 하나에 해당하는 사람은 제외한다. 이하 같다)이 100명 이상
> 1) 「소득세법 시행령」 제20조 제1항 각 호의 어느 하나에 해당하는 사람
> 2) 「파견근로자보호 등에 관한 법률」 제2조 제5호에 따른 파견근로자
>
> ② 법 제4조 제1항 제3호 단서에서 "대통령령으로 정하는 기준에 해당하는 유한회사"란 다음 각 호의 어느 하나에 해당하는 유한회사를 말한다. 다만, 2019년 11월 1일 이후 「상법」 제604조에 따라 주식회사에서 유한회사로 조직을 변경한 유한회사의 경우에는 같은 법 제606조에 따라 등기한 날부터 5년까지는 제1항 각 호의 어느 하나에 해당하는 회사를 말한다. 〈개정 2020.10.13.〉
> 1. 제1항 제1호 또는 제2호에 해당하는 유한회사

2. 다음 각 목의 사항 중 3개 이상에 해당하는 유한회사
가. 직전 사업연도 말의 자산총액이 120억 원 이상
나. 직전 사업연도 말의 부채총액이 70억 원 이상
다. 직전 사업연도의 매출액이 100억 원 이상
라. 직전 사업연도 말의 종업원이 100명 이상
마. 직전 사업연도 말의 사원(「상법」 제543조 제2항 제1호에 따라 정관에 기재된 사원을 말한다. 이하 같다)이 50명 이상

안팎으로 감사받는 회계장부
기업이 회계정보를 잘 작성했는지 믿을 수 있을까?

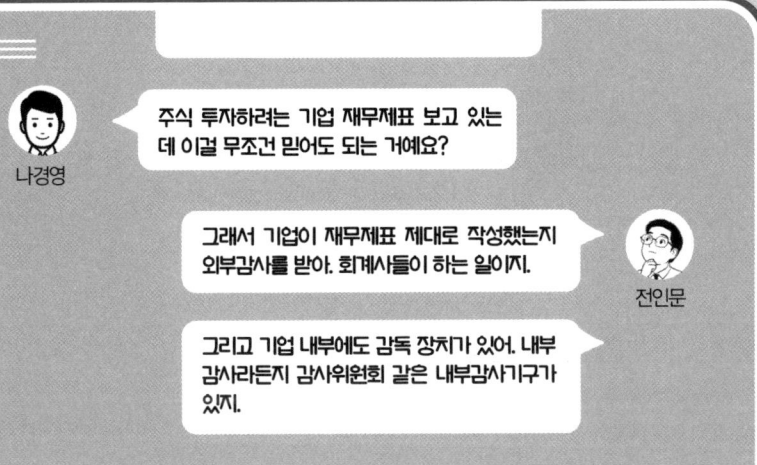

금감원은 회사 거래 내역과 자산 상태 등을 충실히 반영해 재무제표를 작성해달라고 주문했다. 감사인에게도 형식적 감사 절차에 의존하지 말고 전문가적인 의구심을 가지고 특이사항에 대해 검토해달라고 강조했다. 감사인은 회사의 회계부정에 대해 합리적인 의심이 제기되는 경우 감사(또는 감사위원회)에 통보해야 한다. 감사인 및 감사는 중대한 법령·정관 위반 사실을 발견했을 시 주주총회 및 증권선물위원회에 보고해야 한다.

「금감원, 최근 2년간 회계부정 사례 공개…매출·자산허위계상 등」, 《연합뉴스》 2020.9.21.

위의 기사는 금융감독원이 회계부정 사례를 공개하면서, 신뢰성 있는 재무제표가 작성되도록 기업과 감사인에게 감사가 성실하게 이루어지도록 주문한 내용이다. 여기서 기업의 회계부정이 발생하지 않도록 감사를 실시하는 외부감사인과 기업의 내부감사기구의 역할을 살펴보자.

기업이 회계정보를 공시하기까지 절차는 다음과 같다. 우선 사업 활동을 수행하면서 회계 기록을 작성하고 관련 증거를 정리해 재무제표를 작성한다. 작성된 재무제표는 기업 내부의 검토를 거친 후 이사회에 상정된 재무제표를 외부감사인이 감사한다. 이 과정에서 감사(위원회)는 기업의 회계투명성을 위해 외부감사인의 선임 및 감사 과정을 감독할 의무가 있다. 외부감사인은 기업의 재무제표가 회계기준에 맞게 작성되었는지 검토해 적정 혹은 비적정(한정, 부적정, 의견거절) 감사의견을 부여한다.[1] 감사가 완료된 재무제표는 감사의견과 함께 감사보고서로 금융감독원 공시시스템(DART)에 공시된다.

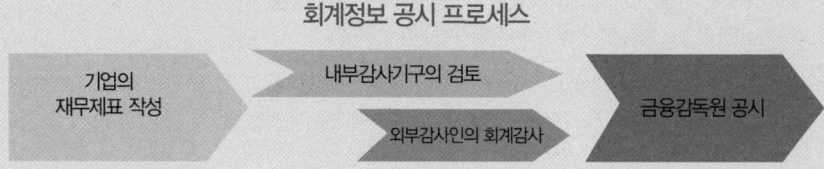

회계정보 공시 프로세스

구분	담당자	역할
내부감사	사내 감사 또는 감사위원회	경영진으로부터 독립적인 입장에서 재무보고 감독 및 외부감사인 선임 등
외부감사	회계법인	재무제표가 회계기준에 맞추어 작성되었는지 검토한 후 감사의견을 제공

* 총자산 2조 원 이상의 기업은 감사위원회 설치 의무(3인 이상의 등기이사 & 3분의 2 이상은 사외이사로 선임).

금융감독원에 공시되는 재무제표는 제대로 작성되었는지 검토 과정을 거친다. 기업 내부감사기구와 외부감사인은 재무제표의 신뢰성을 높이기 위해 재무보고 과정을 검토한다. 「주식회사 등의 외부감사에 관한 법률」에 따라 외부감사인은 기업 재무제표에 대해 감사를 실시하는데 이 과정을 내부감사기구(감사 또는 감사위원회)가 감독하기 때문에 내부감사기구와 외부감사인은 상호소통을 통해 협력할 의무가 있다(회계감사기준 260조 내부감사 관련 감사 문제에 대한 내부감사기구와의 협의). 이들은 회계투명성 강화라는 공동의 목표를 갖고 업무를 수행하게 된다. 따라서 내부감사기구와 외부감사인의 감독·감사 업무는 책임감 있게 수행되어야 하며, 이들의 역량은 신뢰성 있는 회계정보 공시에 중요한 영향을 준다. 다음의 실증연구 결과는 이를 뒷받침한다.

---

1 회계 Part 3. "5. 회계사가 말하는 우리 회사의 자산과 매출 상태" 참조.

실증연구

외부감사인에 관한 선행연구는 주로 외부감사인의 노력과 보수, 산업전문성 등이 감사품질을 높일 수 있는지를 중심으로 진행되어왔다. 여기서 감사인의 노력은 감사 시 투입되는 시간을 의미하며 감사투입시간이 증가할수록 피감기업의 재량적 발생액이 낮아져 감사품질이 높아지는 결과를 보였다(마희영, 권수영, 2010; 류승우 등, 2015). 한편 감사보수에 관한 연구는 고품질의 감사를 수행하는 외부감사인은 높은 보수를 받는 것으로 나타나는 반면(이상수, 1999), 높은 보수를 받는 외부감사인은 기업과의 경제적 유착 때문에 독립성이 훼손되기 때문에 오히려 감사품질이 낮아진다는 상반된 결과가 존재한다(Hoitash et al., 2007; 김경순 등, 2020). 또한 외부 감사인이 산업전문성이 있는 경우 감사품질이 향상된다는 연구 결과도 있다(Reichelt and Wang, 2010).

참고문헌

- 김경순, 박선영, 이진훤, 「비정상감사보수가 감사품질에 미치는 조건부 효과」, 《회계학연구》 45(4)(2020), 291~332쪽.
- 류승우, 이종천, 김응길, 한승수, 「감사시간과 내부심리시간이 감사품질(재량적 발생액)에 미치는 영향」, 《회계학연구》 40(4)(2015), 213~246쪽.
- 마희영, 권수영, 「비정상 감사시간 및 감사보수가 오류발생에 미치는 영향」, 《회계·세무와 감사 연구》 51호(2010), 119~155쪽.
- 이상수, 「감사품질과 감사인의 보수에 관한 연구」, 《회계학연구》 24(3)(1999), 53~82쪽.
- R. Hoitash, A. Markelevich, C. A. Barragato, "Auditor fees and audit quality", *Managerial Auditing Journal* 22(8)(2007).
- K. J. Reichelt, D. Wang, "National and office-specific measures of auditor industry expertise and effects on audit quality", *Journal of Accounting Research* 48(3)(2010), pp.647~686.

실증연구

내부감사기구에 관한 선행연구는 자산 2조 원 이상의 기업에게 설치가 의무화되어 있는 감사위원회의 실효성을 분석한 연구가 많이 진행되어왔다. 감사위원회가 설치되어 있고, 독립성 및 활동성, 전문성이 높을수록 이익조정을 낮춘다는 효과가 확인되었다(Klein, 2002; Xie et al., 2003; 손성규 등, 2004; 전규안 등, 2004). 여기서 독립성은 감사위원들이 기업의 소유주 또는 경영진으로부터 독립된 위치에 있는지를 의미한다. 감사위원이 소유주 또는 경영진의 영향을 받지 않는 것으로 일반적으로 사외이사가 많을수록 독립성이 높다고 본다. 활동성은 얼마나 자주 회의를 개최하며 안건에 대해 논의하는지, 전문성은 재무보고 감독을 위한 전문적인 지식이 있는 정도를 의미한다(곽수근, 2010). 관련 연구에서 감사위원이 독립성을 갖추고, 활동을 적극적으로 하며, 전문지식이 있을 때 감사품질을 높이고 회계투명성을 강화한다는 실증결과를 나타냄으로써 신뢰성 있는 회계정보가 공시되려면 내부감사기구의 감독이 효과적으로 이루어져야 한다는 것을 시사한다.

참고문헌

- 곽수근, 「감사위원회에 관한 연구들의 비판적 고찰 및 제언」, 《세무와 회계저널》 11(4)(2010), 175~217쪽.
- 손성규, 최정호, 이은철, 「감사위원회의 효과: 회계오류를 중심으로」, 《회계학연구》 29(3)(2004), 61~90쪽.
- 전규안, 최종학, 박종일, 「감사위원회의 설치와 이익조정 사이의 관계」, 《회계학연구》, 29(1)(2004), 143~177쪽.
- A. Klein, "Audit committee, board of director characteristics, and earnings management", *Journal of accounting and economics* 33(3)(2002), pp.375~400.
- B. Xie, W. N. Davidson III, P. J. DaDalt, "Earnings management and corporate governance: the role of the board and the audit committee", *Journal of corporate finance* 9(3)(2003), pp.295~316.

4. 횡령을 막을 수 있는 방법은 없을까?

☑ 내부회계관리제도

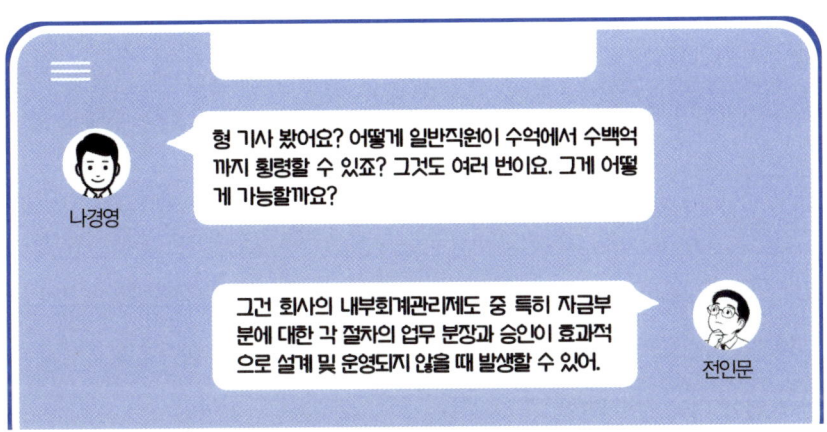

　내부회계관리제도(Internal Control over Financial Reporting, 內部會計管理制度_안 내, 집단 부, 모일 회, 셀 계, 주관할 관, 다스릴 리, 절제할 제, 법도 도)는 회사의 재무제표가 일반적으로 인정되는 회계처리기준에 따라 작성·공시되었는지에 대한 합리적 확신을 제공하기 위해 설계·운영되는 내부통제제도의 일부분으로서 회사의 경영진과 이사회를 포함한 모든 구성원들에 의해 지속적으로 실행되는 통제절차를 의미한다. 내부회계관리제도는 내부통제제도 보고정보의 신뢰성 확보목적 중 외부에 공시되는 재무제표의 신뢰성 확보를 목적으로 하며, 여기에는 자산의 보호 및 부정방지 프로그램이 포함된다.

　자산의 보호와 관련된 통제라 함은 재무제표에 중요한 영향을 미칠 수 있는 승인되지 않은 자산의 취득, 사용, 처분을 예방하고 적시에 적발할 수 있는 체계를 의미한다. 예를 들어, 경영진의 권한 남용 및 통제 무시(Management override) 위험 등에 대한 적절한 프로그램이 존재하지 않는 경우 이는 내부회계관리제도상 중요한 취약점으로 분류될 수 있다.[1]

특히 경영진에 대한 책임 및 처벌이 고의 또는 중대한 과실이 있는 경우 과징금이 부과되고, 고의로 회계부정을 저지른 경우 징역 10년에 처하는 등 규제가 강화되면서 해당 기업들의 내부회계관리제도 운영 효율화와 투명성 확보가 추진되는 상황이다.

회계투명성 강화를 위한 외감법 개정 시행에 따라 연결 재무제표 기준으로 2025년부터 자산총액 1,000억 원 이상, 5,000억 원 미만의 주권상장법인의 내부회계관리제도 인증 수준이 감사로 상향되어 중견기업의 재무제표 작성에 대한 책임이 더욱 강화된다.

내부회계관리제도 감사제도 도입으로 인한 변화는 다음 세 가지로 나뉘어 볼 수 있다.

① 경영진의 책임 강화: 경영진은 주주총회에서 내부회계관리제도 운영 실태를 보고해야 한다.
② 감사(위원)의 역할 및 책임 확대: 감사(위원)의 내부회계관리제도 감독에 대한 요구가 증대되었다.
③ 내부회계관리제도 구축 운영 확대: 내부회계관리제도 구축 및 운영을 위한 인력, 비용, 시간 소요가 증대되었다.

적용시기의 차이는 있으나, 궁극적으로 주권상장법인은 개별재무제표와 연

---

[1] 2021.10.1 한국공인회계사회 내부회계관리제도운영위원회 [내부회계관리제도 설계 및 운영 개념체계] 문단 11~14.

결재무제표에 대한 내부회계관리제도를 운영하고, 외부감사인은 이에 대해 감사의견을 표명한다.

내부회계관리제도에 대한 외부감사인의 감사가 적용되는 시기

	직전 사업연도 말 자산규모	별도재무제표 기준	연결재무제표 기준
상장회사	2조 원 이상	2019년	2023년
	5,000억 원 이상 2조 원 미만	2020년	2029년
	1,000억 원 이상 5,000억 원 미만	2022년	2030년

* 직전 사업연도 말의 자산규모가 1,000억 원 미만인 주권상장회사의 내부회계관리제도 외부감사 면제됨.

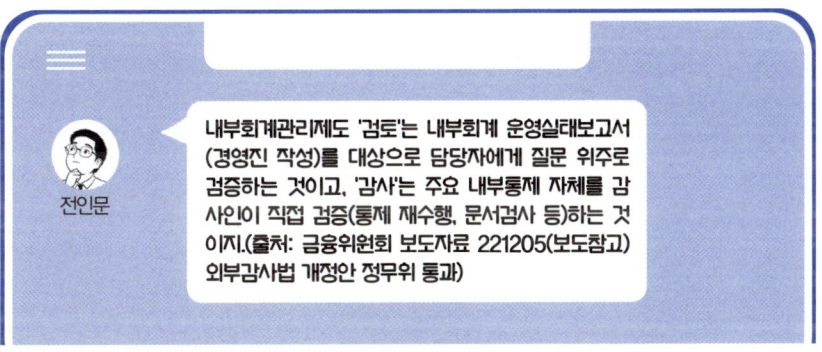

전인문: 내부회계관리제도 '검토'는 내부회계 운영실태보고서(경영진 작성)를 대상으로 담당자에게 질문 위주로 검증하는 것이고, '감사'는 주요 내부통제 자체를 감사인이 직접 검증(통제 재수행, 문서검사 등)하는 것이지.(출처: 금융위원회 보도자료 221205(보도참고) 외부감사법 개정안 정무위 통과)

회사 리스크를 줄이기 위한 안전장치

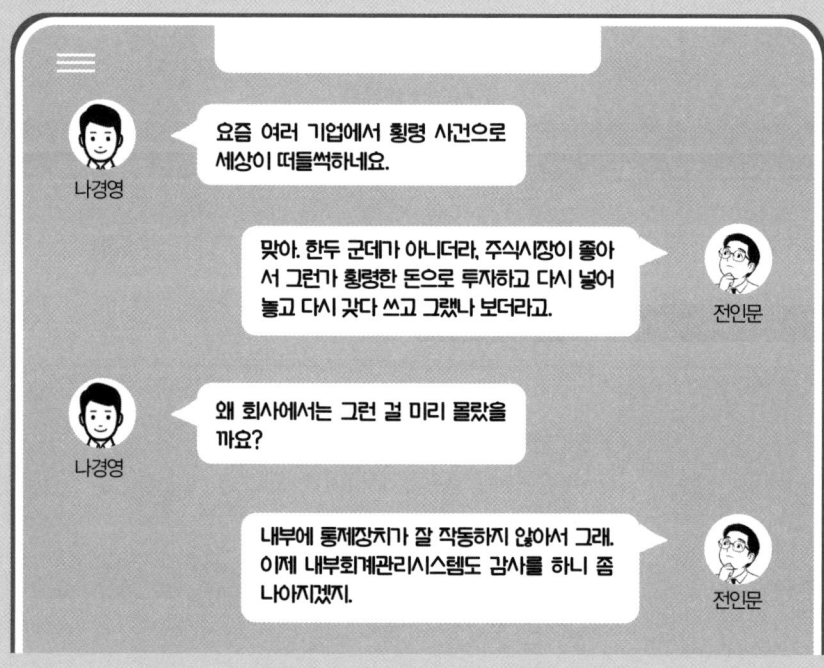

신(新)외감법 도입으로 회계감사 부문에서는 가장 크게 눈에 띄는 변화가 바로 내부회계관리제도 감사다. 이전에는 내부회계관리 운영 실태 보고서를 '검토'했다면 절차를 강화해 '외부감사'를 실시하는 것으로 변경된 것이다.

2022년이 시작되자마자 발생했던 의료기기업체인 오스템임플란트 직원의 거액 횡령사건은 온 세상을 떠들썩하게 했다. 한 직원이 1,880억 원에 달하는 금액을 횡령했던 일이 충격적이었다. 이와 같은 사건이 발생한 원인 중 핵심문제는 기업의 취약한 내부통제시스템에 있다고 본다.

오스템임플란트 직원의 역대급 횡령 사건으로 이 회사의 내부회계관리 시스템의 완벽한 구멍이 드러났다. 내부회계관리제도의 중요한 원칙인 '업무분장'(SOD, segregation of duties)이 제대로 이뤄지지 않았기 때문이다. 회계업계에서는 오스템임플란트가 내부회계관리제도에서 비적정 의견을 받을 것이 유력하다고 보고 있다.

「거래소·회계법인 출신 있으면 뭐해…오스템임플란트 내부통제 뻥뚫려」, 《뉴스1》 2022.1.6.

오스템임플란트는 2019년 회계법인의 자문을 받아 내부통제시스템을 마련했고, 2020년에는 감사를 받아 적정의견을 받았다. 외부감사에서도 발견하지 못한 것이다. 오스템임플란트의 사업구조는 매출과 매입이 동시에 일어나 자금흐름을 일일이 파악하는 게 쉽지 않고 무엇보다 자금관리 담당 재무팀장이 자금의 승인, 사용 등 업무가 단계적으로 분담되지 않아 이와 같은 거액의 횡령 사건을 야기했다. 또한 거래소 및 회계법인 등 전문인력이 사외이사로 있었음에도 이러한 사건이 발생한 것에 대해 독립적인 감독 기능이 제대로 발휘되지 못하는 등 총체적 문제가 있었던 것으로 보인다.

오스템임플란트 외에도 우리은행, 계양전기 등 내부 직원의 횡령 사건이 연이어 발생했다. 우리은행은 직원이 계약보증금을 빼돌려 614억 원에 달하는 금액을 횡령했고, 계양전기에서도 한 직원이 245억 원 규모의 금액을 빼돌렸다.

이러한 사건들은 내부회계관리제도의 실행뿐만 아니라, 형식적으로 감사가 이루어지지 않도록 실효성 제고를 위한 노력이 필요함을 시사한다.

5. 회계사가 말하는 우리 회사의 자산과 매출 상태

☑ 재무제표만 보지 말고 꼭 '감사의견'을 참고하세요

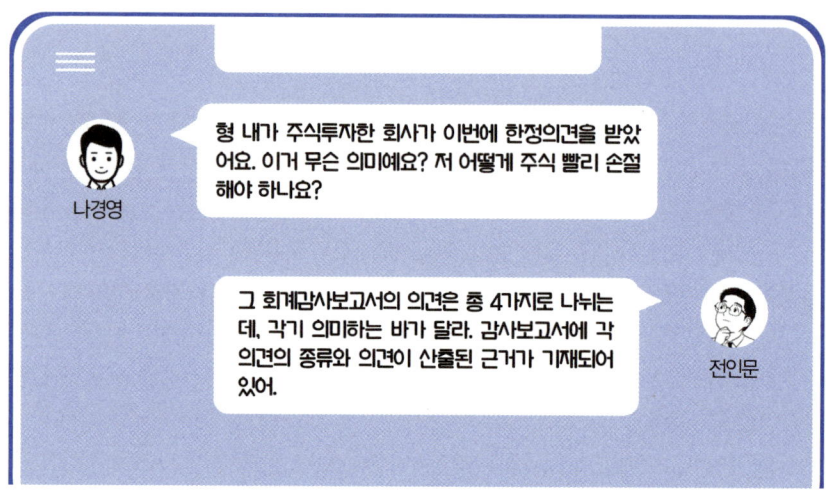

감사보고서의 의견 종류는 총 네 가지로 나눌 수 있다.

적정의견/부적정의견/한정의견/의견거절

감사보고서의 종류에 대해서 알아보겠다. 이를 통해 여러분도 경제기사 한 면을 좀 더 잘 이해할 수 있을 것으로 기대한다.

(1) 적정의견

적정의견(Unqualified Opinion, 適正意見_맞을 적, 바를 정, 뜻 의, 볼 견)[1]

감사인은 재무제표가 중요성의 관점에서 해당 재무보고체계에 따라 작성되었다고 결론을 내리면, 적정의견을 표명해야 한다.

즉 적정의견[2]이란, 감사인이 기업이 작성한 재무제표에 대해 회계감사 기준에 근거해 감사를 실시한 결과 적정하게 표시되었음을 나타낸 의견으로 다음과 같은 의미를 포함한다.

첫째, 재무제표의 모든 항목이 합리적 증거를 기초로 작성되었으며, 재무제표 작성에 적용된 회계처리방법과 표시방법이 기업회계원칙에 일치하고, 재무제표에 중대한 영향을 끼치는 모든 사항이 공개되어 불확실한 사항이 없다고 인정되는 경우다.

둘째, 재무제표 작성에 적용된 회계처리방법이 전년도와 다른 경우 그 변경의 정당성이 인정되고, 변경된 회계처리방법이 당기 이후의 기간에 적용되는 경우다.

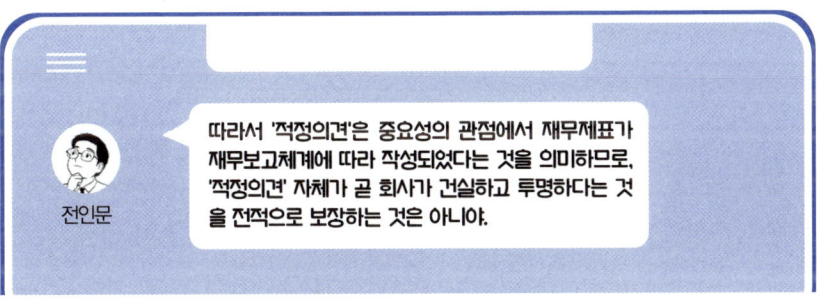

전인문: 따라서 '적정의견'은 중요성의 관점에서 재무제표가 재무보고체계에 따라 작성되었다는 것을 의미하므로, '적정의견' 자체가 곧 회사가 건실하고 투명하다는 것을 전적으로 보장하는 것은 아니야.

---

[1] 감사기준서 700 재무제표에 대한 의견형성과 보고, 의견의 형태 문단 16.
[2] [네이버 지식백과] (두산백과).

독립된 감사인의 감사보고서

ABC주식회사
주주 및 이사회 귀중
재무제표감사에 대한 보고

감사의견
(생략)
우리의 의견으로는 별첨된 회사의 재무제표는 회사의 20X1년 12월 31일 현재의 재무상태와 동일로 종료되는 보고기간의 재무성과 및 현금흐름을 한국채택국제회계기준(또는 일반기업회계기준)에 따라, 중요성의 관점에서 공정하게 표시하고 있습니다.

감사의견 근거
우리는 대한민국의 회계감사기준에 따라 감사를 수행하였습니다. 이 기준에 따른 우리의 책임은 이 감사보고서의 재무제표감사에 대한 감사인의 책임 단락에 기술되어 있습니다. 우리는 재무제표감사와 관련된 대한민국의 윤리적 요구사항에 따라 회사로부터 독립적이며, 그러한 요구사항에 따른 기타의 윤리적 책임들을 이행하였습니다. 우리가 입수한 감사증거가 감사의견을 위한 근거로서 충분하고 적합하다고 우리는 믿습니다.
 (이하 생략)

*예시는 한국공인회계사회가 2018년 10월에 배포한 [감사보고서 작성사례]에서 발췌함.

(2) 한정의견

감사인은 다음의 경우 한정의견(Qualified Opinion, 限定意見, 한할 한, 정할 정, 뜻 의, 볼 견)을 표명해야 한다.[1]

첫째, 감사인이 충분하고 적합한 감사증거를 입수한 결과, 왜곡표시가 재무

---
[1] 감사기준서 705 감사의견의 변형. 감사의견에 대한 변형 유형의 결정 문단 7.

제표에 개별적으로 또는 집합적으로 중요하나 전반적이지는 않다고 결론 내리는 경우.

둘째, 감사인이 감사의견의 근거가 되는 충분하고 적합한 감사증거를 입수할 수 없었지만, 발견되지 아니한 왜곡표시가 재무제표에 미칠 수 있는 영향이 중요할 수는 있으나 전반적이지는 않을 것으로 결론을 내리는 경우.

① 연결재무제표에 대한 충분하고 적합한 감사증거를 입수하지 못한 경우

독립된 감사인의 감사보고서

ABC주식회사
주주 및 이사회 귀중
연결재무제표감사에 대한 보고

한정의견
(생략)
우리의 의견으로는 별첨된 연결회사의 연결재무제표는 이 감사보고서의 한정의견 근거 단락에 기술된 사항이 미칠 수 있는 영향을 제외하고는, 연결회사의 20X1년 12월 31일 현재의 연결재무상태와 동일로 종료되는 보고기간의 연결재무성과 및 연결현금흐름을 한국채택국제회계기준(또는 일반기업회계기준)에 따라 중요성의 관점에서 공정하게 표시하고 있습니다.

한정의견 근거
연결회사는 기중에 취득한 해외관계기업 XYZ에 대한 투자에 대하여 지분법으로 회계처리하고, 20X1년 12월 31일 현재 연결재무상태표에 XXX 원을 계상하고 있습니다. XYZ의 당기순이익 중 ABC 주식회사의 지분에 해당되는 금액은 ABC 주식회사의 동일로 종료되는 보고기간의 당기순이익에 포함되어 있습니다. 우리는 해외 관계기업 XYZ의 재무정보, 경영진 및 감사인에 대한 접근이 거절되어 20X1년 12월 31일 현재 ABC 주식회사가 XYZ에 대한 투자에 대하여 재무상태

> 표에 계상한 금액, 그리고 XYZ의 당기순이익 중 ABC 주식회사의 지분에 해당되는 금액에 대하여 충분하고 적합한 감사증거를 입수할 수 없었습니다. 따라서 우리는 연결회사가 계상한 금액에 대하여 수정이 필요한지 여부를 결정할 수 없었습니다.
> 우리는 대한민국의 회계감사기준에 따라 감사를 수행하였습니다. 이 기준에 따른 우리의 책임은 이 감사보고서의 연결재무제표감사에 대한 감사인의 책임 단락에 기술되어 있습니다. 우리는 연결재무제표 감사와 관련된 대한민국의 윤리적 요구사항에 따라 연결회사로부터 독립적이며, 그러한 요구사항에 따른 기타의 책임들을 이행하였습니다. 우리가 입수한 감사증거가 한정의견을 위한 근거로서 충분하고 적합하다고 우리는 믿습니다.
> (이하 생략)

* 예시는 한국공인회계사회가 2018년 10월에 배포한 [감사보고서 작성사례]에서 발췌함.

② 기타 한정의견 근거의 예시

- 비교표시 재무제표의 미공시로 인한 재무제표의 왜곡표시

> **한정의견 근거**
> 재무제표에 대한 주석 1에서 서술하고 있는 바와 같이, 회사의 재무제표는 기업회계기준서 제1001호(또는 일반기업회계기준 문단 2.12)에서 요구하는 비교정보를 포함하지 않고 있습니다.

*예시는 한국공인회계사회가 2018년 10월에 배포한 [감사보고서 작성사례]에서 발췌함.

- 영업권 손상 관련 정보에 대한 충분하고 적합한 감사증거를 입수할 수 없는 경우

> **한정의견 근거**
> 20X1년 12월 31일 현재 회사의 재무상태표에는 XXX백만 원의 영업권이 계상되어 있습니다. 당기 중 회사의 종속기업인 DEF주식회사의 유의적인 영업손실은 기업회계기준서 제1036호에 따른 영업권의 손상징후로 파악되었습니다. 그러나 경영진은 관련 영업권에 대한 손상검사를 수행하지 아니하였으며, 이로 인하여 우리는 관련 영업권의 장부가액에 대하여 충분하고 적합한 감사증거를 입수할 수 없었습니다.

*예시는 한국공인회계사회가 2018년 10월에 배포한 [감사보고서 작성사례]에서 발췌함.

(3) 부적정의견

부적정의견(Adverse Opinion, 不適正意見 _아니 부, 맞을 적, 바를 정, 뜻 의, 볼 견)[1]

감사인은 충분하고 적합한 감사증거를 입수한 결과 왜곡표시가 재무제표에 개별적으로 또는 집합적으로 중요하며 동시에 전반적이라고 결론을 내리는 경우 부적정의견을 표명해야 한다. 즉 감사인이 기업이 작성한 재무제표에 대하여 일반적으로 인정되는 감사기준에 준거해 감사를 실시한 결과 일반적으로 인정된 회계원칙 기준에 근거해 재무상태와 경영성과를 적정하게 반영하고 있지 않다(재무제표가 전체적으로 왜곡표시되어 무의미하다)는 의견을 표명하는 것이다. 따라서 부적정의견 표명에 대한 이유를 보고서 별도의 문단에서 충분히 밝혀야 한다.

---

[1] 감사기준서 705 감사의견의 변형. 감사의견에 대한 변형 유형의 결정 문단 8.

① 연결재무제표의 왜곡표시가 중요하고 전반적인 경우

독립된 감사인의 감사보고서

ABC주식회사
주주 및 이사회 귀중
연결재무제표감사에 대한 보고

부적정의견
(생략)
우리의 의견으로는 별첨된 연결회사의 연결재무제표는 이 감사보고서의 부적정의견근거 단락에 기술된 사항의 유의성 때문에 연결회사의 20X1년 12월 31일 현재의 연결재무상태와 동일로 종료되는 보고기간의 연결재무성과 및 연결현금흐름을 한국채택국제회계기준(또는 일반기업회계기준)에 따라 중요성의 관점에서 공정하게 표시하고 있지 않습니다.

부적정의견 근거
주석 X에서 설명된 바와 같이, 연결회사는 20X1년 중에 취득한 종속기업 XYZ의 중요한 자산과 부채에 대하여 취득일 현재의 공정가치를 아직 결정하지 못하여 종속기업 XYZ의 재무제표를 연결하지 않았습니다. 따라서 회사는 이 종속기업에 대한 투자를 취득원가 기준으로 회계처리하였습니다. 한국채택국제회계기준(또는 일반기업회계기준)에 따르면 회사는 종속기업 XYZ를 연결하고 잠정금액에 근거하여 회계처리 하여야 합니다. XYZ 종속기업이 연결대상에 포함되었다면, 별첨된 연결재무제표의 많은 요소들이 중요하게 영향을 받을 것입니다. 종속기업 XYZ의 재무제표가 연결대상에 포함되지 않았으므로 별첨 연결재무제표에 미치는 영향은 결정되지 아니하였습니다.
우리는 대한민국의 회계감사기준에 따라 감사를 수행하였습니다. 이 기준에 따른 우리의 책임은 이 감사보고서의 연결재무제표감사에 대한 감사인의 책임 단락에 기술되어 있습니다. 우리는 연결재무제표 감사와 관련된 대한민국의 윤리적 요구사항에 따라 연결회사로부터 독립적이며, 그러한 요구사항에 따른 기타의 윤리적 책임들을 이행하였습니다. 우리가 입수한 감사증거가 부적정의견을 위한 근거로서 충분하고 적합하다고 우리는 믿습니다.
(이하 생략)

*예시는 한국공인회계사회가 2018년 10월에 배포한 [감사보고서 작성사례]에서 발췌함.

(4) 의견거절

의견거절(Disclaimer of Opinion, 意見拒絕 뜻 의, 볼 견, 막을 거, 끊을 절)[1]

감사인은 감사의견의 근거가 되는 충분하고 적합한 감사증거를 입수할 수 없으며, 발견되지 아니한 왜곡표시가 있을 경우 이것이 재무제표에 미칠 수 있는 영향이 중요하고 동시에 전반적일 수 있다고 결론을 내리는 경우 의견을 거절해야 한다. 또한 다수의 불확실성이 관련된 극히 드문 상황에서 감사인이 각각의 불확실성에 대해 충분하고 적합한 감사증거를 입수했음에도 이들 개별 불확실성 사이의 잠재적 상호작용과 이들 불확실성이 재무제표에 미칠 수 있는 누적적 영향 때문에 재무제표에 대한 의견을 형성하는 것이 가능하지 않다고 결론을 내리는 경우에도 감사인은 의견을 거절해야 한다.

감사의견이 '부적정'이거나 '의견거절'로 표명되면 상장폐지 사유가 되고, 해당 기업이 7일 내에 이의 신청하지 않으면 상장폐지 절차가 진행된다.

---

[1] 감사기준서 705 감사의견의 변형. 감사의견에 대한 변형 유형의 결정 문단 9.

① 연결재무제표의 한 구성요소에 대해 충분하고 적합한 감사증거를 입수하지 못한 경우

독립된 감사인의 감사보고서

ABC주식회사
주주 및 이사회 귀중
연결재무제표감사에 대한 보고

의견거절
(생략)
우리는 별첨된 연결회사의 연결재무제표에 대하여 의견을 표명하지 않습니다. 우리는 이 감사보고서의 의견거절근거 단락에서 기술된 사항의 유의성 때문에 연결재무제표에 대한 감사의견의 근거를 제공하는 충분하고 적합한 감사증거를 입수할 수 없었습니다.

의견거절 근거
연결회사는 조인트벤처 XYZ에 대한 투자에 대하여 연결재무상태표에 XXX 원을 계상하고 있습니다. 이는 20X1년 12월 31일 현재 연결회사 순자산의 90%를 초과하고 있습니다. 우리는 조인트벤처 XYZ의 감사인의 감사문서를 비롯하여 XYZ의 경영진과 감사인에 대한 접근이 허용되지 않았습니다. 이에 따라 우리는 연결회사가 공동으로 지배하는 XYZ의 자산에 대한 비례지분, 연결회사가 공동으로 책임을 지는 XYZ의 부채에 대한 비례지분 및 XYZ의 당기순이익과 비용에 대한 비례지분 그리고 연결자본변동표와 연결현금흐름표의 구성요소들에 수정이 필요한지 여부를 결정할 수 없었습니다.
(중략)

연결재무제표감사에 대한 감사인의 책임
우리의 책임은 대한민국의 회계감사기준에 따라 연결회사의 연결재무제표를 감사하고 감사보고서를 발행하는 데 있습니다. 그러나 우리는 이 감사보고서의 의견거절 근거 단락에서 기술된 사항의 유의성 때문에 해당 연결재무제표에 대한 감사의견의 근거를 제공하는 충분하고 적합한 감사증거를 입수할 수 없었습니다.
(이하 생략)

---

*예시는 한국공인회계사회가 2018년 10월에 배포한 [감사보고서 작성사례]에서 발췌함.

② 재무제표의 다수 구성요소에 대해 충분하고 적합한 감사증거를 입수하지 못한 경우

독립된 감사인의 감사보고서

ABC주식회사
주주 및 이사회 귀중
재무제표감사에 대한 보고

의견거절
(생략)
우리는 별첨된 회사의 재무제표에 대하여 의견을 표명하지 않습니다. 우리는 이 감사보고서의 의견거절근거 단락에서 기술된 사항의 유의성 때문에 재무제표에 대한 감사의견의 근거를 제공하는 충분하고 적합한 감사증거를 입수할 수 없었습니다.

의견거절 근거
우리는 20X1년 12월 31일 이후까지 회사의 감사인으로 선임되지 않았으며, 이에 우리는 당 보고기간의 기초와 기말의 재고자산 실사에 입회하지 못하였습니다. 우리는 회사의 재무상태표에 계상된 20X0년과 20X1년 12월 31일 현재의 재고자산 XXX원과 XXX원에 대하여 대체적인 방법으로도 그 수량에 대하여 만족할 수 없었습니다. 뿐만 아니라 회사가 20X1년 9월에 새로 도입한 매출채권전산시스템에 다수의 오류가 발생하였습니다. 경영진은 보고서일 현재 상기 시스템의 미비점을 교정하고 오류를 수정하는 과정에 있습니다. 우리는 회사의 재무상태표에 계상된 20X1년 12월 31일 현재의 매출채권 잔액 XXX에 대하여 대체적인 방법으로도 이를 확인하거나 검증할 수 없었습니다. 이와 같은 사항들의 결과, 우리는 기록되었거나 기록되지 아니한 재고자산과 매출채권, 그리고 손익계산서, 자본변동표, 현금흐름표의 구성요소에 관하여 수정이 필요한 사항이 발견되었을 것인지 여부를 결정할 수 없었습니다.
(중략)

> 재무제표감사에 대한 감사인의 책임
> 우리의 책임은 대한민국의 회계감사기준에 따라 회사의 재무제표를 감사하고 감사보고서를 발행하는 데 있습니다. 그러나 우리는 이 감사보고서의 의견거절 근거 단락에서 기술된 사항의 유의성 때문에 해당 재무제표에 대한 감사의견의 근거를 제공하는 충분하고 적합한 감사증거를 입수할 수 없었습니다.
> (이하 생략)

* 예시는 한국공인회계사회가 2018년 10월에 배포한 [감사보고서 작성사례]에서 발췌함.

③ 다수의 불확실성이 관련된 극히 드문 상황에서 재무제표에 대한 의견을 형성하는 것이 가능하지 않다고 결론을 내리는 경우

> **독립된 감사인의 감사보고서**
>
> ABC주식회사
> 주주 및 이사회 귀중
> 재무제표감사에 대한 보고
>
> 의견거절
> (생략)
> 우리는 별첨된 회사의 재무제표에 대하여 의견을 표명하지 않습니다. 우리는 이 감사보고서의 의견거절 근거 단락에서 기술된 사항의 유의성 때문에 재무제표에 대한 감사의견의 근거를 제공하는 충분하고 적합한 감사증거를 입수할 수 없었습니다.
>
> 의견거절 근거
> 우리는 다음 사항과 관련하여 재무제표에 공시된 유의적 불확실성의 영향을 고려하였습니다.
> [불확실성 사례1 기술]
> [불확실성 사례2 기술]
> 우리는 상기 불확실성 사이의 잠재적 상호작용으로 인해 이들 불확실성의 누적

> 적 영향에 관해 충분하고 적합한 감사증거를 입수할 수 없었습니다.
>
> **재무제표감사에 대한 감사인의 책임**
> 우리의 책임은 대한민국의 회계감사기준에 따라 회사의 재무제표를 감사하고 감사보고서를 발행하는 데 있습니다. 그러나 우리는 이 감사보고서의 의견거절 근거 단락에서 기술된 사항의 유의성 때문에 해당 재무제표에 대한 감사의견의 근거를 제공하는 충분하고 적합한 감사증거를 입수할 수 없었습니다.
> (이하 생략)

*예시는 한국공인회계사회가 2018년 10월에 배포한 [감사보고서 작성사례]에서 발췌함.

(5) 계속기업 관련 중요한 불확실성이 존재하는 경우

일반적으로 계속기업 관련 중요한 불확실성이 있다고 하면, 그 회사의 감사보고서가 적정의견을 받아서는 안 된다고 생각할 수 있다. 그러나 앞서 언급한 바와 같이 감사보고서의 감사의견은 회사의 존폐 여부와 분식회계 여부에 대한 정확한 결과를 표명하는 것이 아니다. 감사인이 전수조사가 아닌 중요성 관점에서 샘플 감사를 수행했는데, 회계기준에 따라 적정하게 재무제표 표시를 했는지 여부를 감사했다는 것이다.

회사가 곧 문을 닫을지라도 회사가 곧 문을 닫는다는 상황을 재무제표와 주석에 적정하게 표시했다면, 곧 문닫는 회사도 적정의견을 받을 수 있다. 감사보고서의 다음 예시를 주목하자.

① 중요한 불확실성이 존재하고 재무제표에 대한 공시가 적절하다고 결론 내린 경우(적정의견)(감사기준서 570 보론 사례 1)

독립된 감사인의 감사보고서

ABC주식회사
주주 및 이사회 귀중
재무제표감사에 대한 보고

감사의견
(생략)
우리의 의견으로는 별첨된 회사의 재무제표는 회사의 20X1년 12월 31일 현재의 재무상태와 동일로 종료되는 보고기간의 재무성과 및 현금흐름을 한국채택국제회계기준(또는 일반기업회계기준)에 따라, 중요성의 관점에서 공정하게 표시하고 있습니다.

감사의견 근거
우리는 대한민국의 회계감사기준에 따라 감사를 수행했습니다. 이 기준에 따른 우리의 책임은 이 감사보고서의 재무제표감사에 대한 감사인의 책임 단락에 기술되어 있습니다. 우리는 재무제표감사와 관련된 대한민국의 윤리적 요구사항에 따라 회사로부터 독립적이며, 그러한 요구사항에 따른 기타의 윤리적 책임을 이행했습니다. 우리가 입수한 감사증거가 감사의견을 위한 근거로서 충분하고 적합하다고 우리는 믿습니다.

계속기업 관련 중요한 불확실성
재무제표에 대한 주석 XXX에 주의를 기울여야 할 필요가 있습니다. 재무제표에 대한 주석 XXX은 20X1년 12월 31일로 종료되는 보고기간에 순손실 ZZZ가 발생하였고, 재무제표일 현재로 기업의 유동부채가 총자산보다 YYY 만큼 더 많음을 나타내고 있습니다. 주석 XXX에서 기술된 바와 같이, 이러한 사건이나 상황은 주석 XXX에서 설명하고 있는 다른 사항과 더불어 계속기업으로서의 존속능력에 유의적 의문을 제기할 만한 중요한 불확실성이 존재함을 나타냅니다. 우리의 의견은 이 사항으로부터 영향을 받지 아니합니다.
(이하 생략)

*예시는 한국공인회계사회가 2018년 10월에 배포한 [감사보고서 작성사례]에서 발췌함.

② 청산가치를 기반으로 한 재무제표의 작성(적정의견)(감사기준서 570 문단 A27)

독립된 감사인의 감사보고서

ABC주식회사
주주 및 이사회 귀중
재무제표감사에 대한 보고

감사의견

(생략)
우리의 의견으로는 별첨된 회사의 재무제표는 회사의 20X1년 12월 31일 현재의 재무상태와 동일로 종료되는 보고기간의 재무성과 및 현금흐름을 한국채택국제회계기준(또는 일반기업회계기준)에 따라, **중요성의 관점에서 공정하게 표시하고 있습니다.**

감사의견 근거
우리는 대한민국의 회계감사기준에 따라 감사를 수행하였습니다. 이 기준에 따른 우리의 책임은 이 감사보고서의 재무제표감사에 대한 감사인의 책임 단락에 기술되어 있습니다. 우리는 재무제표감사와 관련된 대한민국의 윤리적 요구사항에 따라 회사로부터 독립적이며, 그러한 요구사항에 따른 기타의 윤리적 책임들을 이행하였습니다. 우리가 입수한 감사증거가 감사의견을 위한 근거로서 충분하고 적합하다고 우리는 믿습니다.

강조사항
감사의견에는 영향을 미치지 않는 사항으로서, 이용자는 재무제표에 대한 주석 X에 주의를 기울여야 할 필요가 있습니다. 재무제표에 대한 주석 X에 기술하고 있는 바와 같이, 회사는 20X1년 X월 X일 주주총회의 결의에 따라 20X2년 중 청산될 예정에 있습니다. 이에 따라 회사의 재무제표는 청산가치를 기반으로 작성되었습니다.
(이하 생략)

*예시는 한국공인회계사회가 2018년 10월에 배포한 [감사보고서 작성사례]에서 발췌함.

③ 중요한 불확실성이 존재하고 회계의 계속기업전제에 대한 평가를 경영진이 기피하는 경우(한정의견)(감사기준서 570 문단24, A35)

독립된 감사인의 감사보고서

ABC주식회사
주주 및 이사회 귀중
재무제표감사에 대한 보고

한정의견
(생략)
우리의 의견으로는 별첨된 회사의 재무제표는 이 감사보고서의 한정의견 근거 단락에서 기술된 사항이 미칠 수 있는 영향을 제외하고는 회사의 20X1년 12

월 31일 현재의 재무상태와 동일로 종료되는 보고기간의 재무성과 및 현금흐름을 한국채택국제회계기준(또는 일반기업회계기준)에 따라, 중요성의 관점에서 공정하게 표시하고 있습니다.

한정의견 근거
경영진은 회계의 계속기업전제의 적정성을 평가하기 위하여 재무제표일로부터 9개월간의 기간에 대하여 자금수지분석 및 기타 정보를 준비하였습니다. 그러나 회사의 재무상태와 영업의 특징을 고려할 때, 적어도 재무제표일로부터 12개월의 기간에 발생될 사건이나 상황이 계속기업으로서의 존속능력의 평가에 미칠 수 있는 잠재적 유의성에 대한 평가가 필요합니다. 만약 이러한 정보가 제공되었다면 재무제표에 대한 우리의 의견이 달라질 수도 있습니다.

우리는 대한민국의 회계감사기준에 따라 감사를 수행하였습니다. 이 기준에 따른 우리의 책임은 이 감사보고서의 재무제표감사에 대한 감사인의 책임 단락에 기술되어 있습니다. 우리는 재무제표감사와 관련된 대한민국의 윤리적 요구사항에 따라 회사로부터 독립적이며, 그러한 요구사항에 따른 기타의 윤리적 책임들을 이행하였습니다. 우리가 입수한 감사증거가 한정의견을 위한 근거를 제공하는 데 충분하고 적합하다고 우리는 믿습니다.
(이하 생략)

*예시는 한국공인회계사회가 2018년 10월에 배포한 [감사보고서 작성사례]에서 발췌함.

④ 중요한 불확실성이 존재하고 재무제표에 중요한 불확실성 관련 요구된 공시가 누락되어 있다고 결론 내린 경우(부적정의견)(감사기준서 570 보론 사례 3)

독립된 감사인의 감사보고서

ABC주식회사
주주 및 이사회 귀중
재무제표감사에 대한 보고

부적정의견
(생략)
우리의 의견으로는 별첨된 회사의 재무제표는 이 감사보고서의 부적정의견근거 단락에 언급된 정보의 누락 때문에 회사의 20X1년 12월 31일 현재의 재무상태와 동일로 종료되는 보고기간의 재무성과 및 현금흐름을 한국채택국제회계기준(또는 일반기업회계기준)에 따라 중요성의 관점에서 공정하게 표시하고 있지 아니합니다.

부적정의견 근거
회사의 금융약정은 20x1년 12월 31일에 종료되며, 잔액은 해당 일자로 상환되어야 합니다. 회사는 재협상을 결정하거나 이를 대체할 자금조달 수단을 마련하지 못하였으며, 파산신청을 고려하고 있습니다. 이러한 상황은 계속기업으로서의 존속능력에 유의적 의문을 초래할 수 있는 중요한 불확실성이 존재함을 나타냅니다. 재무제표에는 이와 같은 사실이 적절히 공시되지 않았습니다.

우리는 대한민국의 회계감사기준에 따라 감사를 수행하였습니다. 이 기준에 따른 우리의 책임은 이 감사보고서의 재무제표감사에 대한 감사인의 책임 단락에 기술되어 있습니다. 우리는 재무제표감사와 관련된 대한민국의 윤리적 요구사항에 따라 회사로부터 독립적이며, 그러한 요구사항에 따른 기타의 윤리적 책임들을 이행하였습니다. 우리가 입수한 감사증거가 부적정의견을 위한 근거를 제공하는 데 충분하고 적합하다고 우리는 믿습니다.
(이하 생략)

*예시는 한국공인회계사회가 2018년 10월에 배포한 [감사보고서 작성사례]에서 발췌함.

⑤ 회계의 계속기업전제와 관련된 유의적인 여러 가지의 중요한 불확실성이 있으며 이로 인해 충분하고 적합한 감사증거를 입수하지 못한 경우(의견거절) (감사기준서 570 문단 18, A21-A22)

독립된 감사인의 감사보고서

ABC주식회사
주주 및 이사회 귀중
재무제표감사에 대한 보고

의견거절

(생략)
우리는 별첨된 회사의 재무제표에 대하여 의견을 표명하지 않습니다. 우리는 이 감사보고서의 의견거절근거 단락에서 기술된 사항의 유의성 때문에 재무제표에 대한 감사의견의 근거를 제공하는 충분하고 적합한 감사증거를 입수할 수 없었습니다.

의견거절 근거
회사의 재무제표는 회사가 계속기업으로서 존속한다는 가정을 전제로 작성되었으므로, 회사의 자산과 부채가 정상적인 사업활동과정을 통하여 회수되거나 상환될 수 있다는 가정 하에 회계처리되었습니다. 그러나 재무제표에 대한 주석 X에서 설명하고 있는 바와 같이, 회사는 20X1년 12월 31일로 종료되는 회계연도에 영업손실이 XXX백만 원이며 당기순손실이 XXX백만 원입니다. 그리고 동일자 현재로 유동부채가 유동자산을 XXX백만 원 초과하고 있으며, 총부채가 총자산을 XXX백만 원 초과하고 있습니다. 또한 주석 X에서 설명하고 있는 바와 같이, 동일자 현재로 관계회사에 대한 지급보증액 XXX백만 원에 대한 우발채무를 지고 있습니다. 이러한 상황은 회사의 계속기업으로의 존속능력에 대하여 유의적인 의문을 초래합니다. 회사가 계속기업으로서 존속할지의 여부는 주석 X에서 설명하고 있는 회사의 향후 자금조달계획과 생산, 판매, 재무 등 경영개선계획의 성패와 우발채무의 최종결과에 따라 좌우되는 중요한 불확실성을 내포하고 있습니다. 그러나 이러한 불확실성의 최종결과로 발생될 수도 있는 자산과 부채 및 관련 손익항목에 대한 수정을 위해 이를 합리적으로 추정할 수 있는 감사증거를 확보할 수 없었습니다.
(중략)
재무제표감사에 대한 감사인의 책임
우리의 책임은 대한민국의 회계감사기준에 따라 회사의 재무제표를 감사하고 감사보고서를 발행하는데 있습니다. 그러나 우리는 이 감사보고서의 의견거절 근거 단락에서 기술된 사항의 유의성 때문에 해당 재무제표에 대한 감사의견의 근거를 제공하는 충분하고 적합한 감사증거를 입수할 수 없었습니다.
(이하 생략)

*예시는 한국공인회계사회가 2018년 10월에 배포한 [감사보고서 작성사례]에서 발췌함.

코리아 디스카운트: 해외에서는 우리나라 회사를 어떻게 평가할까?

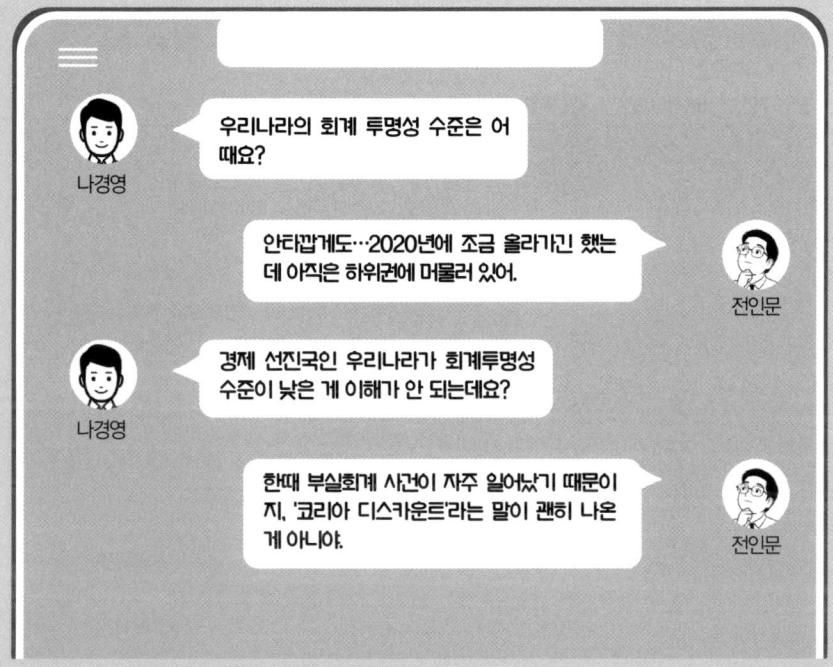

2020년 IMD[1]의 국가경쟁력평가에서 회계투명성 순위는 2019년 대비 15계단 상승한 46위이었고 2021년에는 37위까지 올라섰다. 이는 2013년부터 줄곧 60여 개의 대상 국가 중 하위권에 머물러왔던 것과는 달리 상승하면서 우리나라의 회계투명성 수준에 대한 대외적인 인식이 높아질 것을 기대할 수 있었다. 하지만 2022년에는 대규모 횡령 사건 발생 등으로 인해 다시 16계단이나 떨어지면서 평가대상 63개국 중 53위를 기록했다.

---

[1] IMD(International Institute for Management Development, 스위스 국제경영개발원)은 매년 국가경쟁력 평가를 하는데 절대적인 지표라고 볼 수는 없지만 국가 회계투명성을 평가하는 데 널리 인용되고 있다.

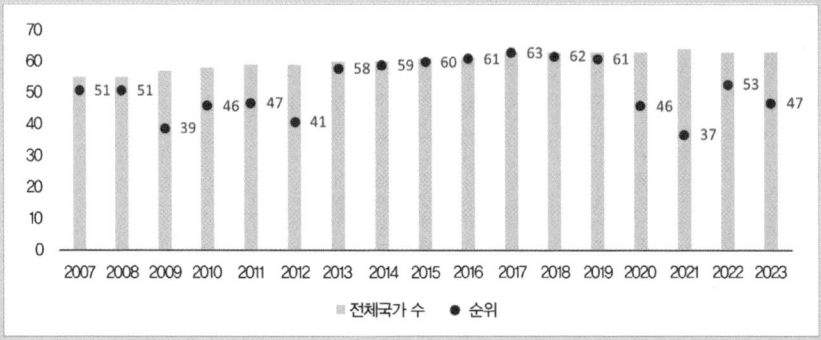

출처: IMD.

한국의 회계 분야 국가경쟁력 순위가 지난 2015년 이후 처음으로 '꼴찌권'을 면했다. 지난해부터 본격적으로 신외부감사법이 도입되고 내부회계관리가 기업 회계평가에 영향을 미치는 중요 요인으로 부각되면서 경영진의 회계관리에 대한 관심이 높아졌기 때문이라는 분석이 나온다.
「회계경쟁력 '꼴찌' 면했지만…전담인력은 제자리」, 《서울경제》 2020.7.1.

신외감법 시행 이후 스위스 국제경영개발대학원(IMD)이 발표하는 한국의 회계투명성 순위가 2017년 63위(63개국 평가)에서 2021년 37위(64개국 평가)로 뛰었다. 다만 올해 오스템임플란트를 시작으로 연달아 터진 횡령 사태로 2022년 순위는 53위로 밀려났다.
「"회계투명성 제고" 호평 받았지만… "기업 부담 가중" 불만의 목소리도[시행 4년 신외감법]」, 《파이낸셜뉴스》 2022.7.14.

과거 한국 주식시장은 해외 다른 국가의 유사한 기업에 비해 저평가되었다는 인식이 있었다. 이러한 저평가 현상을 '코리아 디스카운트'라고 한다. 즉 기업의 수익성 및 성장성, 규모가 해외 기업보다 주가가 저평가된 상태를 의미한다. 실제로 과거 연구에서 우리나라 기업의 주가 수준이 선진국뿐 아니라 아시아 개발도상국의 유사기업과 비교해도 저평가 상태임을 실증연구에서 유의한 결과를 통해 나타냈다.[1] 이러한 저평가 요인으로는 다양한 원인이 거론된다. 우선 우리나라가 처해 있는 현실로 지정학적 리스크를 들 수 있다. 남북 관계에 따라 주가가 변동하는 것을 보면

---

[1] 서정원, 심수연, 「코리아 디스카운트의 진단과 원인 분석」, 《한국증권학회지》 36(4)(2007), 621~655쪽.

일리가 있다. 다음으로는 기업지배구조가 있다. 우리나라에는 소유자가 대주주인 오너 기업이 많다는 특징이 있다. 재벌총수가 큰 지분을 가지거나 적은 지분을 가지고도 계열사를 통한 소유구조로 절대적인 경영권을 행사하고, 책임은 지지 않으며 경영권 세습을 하여 투자자들의 불신이 발생하는 구조적 리스크가 존재하는 것이다.[1] 여기에 더해 오스템임플란트 사건처럼 직원이 거액을 횡령하는 사건도 종종 발생한다.

앞서 설명했듯이, 우리나라의 회계투명성 수준은 조사 대상국 중 하위권에 머물러 있고, 2016년과 2017년에는 조사 대상국 중 최하위였다. 이에 지배구조 개선과 회계투명성강화를 위한 노력을 계속했지만, 별다른 효과를 보지 못하다가 기업 내외부의 회계감독 강화를 위해 대대적인 법개정 작업이 실시되어 2018년 11월에는 기업 내부의 회계감독 강화, 외부감사인의 감사 기능 강화의 내용으로 '신외부감사법'이 시행되었다. 새로운 법 시행으로 회계투명성 개선에 대한 기대가 커졌고 2021년에는 회계투명성 순위가 37위까지 오르기도 했다.

---

1 상하성, 「코리아 디스카운트의 실제」, 참여연대 이야기 2004.9.21.

회계감사를 위한 새로운 법: 신(新)외부감사법

2018년 11월 시행된 주식회사 등의 외부 감사에 관련 법률 개정안(신외부감사법)은 기업의 내·외부 감사 기능을 강화하는 취지로 시행되는 것으로 기존 외부감사법을 전면 개정한 것이다.

규정 강화에도 끊임없이 기업의 회계부정 사건이 발생했고, 이를 사전에 감독하지 못한 것에 대한 논란이 있었다. 이에 따라 여러 차례 논의 끝에 2017년 새로운 외부감사법에 대한 법안이 통과되어 기업의 재무보고 및 회계감사 과정에 대한 감독 업무를 강화하는 방향으로 법이 개정되었고, 2018년 11월, 신외부감사법을 시행했다. 가장 크게 변화된 내용은 외부감사 대상 법인의 확대와 외부감사인의 내부회계관리 운영방안에 대한 감사를 의무화한 것, 감사위원회의 외부감사 선임 권한을 강화한 것이다. 이는 외부감사의 범위를 확대해 기업의 재무보고에 대한 감독을 강화한 것이며, 이를 수행하는 외부감사인의 선임을 기업 내부 경영진으로부터 독립적인 위치에 있는 감사위원회가 하도록 함으로써 외부감사가 독립적인 위치에서 수행될 수 있도록 개정한 것이다. 개정 전·후의 주요 내용은 다음과 같다.

	개정 전	개정 후
외부감사 대상	주식회사	주식회사+유한회사
외부감사인 선임 및 해임	기업 경영진	감사위원회
외부감사인 지정	지정사유 해당하는 경우	6년 자유선임 후 3년 지정선임
외부감사 시간	-	표준감사시간 도입
내부회계관리제도	외부감사인의 검토	외부감사 의무

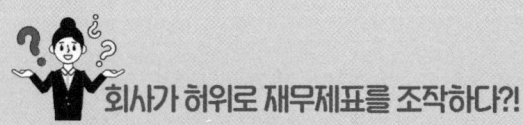
회사가 허위로 재무제표를 조작하다?!

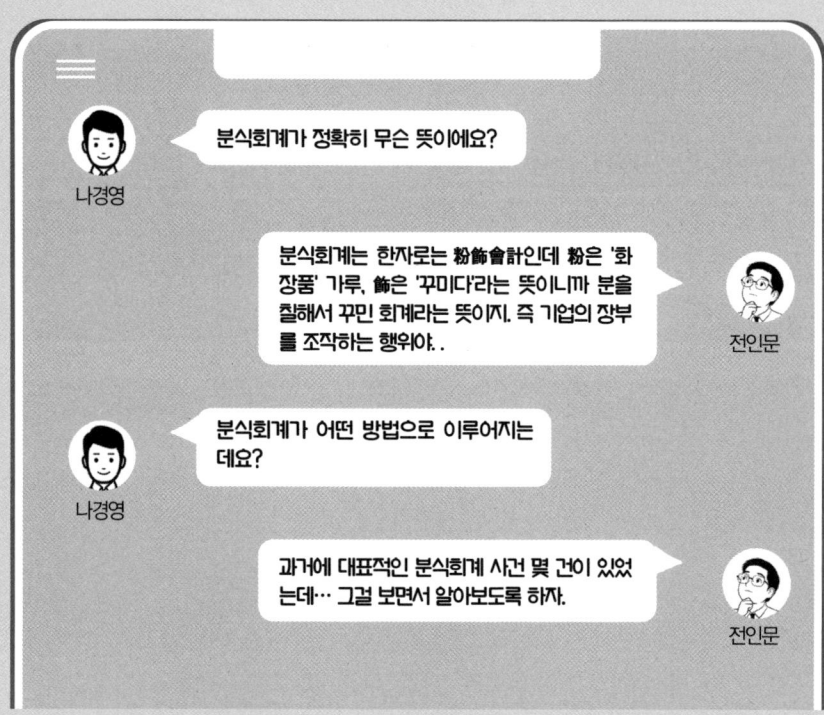

미국 엔론의 회계부정 사건

엔론사 경영진이 지난 2000년 회사 순이익을 고의로 약 10억 달러나 부풀린 것으로 드러났다고 뉴욕 타임스가 3일 보도했다. 보고서는 엔론 최고 경영진이 늘어나는 회사 부채를 은폐하고 대차대조표를 조작하는 등 투자자들을 끌어들이기 위해 제휴업체들을 이용했다는 결론을 내렸다고 신문은 전했다.

「엔론 경영진 2000년 순익 10억 달러 부풀려」, 《한국경제》 2001.2.3.

미국의 에너지, 물류 기업이었던 엔론의 회계부정 사건은 대표적인 분식회계 사건으로 대형 회계법인 해체와 회계감독을 강화하는 사베인스 옥슬리법(Sarbanes-

Oxley Act)[1] 제정에 결정적인 계기가 된 사건이다.

1990년대 중반 이후 사업을 확장하며 성장가도를 달리던 엔론[2]은 장부상에서만 성장한 기업이었다. 엔론은 특수목적법인(SPC: Special Purpose Company)[3]을 이용하여 부실한 고정자산과 부채를 넘기고 재무제표에는 이러한 거래 내역을 계상하지 않았다. 이 규모는 15억 달러에 달했다.

매출액은 증가하는 것처럼 보였으며, 당시 경영진들은 미래 수익을 근거로 대규모의 성과급을 받기도 했다. 하지만 계속된 지출 증가로 현금이 부족해지자 엔론은 실적을 부풀리고 주가를 상승시켜 사채 발행으로 자금을 조달했고 엔론의 부실 규모는 더욱 확대되었다. 이에 2001년 4월부터 10월까지 미국 증권거래위원회(SEC)는 엔론의 주가조작 및 분식회계에 관해 조사하였고 결국 엔론은 회계오류를 시인하며 다음과 같이 재무제표를 재작성했다.

	1997	1998	1999	2000
당기순이익 감소	2,800만 달러	1조 3,300만 달러	2조 4,800만 달러	9,900만 달러
자기자본 감소	2조 5,800만 달러	3조 9,100만 달러	7조 1,000만 달러	7조 5,400만 달러
부채 증가	7조 7,100만 달러	5조 6,100만 달러	6조 8,500만 달러	6조 2,800만 달러

출처: 금융감독원, 2002, 미 엔론사태의 전말과 개혁.

---

[1] 사베인스-옥슬리 법(Sarbanes-Oxley Act)은 2002년 7월 30일 발효된 미국 기업회계 개혁법으로 법안을 발의한 폴 사베인스(Paul Sarbanes) 상원의원과 마이크 옥슬리(Mike Oxley) 하원의원의 이름을 딴 것이다. 상장기업의 재무보고 책임 강화, 경영진에 대한 감독, 공시 강화 등의 내용이 주를 이루며 회계감독 강화의 목적으로 상장기업 회계감독위원회인 PCAOB(Public Company Accounting Oversight Board)를 설립했다.

[2] 엔론은 1985년 Houston Natural Gas와 InterNorth 간 합병으로 탄생한 이후 1986년 76억 달러의 매출규모에서 2000년에는 1,010억 달러까지 증가하고, 시가총액은 660조 달러였으며 2만여 명의 직원을 보유해 1996년에서 2001년까지 미국 경제지 《포춘(Fortune)》에서 가장 혁신적인 기업으로 선정되기도 했다.

[3] 대체적으로 서류상으로만 존재하는 페이퍼 컴퍼니(paper company)로 합병 등의 특수한 목적을 위해 설립된 법인.

이와 같은 발표는 엔론에 대한 투자자들의 신뢰를 완전히 무너뜨려 결국 엔론은 2001년 12월 파산을 신청했고, 경영진과 회계감사를 맡았던 회계법인인 아서 앤더슨(Arthur Andersen)을 상대로 민·형사상 소송이 이어졌다. 감사책임이 있는 회계법인이 분식회계를 묵인했을 뿐 아니라 도와줬다는 혐의였다. 결국 경영진인 회장과 최고경영자 두 명은 24년 형에 달하는 징역형을 선고받았고 아서 앤더슨은 파산하면서 경영진의 도덕적 해이와 기업 내 감독 기능의 부재, 회계법인의 부실감사 문제의 대표적인 사건으로 꼽히게 되었다.

대우조선해양의 손실 미반영

대규모 분식회계 의혹을 받는 대우조선해양이 2조 원의 영업 손실을 제때 반영하지 않은 것으로 드러났습니다. 대우조선의 외부감사인인 딜로이트안진은 지난해 발생한 손실 5조 5천억 원 가운데 2조 원을 2013년과 2014년 재무제표에 반영했어야 한다는 결론을 내리고 회사 측에 정정을 요구했습니다.

「대우조선 과거 2조 원 손실 미반영: 집단소송 가능성」, 연합뉴스TV, 2016.3.24.

대우조선해양은 조선업종으로서 수주 계약금액×공사 진행률에 따른 금액을 수익으로 인식한다. 공사 진행률은 통상 실제 발생원가를 총 예정원가로 나누는 방식으로 산출하는데 대우조선해양은 공사 진행률을 조작하는 수법으로 분식회계를 했다. 선박과 같은 대형 구조물은 실제 공사 진행률을 파악하는 것이 사실상 불가능하기 때문에 조선 및 건설업종 기업은 실제 발생원가와 총 예정원가를 따져 공사 진행률을 산출하는 '투입법'의 방식을 사용하는데, 대우조선해양은 총 예정원가를 임의로 줄여 공사 진행률을 높였던 것이다.

$$공사\ 진행률 = \frac{실제\ 발생원가}{총\ 예정원가 \downarrow} \Rightarrow 공사\ 진행률 \uparrow$$

예를 들어, 수주 계약금액: 3조 원, 총 예정원가: 2조 7,000억 원, 실제 발생원가: 5,000억 원이라고 가정해보자.

내역	분식회계 전	분식회계 후
	수주 계약금액: 3조 원 총 예정원가: 2조 7,000억 원 실제 발생원가: 5,000억 원	수주 계약금액: 3조 원 총 예정원가: 1조 7,000억 원 실제 발생원가: 5,000억 원
공사 진행률	18.5%	29.4%
수익	5,550억 원	8,820억 원

⇨ 총 예정원가 1조 원을 감소시키면 매출액이 3,300억 원가량 증가한다.

대우조선해양의 분식회계 사건은 엔론 사태와 매우 유사하게 경영진의 도덕적 해이 문제와 내외부 감독 기능의 문제 등에 의한 사례로 인식된다. 당시 분식회계를 지시하고 보너스 잔치를 벌였던 경영진과 부실감사를 했던 회계법인 감사인 4명에게는 1년~2년 6개월의 징역형을, 회계법인에게는 벌금을 부과하는 법적 처벌이 가해졌다. 이 사건으로 인해 아시아금융위기(IMF) 이후 도입되고 강조되어왔던 감사위원회와 같은 내부 감시기구의 감독 기능이 형식에 불과하다는 의견이 대두되었고, 회계투명성 강화를 위해 내부 감시기구와 외부감사인 간의 협력과 책임을 강화하는 내용의 新외부감사법(2018년 11월 시행)을 마련하는 계기가 되었다.

모뉴엘의 수출액 허위계상
관세청 서울본부세관은 제품 3조 원대를 허위수출한 혐의(관세법 위반) 등으로 가전업체 모뉴엘 박홍석(52) 대표 등 3명을 구속했다고 31일 밝혔다. 조사결과 박씨는 거액의 사기대출을 받으려고 수출가격을 고가로 조작하고, 수출실적을 부풀린 것으로 드러났다. 현재 모뉴엘은 이런 수법으로 외환은행 등 10여개 은행에서 6,745억 원을 상환하지 않은 상태다.
「'수출대금 뻥튀기' 모뉴엘 박홍석 모뉴엘 대표 구속」, 《매일경제》 2014.10.31.

중견 수출기업 '모뉴엘'의 분식회계 사건은 비상장기업의 대표적인 회계부정 사건으로 꼽힌다. 모뉴엘은 수출에 의한 매출액을 허위로 계상하는 방법으로 분식회계를 저질렀다. 즉 모뉴엘은 '매출채권 팩토링'을 통해 외상매출채권을 금융기관에서 할인해 현금을 받아내는 방법으로 자금을 차입했다. 비상장기업이라 IFRS 적용 의무가 없었던 모뉴엘은 K-GAAP의 논리를 이용해 채권 할인을 통한 자금 차입은 재무제표에 차입금으로 계상하지 않는다는 점을 이용해 3년 동안 은행으로부터 무역금융으로 약 3조 2,000억 원을 차입했다. 총 6,500억 원의 미상환 차입금이 있었지만 재무제표에 인식되어 있지 않았던 탓에 은행은 모뉴엘의 재무구조가 문제가 없다고 판단했던 것으로 보인다.

이 사례는 K-GAAP과 K-IFRS의 기준 차이에 의한 대표적인 분식회계 사건으로 매출채권 할인에 대한 재무제표 인식 차이로 부채비율이 달라지는 것을 알 수 있다. 매출채권 할인은 매출채권을 담보로 자금을 차입하는 것으로 K-GAAP에서는 이를 매출채권의 처분, 즉 자산매각으로 회계처리하고 주석으로 부연 설명을 하는 반면, K-IFRS에서는 실질에 따라 차입금으로 인식하도록 한다. 모뉴엘은 비상장기업으로 K-IFRS를 적용하지 않고 K-GAAP을 적용하여 매출채권 할인에 대해 모두 자산매각으로 처리한 것이다.

매출채권 할인의 회계처리 차이

회계기준	K-GAAP	K-IFRS
회계처리	자산매각	차입금
효과	부채비율 감소	부채비율 증가

모뉴엘은 매출채권 팩토링에 대한 K-GAAP에 의한 회계처리를 악용해 현금을 조달했고, 수출채권 만기 대금 결제가 지연되자 허위수출혐의로 조사를 받으면서 거액의 사기대출을 받았다는 사실이 드러났다. 당시 우발부채로서 주석에 공시되었던 만기 미도래 매출채권 매각액과 수출환어음 실행 잔액을 원 차입금에 반영해 조정한 결과 부채비율이 300% 이상 증가하는 것으로 나타났고, 유동비율은 100% 미만으로 유동성이 악화되는 상황이었다.[1]

모뉴엘은 금융감독원의 감리 대상이 아니었던 비상장기업이었지만 분식회계 사건이 발생함에 따라 금융감독원은 당해 말 매출채권 매각 회계처리에 대한 집중 감리를 실시하였고,[2] 모뉴엘 사태는 무역보험공사의 감독 강화, 무역보험 인수 심사 및 리스크관리 강화 등의 방향으로 수출 기업의 무역금융의 악용을 방지하기 위한 제도를 개편하는 계기가 되었다.[3]

---

[1] 최성호·김인숙·최정호, 「매출채권 팩토링 회계처리에 대한 연구」, 《회계저널》 26(1)(2017), 279~304쪽.
[2] 「15년 매출채권 매각거래 등에 대한 테마 감리 실시」, 금융감독원 2014.12.22.
[3] 금융감독원, 금융위원회, 금융감독원, 산업통상자원부, 기획재정부, 관세청, 「모뉴엘 사건 재발방지를

6. 매출보다 환경보호와 투명성이 중요하다?

☑ ESG 경영이란 무엇인가?[1]

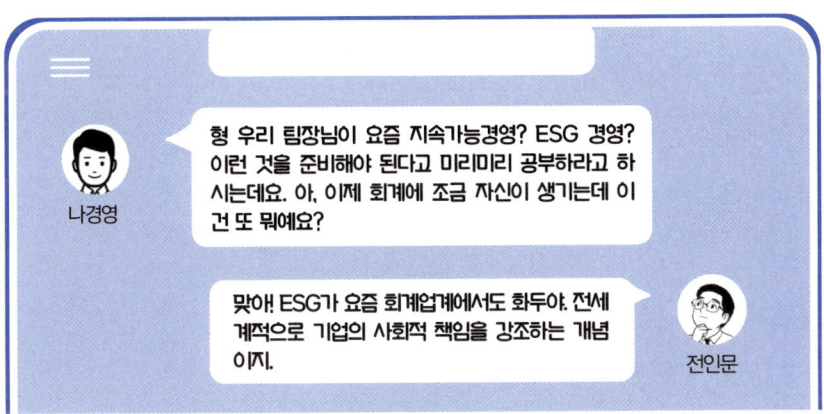

최근 모든 부문에서 ESG가 화두가 되고 있다. 기업의 지속적인 생존과 성장에 직접적인 핵심가치를 '환경(Environmental), 사회(Social), 지배구조(Governance)'로 묶어서 정의한 용어가 ESG이다. ESG는 과거 기업의 이익을 주주뿐만 아니라 국가 및 지역사회도 고려하자는 개념에 사회적 책임 활동(Corporate Social Responsibility, CSR)과 미래 지향적인 지속가능경영의 개념이 진화해 규범화하고 제도화된 것으로 볼 수 있다.

ESG는 환경(Environmental), 사회(Social), 지배구조(Governance)의 영문 첫 글자를 조합한 단어로, 기업 경영에 있어서 지속가능성 달성을 위한 3가지 핵심 요소다. ESG 정의는 기관별로 설립 목적 및 사업의 특성, 이해관계자의 차이에 따라 상이하게 활용되었으나, 이를 종합하면 투자의사 결정 및 장기적인 재무적 가치에 영

위합 무역금융 전면쇄신」, 보도자료 2015.4.17.

[1] 한국거래소 ESG 포털(esg.krx.co.kr) 참조

향을 미칠 수 있는 '중요한 비재무적 요인'이라는 정의로 귀결된다.

과거에는 기업 평가 시 투입 대비 성과 중심의 재무적인 지표가 기준이었다면 최근 들어서는 기후변화, 사회적 책임 활동 등 기업이 사회에 미치는 영향력이 증가함에 따라 '비재무적' 지표가 기업의 실질적인 가치평가에서 더 중요할 수 있다는 인식이 확대했다. 다음과 같은 이유로 ESG 중요성이 더욱 부각되고 있다.

첫째, 소비자들이 변화하고 있다.
⇨ **제품이 좋아도 나쁜 기업은 소비하지 않는다.**

기업의 이해관계자들은 예전과 달리 사회적 가치 제고에 보다 많은 니즈를 가지고 있다. 소비자들은 사회적 책임을 소홀히 한 기업의 제품이 조건이 더 좋더라도 사회적 책임을 적극적으로 수행하는 기업의 제품을 선호하는 경향이 있다.

둘째, 심해지는 ESG 관련 규제 대응은 기업 생존 문제다.
⇨ **탄소국경세 도입은 수출 중심 우리 기업의 경쟁력에 심각한 영향을 미칠 수 있다.**

기후변화 대응을 위해 전 세계 250여 개국이 파리기후협약에서 탄소중립 정책(파리기후협약에서 지구의 평균기온을 산업화 대비 1.5℃ 이하 억제하기로 약속)을 수립하여 시행하고 있다. 특히 유럽에서 2026년부터 '탄소국경세'를 본격 도입하면서 제품 조건이 좋더라도 탄소를 많이 배출한 기업의 글로벌 가격경쟁력은 저하될 것이다. 또한 자금 이동 정보공개에 대한 ESG 정보공개도 도입되고 있어, 불특정 다수의 투자를 받는 상장기업들의 경우 ESG 정보공개에 대한 압박이 커지고 있다.

셋째, EGS 관점에서 투자 결정이 이루어지는 시대다.
⇨ **ESG 경영이 구축되지 않으면 자금이 투입되지 않는다.**

2010년 영국에서 최초로 도입된 스튜어드십 코드(Stewardship code)는 기관투자자가 의결권 행사 등으로 기업 경영에 관여하는 것이다. 국가별 스튜어드십 코드 내 세부원칙은 차이가 있으나, 투자대상의 지속가능한 성장 및 투자 수익률 제고를 위해 기관투자자 등 수탁자가 책임과 의무를 다하도록 요구하는 동일한 목표를 지향한다.

국내에서는 2016년 도입되었으며 2018년 국민연금을 시작으로 보험사, 자산운용사 등 스튜어드십 코드 도입이 지속적으로 이루어지고 있다. 최근에는 기관투자자들이 투자 기업들의 ESG 경영 구축을 위해 ESG 경영이 부족한 기업에 의결권을 행사하는 사례도 증가하고 있다. 투자자들은 스튜어드십 코드를 통해 기업들의 ESG 관련 행동 변화를 유도하고 투자대상 선택에서도 ESG 요소를 적극 고려한다.

글로벌 책임 투자 규모는 매해 지속적으로 상승하는 추세다. 국내에서도 국민연금, 사학연금, 공무원연금 등 3대 연기금이 앞장서서 책임투자를 확대해가고 있다. 국민연금은 국내 주식 일부에 대해 ESG 통합 및 스크리닝 전략을 활용하고 있고, '수탁자 책임 활동에 관한 지침'에 따라 기업과의 대화 등을 수행하고 있다. 특히 국민연금은 이러한 ESG 투자 확대를 통해 2022년에는 ESG 투자자산이 국민연금기금 전체 자산의 50%에 이를 것으로 선망했다. 일부 운용사는 네거티브 스크리닝을 통해 ESG 기준에 미달하는 경우 투자를 철회하는 결단까지 내린다.

넷째, ESG 성과에 기업의 가치평가가 좌우된다.
⇨ **신용평가사들이 ESG 경영을 반영하기 시작했다.**

주요 신용평가사들도 기업 신용평가에 ESG 경영에 관한 요소를 반영하거나 반영할 예정이다. 기업이 ESG 경영에 소홀한 경우 부정적인 평가로 낮은 신용등급을 받으면 금융비용이 증가할 것이다. 글로벌 자산운용사, 투자은행, 신용평가사는 상품 개발 및 투자의사 결정에 지속가능경영 평가를 더해 나가고 있다.

ESG의 중요성

- 01 소비자의 ESG 요구 증대 — 소비 선택의 주요 기준
- 02 책임투자 활성화 — 스튜어드십 코드 강화
- 03 신용평가에 ESG 반영 — 글로벌 신용평가사 ESG 반영
- 04 ESG 관련규제 강화 — ESG 보고서 공시 의무화

출처: 한국거래소 ESG 포털.

"이러한 전 세계적인 ESG 경영의 중요성 확대 기조에 따라, 국내에서도 2026년 이후부터 단계별로 지속가능보고서 공시를 의무화할 계획이다."

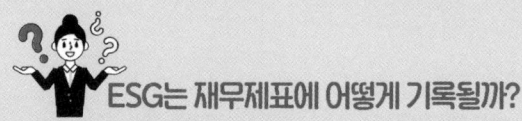
ESG는 재무제표에 어떻게 기록될까?

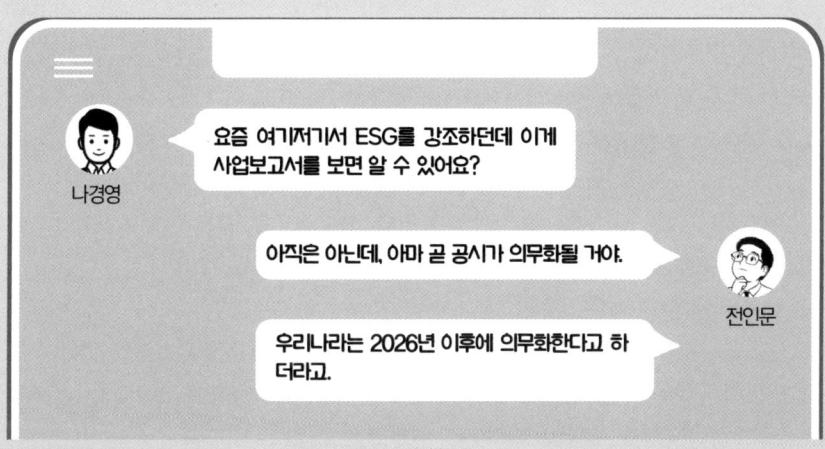

기업의 매출과 자산, 부채 등이 빼곡히 기록된 재무제표. 앞으로 여기에 ESG(환경·사회·지배구조) 정보가 추가될 수 있다는 전망이 나온다. 국제회계 표준인 'IFRS'를 제정한 국제회계기준위원회(IASB)가 ESG 지표의 표준화를 추진하고 있어서다.

「기업 재무제표에 ESG 추가한다…국제회계기준위, 지표 표준화 추진」, 《한국경제》 2021.1.19.

ESG의 중요성이 강조되고 있다. 기업은 더 이상 재무정보로만 평가되지 않고 환경, 사회적 책임을 준수하는지 등의 비재무적 요소가 중요한 시대가 되었다. 투자자들은 기업의 ESG 경영 상황을 보고 의사결정을 하기도 하고, ESG 활동이 약한 기업은 외면당하기도 한다. 따라서 비재무적 요소라고 하지만 결국 기업의 재무적 가치에 영향을 미친다고 볼 수 있다.

여러 연구에서도 ESG 정보가 기업가치에 긍정적인 영향을 미친다는 결과가 확인되었다. 이 중에서도 기업지배구조는 공신력 있는 기관에서 정하는 점수와 감독 기능의 정도 등의 다양한 측정치가 있기 때문에 다방면에서 검증된 연구 결과가 있다.

즉 기업지배구조 수준이 양호한 기업은 기업에 긍정적인 영향을 미친다는 것이다.[1] 이 외에도 기업의 환경 관련 공시가 주가에 영향을 미친다거나 사회적 책임지수가 높은 기업은 기업성과가 높게 나타난다는 연구 결과도 나타났다.[2] 이러한 결과는 투자자들이 투자의사 결정 시 기업가치에 ESG 정보를 고려한다는 것을 시사한다. 이러한 연구 결과를 뒷받침하듯 2019년 발표한 "ESG from A to Z"에서는 MSCI ESG 점수가 높은 상위 20%의 기업이 하위 20%의 기업보다 벨류 프리미엄(Valuation Premium) 효과가 높아지는 결과를 보였다. 글로벌 신용평가기관에서도 기업의 신용등급 평가 시 ESG를 반영하고 있고, 한국신용평가기관에서도 2020년 10월 ESG 채권 인증 평가사업을 시현했다.

가장 주목할 만한 점은 IFRS 재단이 2021년 11월 국제지속가능성기준위원회(International Sustainability Standard Board, ISSB) 설립을 공식화하고 공시표준을 확정한 것이다. 현재는 ESG 정보가 공시되더라도 표준화된 기준이 없기 때문에 정보 활용에 어려움이 있었다. ESG 정보의 표준화는 향후 기업 간 ESG 비교에 유용할 것으로 보이며 비재무적 정보의 파악이 어려웠던 점을 보완할 수 있다. ISSB는 2022년 3월 공시표준 초안을 발표한 이후 2023년 2월 글로벌 ESG 공시표준 최종안을 확정했다.

공개초안의 주요 내용[3]
(IFRS S1 일반 요구사항) 기업이 투자자의 의사결정에 유용한 지속가능성 관련 위험·기회에 대한 정보를 공시하도록 목적, 보고 실체·빈도·위치 등 전반적 요구사항을 제시
(IFRS S2 기후 관련 공시) 기업이 기후 관련 지속가능성 정보를 공시할 수 있도록 구체적인 요구사항(산업전반 지표, 68개 산업별 지표 등)을 제시

---

1 W. Schillhofer, A. Drobetz, H. Zimmermann, "Corporate Governance and Expected Stock Return; Evidence from Germany", *European Financial Management* vol.10(2004), pp.267~293; 반혜정, 「지배구조에 따른 기업의 사회적책임과 기업성과」, 《산업경제연구》 22(5)(2009), 2171~2195쪽.

2 고동원, 「환경회계정보 공시에 대한 자본시장 반응에 관한 연구」, 《한국전통상학연구》 vol.17 no.2(2003); R. Lambert, C. Leuz and R. E. Verrecchia, "Accounting Information, Disclosure, and The Cost of Capital", *Journal of Accounting Research* vol.45 Issue 2(2007.5), pp.385~420; 장지인, 최헌섭, 「기업의 사회적 책임과 재무성과와의 관계」, 《대한경영학회지》 vol.23 no.2(2010), 633~648쪽.

3 금융위원회 공정시장과, 「ISSB의 지속가능성 공시기준 관련 공개 의견수렴」, 금융위원회 보도자료 2022.5.12.

Part 3. 요약

감사보고서의 감사의견은 총 네 가지로 나뉜다.

(1) 적정의견(Unqualified Opinion, 適正意見): 감사인은 재무제표가 중요성의 관점에서 해당 재무보고체계에 따라 작성되었다고 결론을 내리는 경우.
(2) 한정의견(Qualified Opinion, 限定意見): 감사인이 충분하고 적합한 감사증거를 입수한 결과, 왜곡표시가 재무제표에 개별적으로 또는 집합적으로 중요하나 전반적이지는 않다고 결론 내리는 경우 또는 감사인이 충분하고 적합한 감사증거를 입수할 수 없었지만, 발견되지 아니한 왜곡표시가 재무제표에 미칠 수 있는 영향이 중요할 수는 있으나 전반적이지 않은 경우.
(3) 부적정의견(Adverse Opinion, 不適正意見): 감사인은 충분하고 적합한 감사증거를 입수한 결과 왜곡표시가 재무제표에 개별적으로 또는 집합적으로 중요하며 동시에 전반적이라고 결론을 내리는 경우.
(4) 의견거절(Disclaimer of Opinion, 意見拒絕): 감사인은 감사의견의 근거가 되는 충분하고 적합한 감사증거를 입수할 수 없으며, 발견되지 아니한 왜곡표시가 있을 경우 이것이 재무제표에 미칠 수 있는 영향이 중요하고 동시에 전반적일 수 있다고 결론을 내리는 경우.

내부회계관리제도(Internal Control over Financial Reporting, 內部會計管理制度)는 회사의 재무제표가 일반적으로 인정되는 회계처리기준에 따라 작성·공시되었는지에 대한 합리적 확신을 제공하기 위해 설계·운영되는 내부통제제도의 일부분으로서 회사의 경영진과 이사회를 포함한 모든 구성원들에 의해 지속적으로 실행되는 통제절차를 의미한다.

ESG란 환경(Environmental), 사회(Social), 지배구조(Governance)의 영문 첫 글자를 조합한 단어로, 기업의 경영에서 지속가능성을 달성하기 위한 3가지 핵심 요소다.

실전 세무 토크

신입사원이 된 나세목

1. 내 생애 첫 급여명세서

✓ 근로소득세, 급여명세서 뜯어보기

신입사원 '나세목'은 오랜 취업 준비 끝에 드디어 '글로전자'에 입사했다. 설레고 긴장되는 입사 첫날, 인사팀에 들러 인사기록 카드를 작성하고 배치받은 세무팀에서 업무를 시작했다. 글로전자의 세무팀은 국세팀과 지방세팀으로 나누어져 있는데, 나세목은 국세팀의 막내로 일하게 되었다.

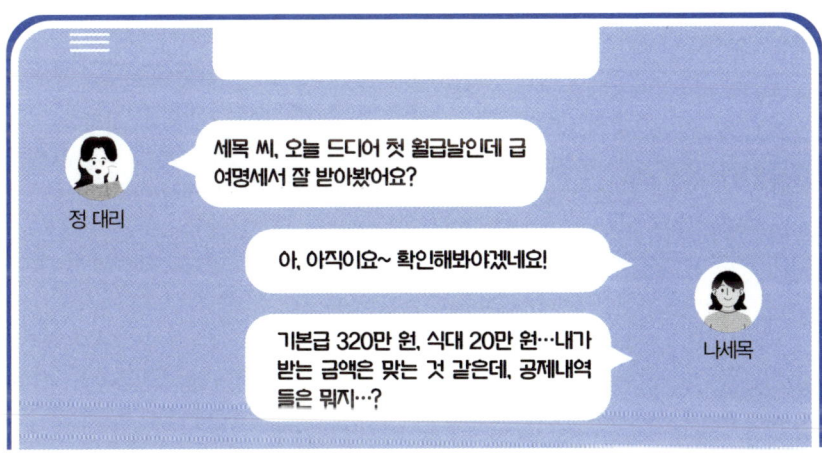

나세목의 생애 첫 급여명세서

㈜글로전자

급여명세서
202X년 3월

소속	세무팀	직위	사원
성명	나세목	입사일	202X. 3. 2

지급내역	지급액	공제내역	공제액
기본급	3,200,000	근로소득세	91,460
식대	200,000	지방소득세	9,140
차량 유지비		국민연금	144,000
야근수당		건강보험	127,970
직책수당		고용보험	28,800
상여금		기타	
지급총액	3,400,000	공제총액	401,370
차감지급액	2,998,630		

귀하의 노고에 감사드립니다.

입사 후 정신없는 한 달이 지나고, 첫 급여명세서를 받아본 나세목은 항목 하나하나를 눈여겨보았다. '기본급 320만 원, 식대 20만 원… 내가 받는 금액은 맞는 것 같은데, 공제내역은 뭐지?'

사회초년생 직장인이 가장 먼저 세금을 접하는 것은 아마도 내가 직장에서 열심히 일한 대가로 매월 받는 급여명세서를 통해서일 것이다.

급여명세서를 받아 보면 지급내역과 공제내역으로 나누어져 있다. 지급내역에는 기본급여, 야근수당, 직책수당, 상여금, 식대, 차량 유지비 등 회사가 나에게 지급하는 항목이 기재되어 있다. 공제내역에는 근로소득세 및 지방소득세, 국민연금, 건강보험, 고용보험 등 내가 받는 소득에 대한 원천징수 세액과 4대보험 등이 기재되어 있다. 결국 내 통장에 입금되는 실수령액은 회사가 지급하는 항목에서 각종 공제내역을 **빼고** 난 후의 금액이 된다.

이때 공제되는 내역 중 하나가 세금인데, 회사가 내 통장에 입금하기 전에 떼서 국가에 납부하는 세금, 우리가 회사와 고용계약을 맺고 근로를 제공한 대가로 얻는 소득에 대해 원천징수하는 세금인 근로소득세[1]다.

그렇다면 원천징수되는 근로소득세는 어떻게 계산되는 것일까? 회사는 매월 급여를 지급할 때 '근로소득간이세액표'에 따라 소득세를 원천징수해 납부한다. 근로소득간이세액표란 회사가 근로자에게 매월 급여를 지급하는 때에 원천징수해야 하는 세액을 급여 수준, 공제대상 가족 수별로 정한 표로, 소득세법 시행령[2]에 따라 공표한 조견표다. 이 조견표에 따라 매월 원천징수를 한

---

[1] 소득세 중에서도 근로소득에 부과되는 세금을 근로소득세라고 하며, 세금이 부과되는 소득의 종류는 Part 1. "3. 누가 저 대신 소득신고 좀 해주세요!"에서 자세히 알아보겠다.
[2] 소득세법시행령 제189조 제1항.

> 원천징수란 원천징수 대상 소득을 지급하는 자가 소득을 지급할 때 소득자의 세금을 미리 징수해서 납부하는 제도입니다.

나세목

후 연말정산 시 추가 납부하거나 환급받음으로써, 근로자는 한꺼번에 납부해야 하는 세금 부담을 분산시킬 수 있고 국가는 세수를 미리 확보할 수 있는 효과를 볼 수 있다.

옆에 근로소득간이세액표에 따르면, 나세목은 월급여액이 320만 원이고 부양가족이 없는 1인 가족이므로, 전체 공제대상 가족 수가 1명이고 매월 원천징수되는 근로소득세는 91,460원이다. 이때, 기준이 되는 월급여액은 식대 등과 같은 비과세[1] 항목을 제외한 금액이며 전체 공제대상자 수는 기본공제 대상자에 해당하는 부양가족의 수를 의미한다.

또한 근로자는 원천징수되는 세액을 근로소득간이세액표에 따라 계산된 세액의 80%, 100%, 120% 중에서 선택할 수 있다. 나세목의 경우, 100%인 91,460원을 기준으로 80% 원천징수를 선택한다면 73,160원, 120% 원천징수를 선택한다면 109,750원을 원천징수하게 되며, 선택하지 않은 경우에는 100%로 원천징수된다.

---

[1] 비과세란 정부가 정책 목적상 처음부터 과세하지 않기로 정한 항목으로 애초에 세금이 발생하지 않는 것으로 본다. 따라서 엄밀히 말하면 일정 요건을 충족한 경우에만 세금을 깎아주거나 면제해주는 '감면'과는 차이가 있다. 앞으로 계속해서 비과세 항목이 등장하므로 이 개념을 잘 기억해두자. 양도소득세에서 1세대 1주택자 비과세가 대표적인 사례다.

2025년 근로소득간이세액표

(단위: 원)

월급여액(천 원)		공제대상 가족의 수				
[비과세 및 학자금 제외]		1	2	3	4	5
이상	미만					
3,180	3,200	89,750	72,250	37,880	32,630	27,380
3,200	3,220	91,460	73,690	38,540	33,290	28,040
3,220	3,240	93,170	75,670	40,120	33,950	28,700

국세청 홈페이지 근로소득간이세액표 조회 화면

국세청 홈택스(www.hometax.go.kr)에서 '세금신고' → '원천세 신고' → '근로소득간이세액표(조견표)'를 통해서 한글, excel 및 pdf 파일 형식으로 다운로드가 가능하며 본인 월급에서 한 달에 납부하는 세금이 어느 정도인지 직접 조회할 수도 있다.

공제내역에는 근로소득세 외에 '지방소득세'라는 항목이 별도로 공제되어 있는데, 근로소득세의 10%를 지방자치단체에 납부하는 금액이다. 지방소득세는 지방세의 한 세목으로 국세와는 구분되는데, 이 부분은 Part 1. "8. 세무서에 내는 세금, 구청에 내는 세금 따로 있다?"에서 자세하게 알아보겠다.

한편 급여명세서에는 비과세 항목도 포함되었는데, 직장인이 수령하는 근로소득 중에 세금이 부과되지 않는 항목으로 보통 실비변상적 항목들이다. 일직료, 숙직료 및 여비, 자가운전보조금(월 20만 원 한도), 식대(월 20만 원 한도), 근로자 본인의 학자금, 출산 및 6세 이하 자녀 보육수당(월 20만 원 한도) 등이 대표적인 비과세 항목에 해당한다.

나세목이 본인 소유의 차량을 업무상 사용하는 경우 근로소득 중 20만 원은 자가운전보조금으로 분류하고, 점심 식사를 회사에서 제공하지 않는다는 전제로 20만원을 식대로 분류하면 총 급여액 340만 원 중에 40만 원을 차감한 300만 원에 대해서만 근로소득세가 부과된다.

여기서 잠깐! 나세목이 입사하면 회사는 어떤 일들을 하게 될까? 회사는 신규 직원이 입사하면 건강보험공단 등에 '직장가입자 자격취득신고'를 하고, 근로자는 이를 통해 국민연금, 건강보험, 고용보험 등 흔히 말하는 4대보험 가입 대상자가 된다. 이때 기관별로 각각 신고할 필요는 없고, 한 기관에서 4대보험 공통신고서식으로 모두 처리할 수 있다. 기관에 직접 방문하거나 우편에 의한 신고도 가능하지만, '4대사회보험 정보연계센터(www.4insure.or.kr)'를 통해 인터넷으로 신고할 수도 있다.

회사가 매월 급여를 지급한 후에는 다음 달 10일까지 지급한 소득금액, 원천징수한 세액 등의 정보를 원천징수이행상황신고서에 작성해 세무서에 제출해야 한다. 이 원천징수이행상황신고서는 매월 제출하는 것이 원칙이나 사업장 상시 고용 인원이 20명 이하인 경우에는 회사의 편의를 위해 국세청 승인을 받아 반기마다 제출할 수도 있다.

4대보험 요율표

구분	국민연금	건강보험 (장기요양보험)	고용보험	산재보험
근로자 부담분	4.5%	3.545% (건강보험료의 0.4591%)	0.9%	특수형태근로자인 경우만 절반 부담
사업주 부담분	4.5%	3.545% (건강보험료의 0.4591%)	0.9% + α*	업종별로 상이

* α: 고용보험의 사업주 부담분은 0.9% 외에 사업장 규모에 따라 0.25~0.85%의 요율이 더해진다.

2. 13월의 보너스, 연말정산

✓ 근로소득자의 연말정산, 소득공제와 세액공제

나세목이 글로전자에 입사하고 해가 바뀌어 드디어 '연말정산' 시즌이 다가왔다. 동료들은 '13월의 보너스'라며 과연 얼마를 환급받을지 기대하는 모습이지만, 작년 3월에 입사한 나세목은 일한 지 1년이 채 되지도 않았는데 본인도 연말정산 대상자가 되는지, 매월 세금을 납부했는데 다시 환급받는다는 것은 무슨 이야기인지 궁금해졌다.

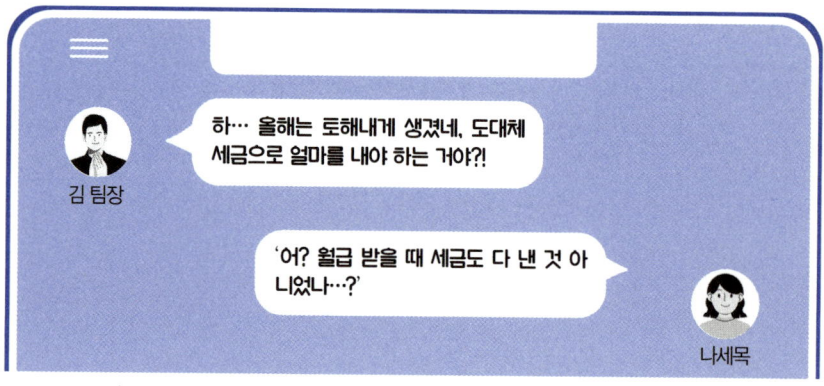

앞에서 원천징수에 대해 알아봤는데, 근로소득간이세액표에 따라 원천징수하는 금액은 월급여액 수준과 공제대상 가족의 수, 이 두 가지 기준만으로 세금을 '대략적으로' 산출한다. 하지만 동일한 소득을 벌더라도 사람마다 부양가족의 수, 지출 금액, 지출 용도 등은 다를 수 있기 때문에 1년 동안의 소득에 대해 납부해야 할 세금을 다시 계산해보고 정산하는 절차를 거치는 것이다.

> 연말정산이란 1년 동안 근로소득간이세액표에 따라 원천징수한 세액에 대해 그다음 해 2월에 다시 계산해보고 실제로 내야 할 세금보다 많은 세금을 냈으면 돌려받고 적게 냈으면 추가로 더 납부하는 절차입니다.

 나세목

    먼저 연말정산을 하려면 근로자는 소득공제 및 세액공제를 받기 위한 영수증과 증빙서류를 준비해 소득공제신고서와 함께 회사에 제출해야 한다. 대부분의 증빙서류는 '국세청 연말정산간소화 서비스'를 통해 조회할 수 있다. 회사는 이 자료를 근거로 근로자의 연말정산을 일괄처리해 매년 2월 세무서에 제출한다.

    회사가 연말정산을 하면, 근로자는 '근로소득 원천징수영수증'이라는 서류를 받는다. 근로소득 원천징수영수증을 처음 받아 보면, 한 장도 아닌 여러 장에 걸쳐 매우 많은 항목이 나열된 것을 볼 수 있다. 세법에서 정하는 근로소득 원천징수영수증은 내가 1년 동안 받은 소득, 소득에서 공제받을 항목 등 총 8페이지에 이르지만, 여기서는 우리가 가장 궁금해하는 1~2페이지에 대해서 알아보자.

근로소득 원천징수영수증
(근로소득 지급명세서)

징수의무자	① 법인명(상 호) ㈜글로전자		② 대표자(성명) 김글로			
	③ 사업자등록번호 126-81-XXXXX		④ 주민등록번호			
	③-1 사업자단위과세자 여부		③-2 종사업장일련번호			
	⑤ 소재지(주소) 서울특별시 종로구 소공로 XX					
소득자	⑥ 성명 나세목		⑦ 주민등록번호(외국인등록번호) 960515			
	⑧ 주소 서울특별시 양천구 목동로 XX					

	구분	주(현)	종(전)	종(전)	(생략)	합계
Ⅰ 근무처별소득명세	⑨ 근무처명	㈜글로전자				
	⑩ 사업자등록번호	126-81-XXXXX				
	⑪ 근무기간	202X.3.1~202X.12.31	~	~	~	~
	⑫ 감면기간	~	~	~	~	~
	⑬ 급여	32,000,000				32,000,000
	⑭ 상여					
	⑮ 인정상여					
	⑮-1 주식매수선택권 행사이익					
	⑮-2 우리사주조합인출금					
	⑮-3 임원퇴직소득금액 한도초과액					
	⑮-4 직무발명보상금					
	(16) 계	32,000,000				32,000,000
Ⅱ 비과세 및 감면소득명세	(18) 국외근로	MOX				
	(18)-1 야간근로수당	OOX				
	(18)-2 출산·보육수당	QOX				
	(18)-4 연구보조비	HOX				
	(20) 비과세소득 계					
	(20)-1 감면소득 계					

	구분			(78)소득세	(79)지방소득세	(80)농어촌특별세
Ⅲ 세액명세	(72) 결정세액			218,100	21,810	
	기납부세액	(73) 종(전)근무지 (결정세액란의 세액을 적습니다)	사업자등록번호			
		(74) 주(현)근무지		914,600	91,400	
	75) 납부특례세액					
	(76)차감징수세액(72-73-74-75)			-696,500	-69,590	

위의 원천징수액(근로소득)을 정히 영수(지급)합니다.

202X년 3월 10일

징수(보고)의무자 ㈜글로전자 (서명 또는 인)

종로 세무서장 귀하

　첫 페이지에는 나와 회사의 기본정보, 나의 소득명세 및 세액명세를 기재한다. 그리고 이 명세들을 주(현) 근무지, 종(전) 근무지 별로 나누어 기재하고 합계를 구한다.

　나세목처럼, 첫 직장에 입사해 연말까지 동일한 직장에서 근무했다면 '주(현)근무지'만 기재하면 되고, 만약 다른 직장에서 퇴사해서 현재 직장으로 이직한 경우라면 현재 다니는 직장을 주(현)근무지에, 이직 전 다니던 직장을 종(전)근무지에 기재하면 된다.

　소득명세에는 기본적으로 내가 받는 월급여액의 1년 치 금액과 상여금, 각종 수당 등을 기재하는데(Ⅰ.근무처별소득명세), 이때 야간근로수당, 출산·육아수당처럼 비과세되는 소득은 별도로 기재하게 되어 있고(Ⅱ.비과세및감면소득명세), 이 비과세 항목에는 세금이 부과되지 않는다. 앞서 살펴본 근로소득 간이세액표에서 월급여액 기준을 정할 때, "비과세 항목은 제외한다"라는 의미는 바로 여기에 기재하는 항목을 의미한다.

소득명세 아래에는 내가 납부하는 총 세액(Ⅲ.세액명세)이 나오는데, 세액은 앞서 계산된 나의 총소득에서 공제항목들을 차감한 뒤 세율을 곱해서 산출된다. 이 세액명세의 세부항목은 크게 결정세액, 기납부세액, 차감징수세액으로 나누어진다.

결정세액은 내가 납부하게 되는 최종세액인데, 내가 1년 동안 번 총소득에서 부양가족에 대한 인적공제, 보험료, 의료비, 신용카드 사용액 등 내가 쓴 공제대상 항목들을 제외한 금액에 세율을 곱해서 나온 최종 금액이다. 이 금액이 실제로 내가 납부하는 세금이 되고, 매월 급여에서 근로소득간이세액표에 따라 원천징수 되었던 금액은 기납부세액에 표시된다.

나세목은 글로전자 한 곳에서만 근무했기 때문에 기납부세액의 주(현) 근무지 란에 그동안 원천징수되었던 근로소득세액의 합계액이 기재될 것이다.

이렇게 연말정산을 통해 결정세액에서 기납부세액을 차감하게 되면 더 내야 하거나, 혹은 돌려받을 세액이 결정되는데 이를 차감징수세액이라고 한다.

연말정산을 하고 나니, 나세목은 환급을 받게 되지만 김 팀장은 추가로 납부해야 한다는데 그 기준은 무엇일까? 매월 급여에서 소득 수준에 따라 원천징수세액이 달라진다는 사실은 알고 있는데, 이외에도 실제로 우리가 납부하는 세금이 달라지는 이유가 있는 것일까?

이와 관련된 부분이 바로 근로소득 원천징수영수증의 두 번째 페이지에 나오는데, 'Ⅳ.정산명세'라고 해서 각종 소득공제 및 세액감면, 세액공제 항목이 기재된다.

근로소득 원천징수영수증(2쪽)

Ⅳ 정산명세	(21)총급여(16.외국인단일세율 적용시 연간근로소득)			32,000,000		(48)종합소득 과세표준			16,742,300	
	(22)근로소득공제			10,050,000		(49)산출세액			1,251,345	
	(23)근로소득금액			21,950,000		(50)「소득세법」				
	종합소득공제	기본공제	(24)본인	1,500,000	세액감면	(51)「조세특례제한법」(52 제외)				
			(25)배우자			(52)「조세특례제한법」제30조				
			(26)부양가족(명)			(53)조세조약				
		추가공제	(27)경로우대(명)			(54)세 액 감 면 계				
			(28)장애인(명)			(55)근로소득			688,240	
			(29)부녀자			(56)자녀	공제대상자녀(명)			
			(30)한부모가족				출산·입양자(명)			
		연금보험료공제	(31)국민연금보험료	대상금액	1,440,000	세액공제	(57)「과학기술인 공제회법」에 따른 퇴직연금	공제대상금액		
				공제금액	1,440,000			세액공제액		
			(32)공적연금보험료공제	㉮ 공무원 연금	대상금액			(58)「근로자퇴직급여보장법」에 따른 퇴직연금	공제대상금액		
					공제금액				세액공제액		
				㉯ 군인 연금	대상금액		연금계좌	(59)연금저축	공제대상 금액	1,000,000
					공제금액				세액공제액	1,50,000
				㉰ 사립 학교 교직원 연금	대상금액			(59)-1 개인종합자산관리계좌 만기시 연금계좌 납입액	공제대상 금액	
					공제금액				세액공제액	
				㉱ 별정 우체국 연금	대상금액		특별세액공제	(60)보험료	보장성	공제대상 금액	1,000,000
					공제금액					세액공제액	120,000

Ⅳ 정산명세	특별세액공제	(33)보험료	㉮건강 보험료 (노인 장기요양 보험료 포함)	대상금액	1,279,700	(60)보험료	장애인 전용 보장성	공제대상금액	
				공제금액	1,279,700			세액공제액	
			㉯고용 보험료	대상금액	288,000	(61)의료비		공제대상금액	800,000
				공제금액	288,000			세액공제액	
		(34)주택자금	㉮주택 임차 차 입금원리금 상 환액	대출기관		(62)교육비		공제대상금액	
				거주자				세액공제액	
			㉯장기 주택저 당 차입금 이자 상환액1	15년 이상		(63)기부금	㉮정치자금 기부금2	공제대상금액	
				10년~15년				세액공제액	
		(35)기부금(이월분)					㉯「소득세법」제34조 제2항제1호에 따른 기부금	공제대상금액	
		(36)계			3,007,700			세액공제액	
	(37)차 감 소 득 금 액				17,442,300	세액공제	㉰우리사주 조합 기부금	공제대상금액	
	그 밖의 소득공제	(38)개인연금저축						세액공제액	
		(39)소기업·소상공인 공제부금					㉱「소득세법」제34조 제3항제1호의기부금 (종교단체 외)	공제대상금액	
		(40)주택마련저축 소득공제	㉮청약저축					세액공제액	
			㉯주택청약 종합저축		400,000		㉲소득세법 제34조제3항제1호의 기부금(종교단체)	공제대상금액	500,000
			㉰근로자주택 마련저축					세액공제액	75,000
		(41)투자조합출자 등				(64)계			195,000
		(42)신용카드등 사용액			300,000	(65)표준세액공제			
		(43)우리사주조합 출연금				(66)납세조합공제			
		(44)고용유지 중소기업 근로자				(67)주택차입금			
		(45)장기집합투자증권저축				(68)외국납부			
		(46)그 밖의 소득공제 계			700,000	(69)월세액		공제대상금액	
								세액공제액	
	(47)소득공제 종합한도 초과액					(70)세 액 공 제 계			1,033,240
						(71)결 정 세 액(49-54-70)			218,105
						(81)실효세율(%) (71/21)×100			0.68%

---

1 장기주택저당차입금이자상환액 소득공제는 차입시기, 상환조건에 따라 소득공제액이 다르게 계산되지만, 간략히 표시했다.

2 정치자금기부금은 10만원 이하분과 10만원 초과분의 세액공제율이 다르게 계산된다(186쪽 기부금 표 참조).

명세서 왼쪽에는 '종합소득공제' 항목이 기재되는데, 먼저 '기본공제' 및 '추가공제' 항목에서 근로자 본인과 부양가족에 대한 인적공제 금액이 적용된다. '연금보험료공제'와 '특별소득공제'에서 국민연금보험료, 건강보험료, 고용보험료 항목이 나오는데 매월 급여에서 회사가 원천징수세액 외에 떼고 지급했던 4대보험이 이 부분에 기재되면서 소득공제를 적용받는 것이다. 여기에 주택자금에 대한 소득공제를 차감하면 '차감소득금액'이 계산되고, '그 밖의 소득공제'로 주택마련저축 공제나 신용카드 등 사용액 공제 등을 적용한다.

사실 납세자인 우리 입장에서는 특별소득공제나 그 밖의 소득공제나 내 근로소득에서 공제되는 항목이라는 점은 다를 바가 없는데, 명세서에 구분해놓은 이유는 이 항목들을 규정하는 세목[1]의 차이 때문이다. 특별소득공제는 소득세법에서, 그 밖의 소득공제는 조세특례제한법에서 규정했을 뿐 세금을 부담하는 우리 직장인들에게 이 둘의 차이는 없다.

이렇게 내가 1년 동안 번 총 근로소득(총급여)에서 근로소득공제[2]를 차감한 후 종합소득공제 및 그 밖의 소득공제를 적용하면 세금을 부과하는 기준 금액인 '과세표준'이 산출된다. 이 과세표준 구간에 따라 세율을 곱해 '산출세액'을 계산하는데, 여기서 다시 한번 세금을 절감할 수 있는 기회가 남아 있다. 이것이 바로 '세액감면' 또는 '세액공제'다.

명세서 오른쪽에 이 세액감면과 세액공제가 기재되는데, 직장인 대부분은 세액감면보다는 세액공제를 적용받는 경우가 더 일반적이다. 일단 근로소득자

---

[1] 세금의 종류.
[2] 근로자의 기본적인 생활 보장을 위해 총 급여액의 소득 구간에 따라 일정금액을 필요경비로 공제해주는 제도.

라면 모두 공제되는 근로소득세액공제, 자녀 수에 따라 공제받는 자녀세액공제, 개인 퇴직연금 불입액 등 연금계좌세액공제 그리고 보장성 보험료, 교육비, 의료비, 기부금의 특별세액공제 항목이 기재된다.

근로소득세액공제는 총급여액에 따라 구간별로 정해진 금액으로 공제되는 것이고, 자녀세액공제는 단기간에 준비해서 챙길 수 있는 항목은 아니므로, 연금계좌세액공제와 특별세액공제를 조금 더 신경 써서 챙겨보자.

연금계좌세액공제 및 특별세액공제[1]

연금계좌세액공제

근로소득자 또는 종합소득이 있는 자가 연금계좌에 납입한 금액은 해당 과세기간의 종합소득 산출세액에서 공제한다.

- 퇴직연금: 근로자퇴직급여 보장법에 따른 확정기여형퇴직연금제도(DC형)와 개인형퇴직연금제도(IRP) 등(확정기여형퇴직연금 사용자부담금은 제외)
- 연금저축: 금융회사 등과 체결한 계약에 따라 '연금저축'이라는 명칭으로 설정하는 계좌

총급여(종합소득금액)	세액공제 한도 (연금저축 한도)	세액공제율
5,500만 원 이하(4,500만 원)	900만 원(600만 원)	15%
5,500만 원 초과(4,500만 원)		12%

---

[1] 국세청 홈페이지-국세신고안내-원천세-근로소득.

특별세액공제

① 보험료

구분	공제 대상금액 한도	세액공제율
생명보험, 상해보험 등의 보장성보험료	연 100만 원	12%
장애인을 피보험자/수익자로 하는 장애인전용 보장성보험료	연 100만 원	15%

② 의료비

구분	공제 대상금액 한도	세액공제율
일반 기본공제 대상자	연 700만 원 한도	15%
본인·65세 이상·6세 이하·장애인	한도 없음	15%
미숙아·선천성이상아	한도 없음	20%
난임시술비	한도 없음	30%

③ 교육비

구분	세액공제 대상금액	세액공제율
근로자 본인	전액	15%
기본 공제대상자인 배우자·직계비속·형제자매 및 입양자 (나이제한 없음, 직계존속 제외)	① 초등학교 취학 전 아동, 초·중·고등학생 → 1인 연 300만 원 한도 ② 대학생 → 1인 연 900만 원 한도 ③ 대학원생 → 공제대상 아님	15%
장애인 특수교육비 (직계존속 포함)	전액	15%

④ 기부금

구분	공제항목	공제 대상금액 한도	세액 공제율
정치자금 기부금	정당기부 등	근로소득금액 전액	10만 원 이하 : 100/110
			10만 원 초과 : 15%(25%*)
고향사랑 기부금	지자체 기부금	근로소득금액 전액 (연간 500만 원 한도)	10만 원 이하 : 100/110
			10만 원 초과 :15%
특례기부금	국방헌금, 위문금품 등	근로소득금액 전액	특례+우리사주+일반 15%(30%, 40%**)
우리사주조합 기부금	우리사주조합원이 아닌 사람이 우리사주조합에 지출하는 기부금	근로소득금액의 30%	
일반기부금	사회·복지·문화·예술단체	근로소득금액의 30%	
	주무관청에 등록된 종교단체	근로소득금액의 10%	

*   3,000만 원 초과분은 25%.
** 1,000만 원 초과분은 30%, 3,000만 원 초과분은 40%.

지금까지 살펴본 내용을 되짚어보면, '소득공제'는 내가 번 총소득에서 일정 금액을 공제해서 세율이 부과되는 소득 기준(과세표준)을 줄여주는 항목이고, '세액공제'는 과세표준에 세율을 곱해서 계산된 세액(결정세액)을 줄여주는 항목이다.

소득공제 vs 세액공제

```
근로소득
(−) 소득공제      ← 소득공제가 증가하면
과세표준           ← 과세표준이 감소!
(×) 세율
산출세액
(−) 세액공제      ← 세액공제가 증가하면
결정세액           ← 결정세액이 감소!
```

그런데 소득공제나 세액공제 모두 세금을 절감해주는 항목인데 굳이 둘을 구분해서 규정해놓은 이유가 있을까?

나세목의 연봉이 2,000만 원인 경우와 8,000만 원인 경우를 예로 소득공제와 세액공제가 세금에 미치는 영향을 알아보자. 각 연봉 수준에서 일반 보장성 보험료 100만 원을 소득공제로 적용받는 경우와 세액공제로 적용받는 경우를 비교해보면 아래 표와 같이 계산된다.

결론부터 보면 연봉이 2,000만 원인 경우는 세액공제를 적용하는 것이 더 유리하고, 연봉이 8,000만 원인 경우는 소득공제를 적용하는 것이 더 유리하다. 즉 소득수준이 낮은 경우는 세액공제를 적용해서 최종 납부할 세금을 줄여주는 쪽이, 소득수준이 높은 경우는 소득공제를 적용해서 과세표준을 낮춰주는 쪽이 더 유리하다.

다시 정리하면, 일반 보장성 보험료의 경우 세액공제율은 12%이므로 과세표준 구간이 12%보다 낮은 6% 세율 구간이라면 세액공제가 더 유리하고, 과세표준 구간이 높아서 15% 이상의 세율을 적용하면 소득공제가 더 유리한 것이다.

소득수준에 따른 소득공제 및 세액공제 효과

구분	연봉 2,000만 원		연봉 8,000만 원	
	소득공제	세액공제	소득공제	세액공제
총급여	20,000,000	20,000,000	80,000,000	80,000,000
근로소득공제	8,250,000	8,250,000	13,750,000	13,750,000
근로소득금액	11,750,000	11,750,000	66,250,000	66,250,000
소득공제	1,000,000	-	1,000,000	-
과세표준	10,750,000	11,750,000	65,250,000	66,250,000
세율	6%	6%	24%	24%
산출세액	645,000	705,000	9,900,000	10,140,000
세액공제	-	120,000	-	120,000
결정세액	645,000	585,000	9,900,000	10,020,000
절감효과		60,000		120,000

   월급을 받는 직장인이라면 누구나 연말정산 대상자에 해당하므로, 작년 3월에 입사한 나세목도 연말정산 대상자가 된다. 단 주의할 점은 나세목은 3월부터 12월까지 10개월간의 소득에 대해서 연말정산하는 것이므로 신용카드 등 사용액 소득공제나 보험료, 의료비 등 세액공제 역시 10개월간의 지출액에 대해서 공제받는다는 것이다.

   혹시나 소득공제나 세액공제를 과다하게 적용해서 내야 할 세금보다 적게 납부하는 경우, 가산세가 부과될 수 있으므로 주의해야 한다. 근로자 본인이 과다 공제되었다는 사실을 알았든 몰랐든 상관없이 연말정산 후 5년까지, 즉 2024년 연말정산 분에 대해서는 2030년 3월까지 세무서에서 수정신고를 요구할 수 있다. 이때는 원래 납부해야 할 세금에 가산세까지 더해서 납부해야 하므로 세금납부액이 훨씬 늘어난다.

가산세는 납부해야 할 세금보다 적게 납부한 금액의 10%[1]인 '과소신고가산세'와 연말정산 신고기한 이후 5년까지 일수가 늘어날수록 이자 붙듯이 늘어나는 '납부지연가산세'가 부과된다. 가산세에 대한 내용은 뒤에 나오는 Part 1. "9. 잘못 신고하면 더 내야 한다고?"에서 자세히 알아보자.

만약 연말정산 때 소득공제 및 세액공제 서류를 제출하지 못했다면 어떻게 해야 할까? 걱정할 필요 없이 5월에 종합소득세 신고를 다시 하면 된다. 다만 이때는 회사가 신고를 해주는 것이 아니고 근로자 본인이 직접 신고해야 한다.

5월에 하는 종합소득세 신고는 장을 달리해서 알아보기로 한다.

---

[1] 세법에서는 부정행위로 과소 신고한 것이라면 20%를 부과하도록 정해져 있지만, 연말정산 과다 공제로 인한 과소 신고는 착오나 단순 오류 등에 의한 것이 대부분일 것이므로 보통 10%를 적용받는다고 생각하며 된다(국세기본법 제47조의3 [과소신고·초과환급신고가산세]).

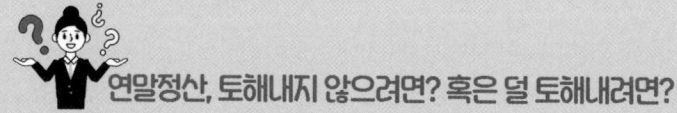
연말정산, 토해내지 않으려면? 혹은 덜 토해내려면?

연말정산, 지금 준비해야 하는 이유, 지난 2월 직장인 K씨는 연말정산 통지서를 보고 깜짝 놀랐다. 그는 지난 여느 해처럼 '13월의 월급'을 기대했다. 그러나 웬걸, 돈을 받기는커녕 더 '토해냈다'.
「미리 점검하는 내년 연말정산—13월 월급' 노린다면 절세상품 미리 챙겨라」, 《매일경제》 2018.4.18.

연말정산이라고 하면 대부분 세금을 환급받는 일만 생각하게 되는데요. '13월의 월급'이라는 말이 연말정산을 대표하는 이유도 이런 기대감 때문입니다.
하지만 연말정산 후 세금을 돌려받는 사람은 66%(2019년 기준) 정도로 나머지 34%는 세금을 돌려받지 못하거나 토해내는 사람들이죠.
「연말정산 뒤 세금을 토해낸다면」, 《TAXwatch》 2021.1.21.

연말 연초가 되면 연말정산 후 세금을 환급받느냐, 아니면 더 내느냐, 어떻게 하면 덜 낼 수 있을까 등의 연말정산에 대한 기사가 쏟아진다. 흔히 연말정산을 13월의 월급이라고 하지만, 모두에게 그렇지는 않다. 세금을 더 내는 경우도 많으며, 이를 '토해낸다'라고 표현하며 많은 직장인이 괴로워한다. 연말정산에서 최대한 많이 환급받기 위한, 혹은 최소한으로 토해내기 위한 절세 전략을 짜야 하며 특히, 빈번하게 바뀌는 연말정산 소득공제 및 세액공제 등을 미리 점검해야 한다.

따라서 연말정산 환급을 많이 받으려면 소득공제 및 세액공제의 금액을 최대한 높여야 한다!

소득공제: 인적공제, 보험료, 공적연금, 주택마련저축 납입액, 신용카드 등 사용액
세액공제: 연금저축, 의료비, 교육비, 기부금, 월세 등

다음과 같은 몇 가지 사항은 꼭 점검할 필요가 있다.
① 신용카드보다는 체크카드나 현금 사용하기
② 맞벌이 부부인 경우 인적공제와 신용카드 사용액, 의료비 등 적절하게 배분하기
- 인적공제와 신용카드 사용액은 소득 큰 쪽으로(단, 신용카드 공제는 한도가 있으므로 소비 패턴을 고려하여 잘 계산해서 배분)
- 의료비는 급여의 3%가 넘어야 공제가 가능하므로 소득이 낮은 쪽으로(부부합산 가능)
③ 연금저축 및 개인형퇴직연금제도(IRP) 납입하기(계좌에 금액만 이체하고 납입을 하지 않으면 공제받지 못함)

최선을 다했는데도 '토해낸다'면? 어차피 연말정산이라는 것은 1년 동안 납부했던 세금에서 실제 내야 할 세금을 정산해준 것이므로 내야 할 세금을 그 시점에 내는 것일 뿐이다! 마치 돈을 빼앗기는 듯 마음 한편이 쓰리지만 말이다.

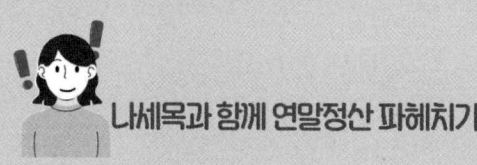

나세목과 함께 연말정산 파헤치기!

근로소득 원천징수영수증
(근로소득 지급명세서)

징수의무자	① 법인명(상 호) ㈜글로전자			② 대 표 재(성 명) 김 글 로			
	③ 사업자등록번호 126-81-XXXXX			④ 주 민 등 록 번 호			
	③-1 사업자단위과세자 여부	여1/부2		③-2 종사업장 일련번호			
	⑤ 소 재 지(주소) 서울특별시 종로구 소공로 XX						
소득자	⑥ 성 명 나 세 목			⑦ 주 민 등 록 번 호(외국인등록번호) 960515 -			
	⑧ 주 소 서울특별시 양천구 목동로 XX						

	구 분	주(현)	종(전)	종(전)	(생략)	합 계
Ⅰ 근무처별 소득명세	⑨ 근무처명	㈜글로전자				
	⑩ 사업자등록번호	126-81-XXXXX				
	⑪ 근무기간	202X.3.1~202X.12.31	~	~	~	~
	⑫ 감면기간	~	~	~	~	~
	⑬ 급 여	32,000,000				32,000,000
	⑭ 상 여					
	⑮ 인정상여					
	⑮-1 주식매수 선택권 행사이익					
	⑮-2 우리사주 조합인출금					
	⑮-3 임원퇴직소득금액 한도초과액					
	⑮-4 직무발명보상금					
	(16) 계	32,000,000				32,000,000
Ⅱ 비과세 및 감면 소득 명세	(18) 국외근로	M0X				
	(18)-1 야간근로수당	O0X				
	(18)-2 출산·보육수당	Q0X				
	(18)-4 연구보조비	H0X				
	(20) 비과세소득 계					
	(20)-1 감면소득 계					

> 중도 입사자라도 연말정산을 해야 합니다. 이전에 다니던 직장이 있다면 이전 회사의 근로소득 원천징수영수증을 받아서 함께 제출해주세요!

> 식대, 자가운전보조금 등 비과세 항목은 제외된다는 점을 잘 알아두세요!

> 매월 20만 원씩 육아수당을 받았다면 바로 여기 비과세소득 명세에 기재되는데요, 세금을 내지 않으니 안심하세요!

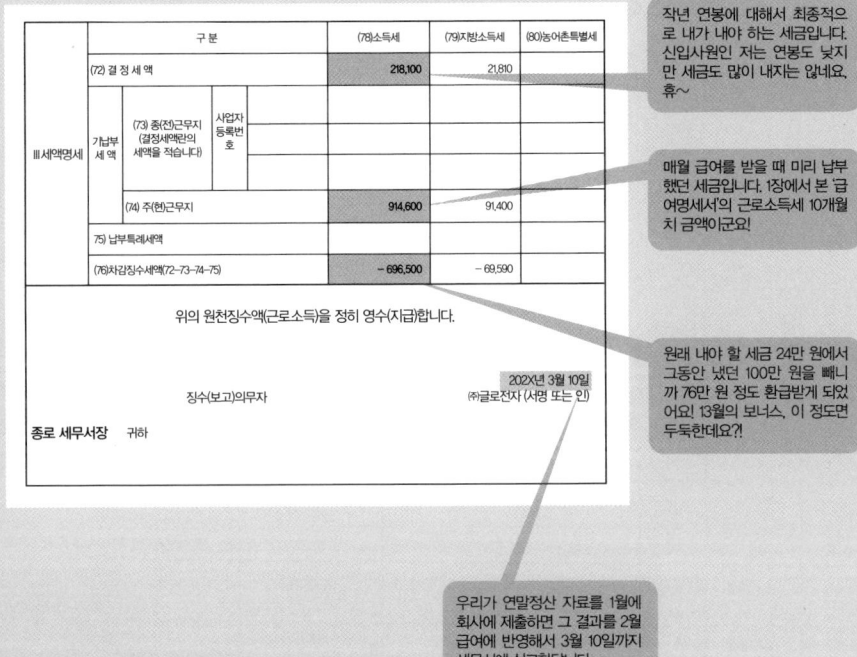

Ⅳ 정산명세	(21)총급여(16.외국인단일세율 적용시 연간근로소득)				32,000,000
	(22)근로소득공제				10,050,000
	(23)근로소득금액				21,950,000
	종합소득공제	기본공제	(24)본인		1,500,000
			(25)배우자		
			(26)부양가족(명)		
		추가공제	(27)경로우대(명)		
			(28)장애인(명)		
			(29)부녀자		
			(30)한부모가족		
		연금보험료공제	(31)국민연금보험료	대상금액	1,440,000
				공제금액	1,440,000
			(32)공적연금보험료공제	㉮ 공무원 연금	대상금액
					공제금액
				㉯ 군인 연금	대상금액
					공제금액
				㉰ 사립 학교 교직원 연금	대상금액
					공제금액
				㉱ 별정 우체국연금	대상금액
					공제금액
	특별세액공제	(33)보험료	㉮건강 보험료(노인 장기요양 보험료 포함)	대상금액	1,279,700
				공제금액	1,279,700
			㉯고용 보험료	대상 금액	288,000
				공제금액	288,000
		(34)주택자금	㉮주택 임차 차입금원리금 상환액	대출기관	
				거주자	
			㉯장기 주택저당 차입금 이자상환액	10년~15년	
		(35)기부금(이월분)			
		(36)계			3,007,700
	(37)차감소득금액				17,442,300
	그 밖의 소득공제	(38)개인연금저축			
		(39)소기업·소상공인 공제부금			
		(40)주택마련저축 소득공제		㉮청약저축	
				㉯주택청약 종합저축	400,000
				㉰근로자주택 마련저축	
		(41)투자조합출자 등			
		(42)신용카드등 사용액			300,000
		(43)우리사주조합 출연금			
		(44)고용유지 중소기업 근로자			
		(45)장기집합투자증권저축			
		(46)그 밖의 소득공제 계			700,000
	(47)소득공제 종합한도 초과액				

자, 이제 과세표준까지 계산했어요. 총급여에서 근로소득공제부터 그 밖의 소득공제까지 공제받고 난 후 금액이랍니다.

연금저축이나 IRP에 불입한 금액도 세액공제가 가능해요. 저도 입사하자마자 월 10만 원씩 100만 원 납입했더니 15% 공제받았어요! 단 총급여액이 5,500만 원 초과인 분들은 12%만 공제받으니 알아두세요.

과세표준에 세율을 곱해서 산출세액을 구해봅시다. 저는 과세표준이 1,400만 원 이상이고 5,000만 원 이하이니까 15% 세율을 적용받았어요!

근로소득자라면 누구나 근로소득세액공제를 받을 수 있어요. 저는 산출세액이 130만 원 이하라서 산출세액의 55%를 공제받았답니다.

8세 이상의 자녀가 한명 있다면 15만 원 공제해줍니다. 이 자녀가 첫째라면 30만 원을 추가로 공제받을 수도 있어요! 둘째가 태어나면 50만 원, 셋째부터는 70만 원이구요. 출산 장려 정책 중 하나랍니다.

개인적으로 가입하는 일반 생명보험, 실손보험료도 공제대상이네요. 연간 100만 원 납입한도로 12% 공제해줍니다.

전 의료비 공제는 받지 못했네요… 왜 그런지 알아보니까 총급여액의 3%를 초과한 부분에 대해서만 공제해준대요. 그러니까 저는 96만 원을 초과해서 지출한 경우에 공제받을 수 있는 거예요.

만약 제가 대학원에 다닌다면 15% 세액공제를 해준대요. 기본공제 대상자인 자녀들의 교육비도 물론 해당된답니다!

(48)종합소득 과세표준					16,742,300
(49)산출세액					1,251,345
세액감면	(50)「소득세법」				
	(51)「조세특례제한법」(52 제외)				
	(52)「조세특례제한법」제30조				
	(53)조세조약				
	(54)세 액 감 면 계				
세액공제	(55)근로소득				688,240
	(56)자녀		공제대상자녀 (명)		
			출산·입양자 (명)		
	연금계좌	(57)「과학기술인 공제회법」에 따른 퇴직연금		공제대상금액	
				세액공제액	
		(58)「근로자퇴직급여보장법」에 따른 퇴직연금		공제대상금액	
				세액공제액	
		(59)연금저축		공제대상 금액	1,000,000
				세액공제액	1,50,000
		(59)-1 개인종합 자산관리계좌 만기시 연금계좌 납입액		공제대상 금액	
				세액공제액	
	특별세액공제	(60)보험료	보장성	공제대상 금액	1,000,000
				세액공제액	120,000
			장애인 전용 보장성	공제대상 금액	
				세액공제액	
		(61)의료비		공제대상 금액	800,000
				세액공제액	
		(62)교육비		공제대상 금액	
				세액공제액	
		(63)기부금	㉮정치자금 기부금	공제대상 금액	
				세액공제액	
			㉯「소득세법」제34조제2항제1호에 따른 기부금	공제대상 금액	
				세액공제액	
			㉰우리사주 조합 기부금	공제대상 금액	
				세액공제액	
			㉱「소득세법」제34조제3항제1호의기부금(종교단체 외)	공제대상 금액	
				세액공제액	
			㉲「소득세법」제34조제3항제1호의기부금(종교단체)	공제대상 금액	500,000
				세액공제액	75,000
		(64)계			195,000
		(65)표준세액공제			
	(66)납세조합공제				
	(67)주택차입금				
	(68)외국납부				
	(69)월세액			공제대상금액	
				세액공제액	
(70)세 액 공 제 계					1,033,240
(71)결 정 세 액(49-54-70)					218,105
(81)실효세율(%) (71/21)×100					0.68%

저는 작년에 종교단체에 기부한 50만원에 대해서 15% 공제받았어요. 그런데 이 기부금은 다른 세액공제와는 달리 올해 공제받지 못한 금액이 있다면 내년으로 이월해서 공제받을 수도 있다고 하니까 꼭 기억해두세요.

산출세액에서 각종 세액공제를 차 감하고 나면 이 금액이 비로 내가 내야 하는 진짜 세금이에요!

195

3. 누가 저 대신 소득신고 좀 해주세요!

☑ 종합소득세, 소득 구분에 따른 과세 방식

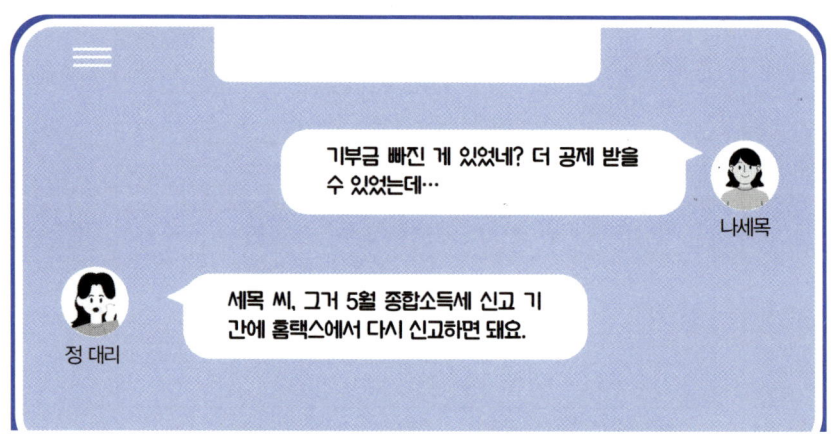

올해 연말정산을 처음 해본 나세목, 지난 가을 어머니 입원비로 지출한 병원비와 절에 냈던 기부금 관련 서류를 제출하지 못한 것이 생각났다. 연말정산 때 놓친 공제 서류들을 5월에 추가로 제출할 수 있다고 들었는데 어떻게 해야 하는 것일까?

연말정산에 대한 경정청구[1]를 하려는 직장인뿐만 아니라 개인사업자나 프리랜서 등 우리나라에서 소득을 벌어들이는 개인이라면 5월의 종합소득세 신고를 잊어서는 안 된다. 또한 2개 이상의 회사에서 근무한 직장인은 최종 근무지에서 두 회사의 소득을 합산해 신고하지 않았다면 5월에 종합소득세 신고를

---

1 과다 납부한 세금을 돌려 달라고 세무서에 요청하는 절차로 신고납부 기한 후 5년까지 가능하다. Part 1. "10. 작년에 못 받은 월세액 세액공제까지 올해 다 받을 수 있을까?"에서 더 자세히 알아보겠다.

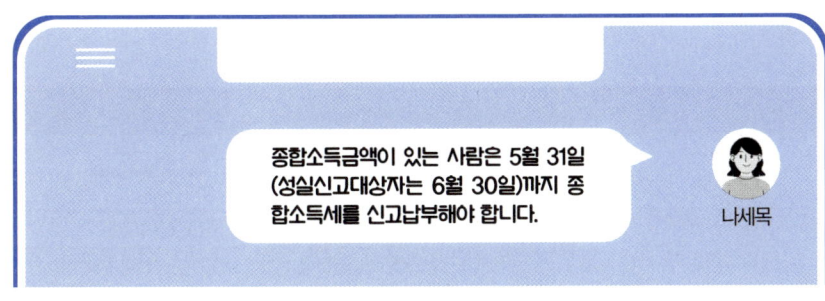

해야 한다.

나세목처럼 3월에 중도 입사해 1년을 다 채워 근무하지 않은 경우뿐만 아니라 연말이 되기 전에 퇴사해 연말정산 당시 회사에 다니고 있지 않은 경우라도 연말정산을 해야 하며, 이때를 놓쳤다면 역시 5월에 종합소득세 신고를 할 수 있다.

근로소득 이외의 다른 소득이 있는 경우에도 역시 종합소득세 신고를 해야 하는데, 종합소득세 신고를 해야 하는 소득은 어떤 것들이 있는지 알아보자.

우선 소득세를 부과하는 방식에 대한 이해가 필요한데, 각 소득금액을 합산해 과세하는 '종합과세', 원천징수로 과세가 끝나는 '분리과세', 특정 소득을 별도로 분류해서 과세하는 '분류과세'가 있다. 종합과세가 일반적이며, 소득 종류별로 일부 분리과세 되는 항목이 있고 퇴직소득과 양도소득은 분류과세를 적용한다.

소득 구분에 따른 과세 방식

구분	과세 방식	비고
이자소득	종합과세	2,000만 원 이하의 금융소득은 분리과세
배당소득		
근로소득		일용근로자의 근로소득은 분리과세
사업소득		2,000만 원 이하 주택임대소득은 분리과세 선택 가능
연금소득		1,500만 원 이하 사적연금소득은 분리과세 선택 가능
기타소득		300만 원 이하 기타소득금액은 분리과세 선택 가능
퇴직소득	분류과세	-
양도소득		

세법에서 열거하는 분리과세 항목은 더 많지만, 소득 종류별로 대표적인 분리과세 항목을 위 표에 기재했다. 또한 일정 금액 기준 이하의 주택임대소득, 연금소득, 기타소득을 분리과세 '선택 가능'이라고 기재한 이유는 납세자의 선택에 따라 이 소득금액을 종합과세로 합산해 신고할 수도 있고 분리과세로 신고할 수도 있기 때문이다.

결과적으로 일부 분리과세 할 수 있는 항목들을 제외한 이자, 배당, 사업, 근로, 연금, 기타소득이 있는 경우 5월에 종합소득세 합산 신고를 해야 한다.

만약 나세목이 작년에 기타소득으로 300만 원을 벌었다면 종합소득세 합산 신고를 해야 하는 것일까? 기타소득금액이 300만 원 이하일 경우에는 분리과세를 선택할 수 있으므로, 나세목은 기타소득금액을 근로소득과 합산해 신고한 경우와 분리과세로 따로 신고한 경우를 비교해서 본인에게 유리한 경우로 신고하면 된다.

아래 그림은 종합과세 방식에 따른 종합소득세 계산 흐름을 정리한 것인데, Part 1. "2. 13월의 보너스, 연말정산"에서 살펴본 연말정산 계산 흐름과 비슷하다.

 종류별 소득금액을 합산한 후 소득공제 항목을 차감하면 종합소득 과세표준이 산출된다. 이 과세표준 구간에 따라 6~45%의 세율을 적용하면 산출세액이 계산되고 세액공제와 세액감면 항목을 차감하면 기본적인 세액계산은 끝난다. 여기에 가산세로 부과할 항목이 있으면 더해주고, 원천징수했던 세금이나 연말정산 때 납부했던 세금 등을 기납부세액으로 빼면 최종적으로 내가 납부할 세액이 산출된다.

종합소득세 계산 흐름

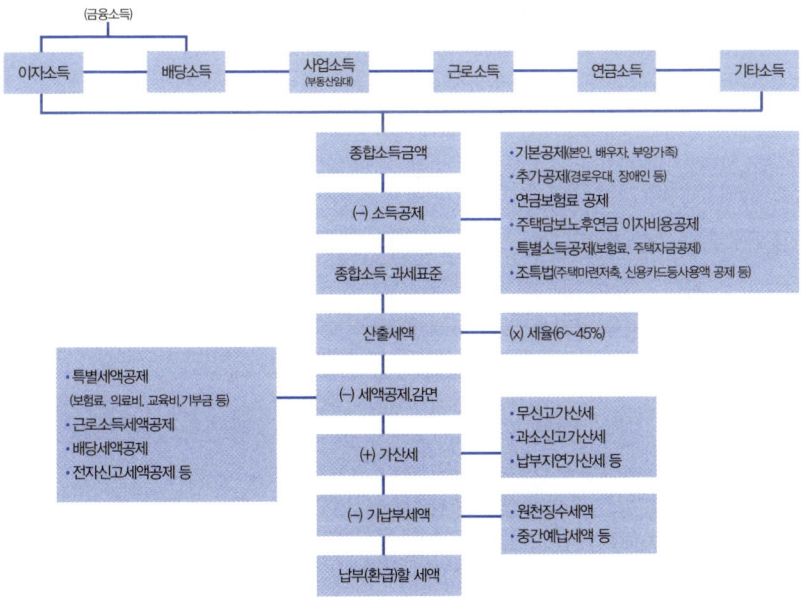

4. 퇴직금마저도 세금을 내야 한다니!

☑ 퇴직소득, 근로소득과의 차이점

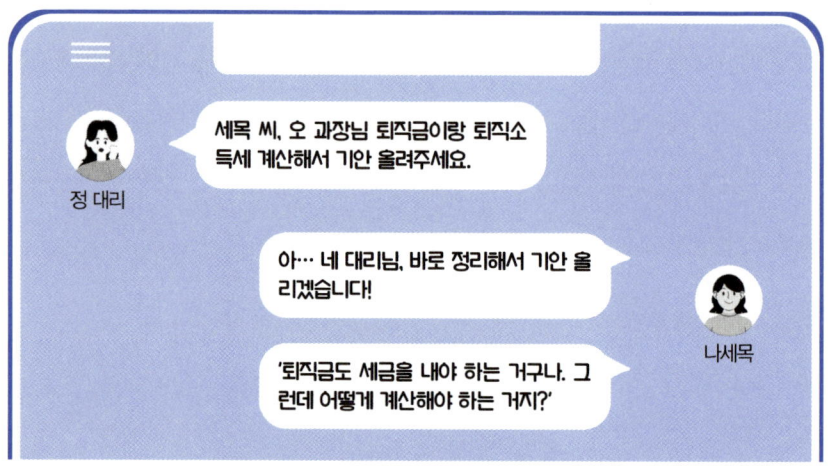

나세목이 입사하고 나서 시간이 꽤 흘러 이제 팀 분위기에도 익숙해지고 잘 적응해 가는데, 여기에는 똑 부러지고 친절하신 오 과장의 도움이 컸다. 오 과장은 세무팀 경력을 바탕으로 대기업 재무팀으로 이직한다고 한다. 오 과장의 퇴사가 너무 서운하지만, 더욱 승승장구하길 바라는 마음으로 응원하며 원천세 담당인 나세목이 오 과장의 퇴직소득 신고를 하게 되었다.[1]

그나저나, 퇴사하는 그날까지도 세금에서는 벗어나질 못하는군!

한 회사에서 수년간의 근무를 마치고 새로운 직장으로 이직하거나 또 다른 준

---

1 회사가 확정급여형(DB) 퇴직연금에 가입한 경우를 전제했고, 퇴직급여의 종류 및 회계처리 등 자세한 내용은 1부 실전 회계 토크 Part 2. "5. 알쏭달쏭 계정과목"을 참고하기 바란다.

비를 위해 퇴사하면 퇴직금을 받는데, 이 퇴직금에 대해서도 세금을 내야 한다. 세법에서는 '퇴직소득'이라는 이름으로 세금을 부과하는데, 이 퇴직소득세는 우리가 매월 급여를 지급받을 때 납부했던 근로소득세와는 조금 다르다.

먼저 퇴직소득은 우리가 입사 후 매년 1개월치 급여만큼 적립한 후 퇴사하는 시점에 회사로부터 지급받게 된다. 이때 퇴직소득 산정 대상이 되는 기준은 무엇일까? 우리가 앞에서 봤던 급여명세서상의 항목을 보면, 기본급, 연차수당, 상여금 등 여러 가지가 있었는데 이 모든 항목이 퇴직소득 산정 대상이 되는 것일까?

사실 퇴직소득 산정 대상 항목은 세법보다 먼저 근로자퇴직급여보장법[1]에 정해져 있으나, 세법에서는 명목 여하를 막론하고 현실적인 퇴직을 원인으로 지급받는 소득을 퇴직소득으로 보고 있다.

세법상 퇴직소득의 범위[2]

① 공적연금 관련법에 따라 받는 일시금(지연지급 이자 포함)
② 사용자 부담금을 기초로 하여 현실적인 퇴직을 원인으로 지급받는 소득
③ 소기업·소상공인 공제금(2016.1.1. 이후 가입분부터 적용)
④ 건설근로자의 고용개선 등에 관한 법률에 따라 지급받는 퇴직공제금
⑤ 과학기술인공제회법에 따라 지급받는 과학기술발전장려금

---

[1] 근로자퇴직급여보장법: 근로자 퇴직급여제도의 설정 및 운영에 관한 법률로 제8조(퇴직금제도의 설정 등)에서 사용자는 근로자의 계속근로기간 1년당 30일분 이상의 평균임금을 퇴직금으로 지급할 수 있는 제도를 설정해야 한다고 규정하고 있다.
[2] 소득세법 제22조 제1항 및 소득세법시행령 제42조의 2 제4항, 조세특례제한법 제86조의 3.

⑥ 종교 관련 종사자가 현실적인 퇴직을 원인으로 종교단체로부터 지급받는 소득

오 과장 같은 일반 직장인은 대부분 위의 ②번 항목에 해당할 텐데, '현실적인 퇴직'은 구체적으로 무엇일까?

세법에서는 대표적으로 근로자가 임원이 된 경우나 비정규직 근로자가 정규직 근로자로 전환된 경우에 현실적 퇴직으로 본다. 또 근로자퇴직급여보장법에 정한 사유에 따라 퇴직금 중간 정산을 하는 경우 계속 근무하는 근로자라고 하더라도 현실적인 퇴직으로 보아 퇴직소득세를 과세한다.

퇴직금 중간 정산 사유[1]

① 무주택자인 근로자가 본인 명의로 주택을 구입하는 경우
② 무주택자인 근로자가 주거를 목적으로 전세금 또는 보증금을 부담하는 경우
③ 근로자, 근로자의 배우자, 근로자 또는 근로자의 배우자와 생계를 같이 하는 부양가족이 질병 또는 부상으로 6개월 이상 요양하는 경우
④ 근로자가 중간 정산 신청일부터 역산해 5년 이내에 파산선고를 받거나, 개인회생절차개시 결정을 받은 경우
⑤ 임금피크제[2]를 실시해 임금이 줄어드는 경우
⑥ 천재지변 등 고용노동부장관이 정하는 사유에 해당하는 경우

---

[1] 근로자퇴직급여보장법 시행령 제3조 제1항.
[2] 사용자가 기존의 정년을 연장하거나 보장하는 조건으로 단체협약 및 취업규칙 등을 통해 일정 나이 등을 기준으로 임금을 줄이는 제도.

이렇게 세법상 퇴직소득에 해당하는지 여부를 따지는 이유는, 앞서 Part 1. "3. 누가 저 대신 소득신고 좀 해주세요!"에서 설명했듯이, 퇴직소득인지 또는 근로소득인지에 따라 그 과세 방식이 달라지기 때문이다.

퇴직소득은 퇴직 시 회사가 원천징수하면서 퇴직소득세를 계산해 납부하고 나면 그것으로 끝나는 분류과세 방식을 적용하고 있다. 근로소득은 원천징수를 하고 난 후 또 다른 회사의 근로소득이나 사업소득 등 다른 소득이 있다면 합산해 5월에 종합소득세를 신고해야 하지만, 퇴직소득은 다른 소득과 합산해서 신고하는 절차가 필요 없다.

즉 퇴직소득세는 퇴직소득 지급 시점에 한 번의 세액 계산으로 신고 납부 절차가 모두 끝나는데 그 계산방식을 살펴보면 아래 그림과 같다.

퇴직소득세 계산 흐름

퇴직소득금액 (퇴직급여-비과세소득)
▼
(−) 퇴직소득공제 (근속연수공제)
▼
환산급여
▼
(−) 환산급여공제
▼
(−) 세액공제,감면
▼
퇴직소득 과세표준
▼
퇴직소득 산출세액

근속연수	퇴직소득공제(근속연수공제)
5년 이하	근속연수×30만 원
10년 이하	150만 원+(근속연수−5)×50만 원
20년 이하	400만 원+(근속연수−10)×80만 원
20년 초과	1,200만 원+(근속연수−20)×120만 원

※ 환산급여 = (퇴직소득금액−퇴직소득공제)/근속연수×12

환산급여	환산급여공제
800만 원 이하	전액공제
7,000만 원 이하	800만 원+(환산급여−800만 원)×60%
1억 원 이하	4,520만 원+(환산급여−7,000만 원)×55%
3억 원 이하	6,170만 원+(환산급여−1억 원)×45%
3억 원 초과	1억 5,170만 원+(환산급여−3억 원)×35%

※ 산출세액 = 소득세 기본세율 적용해 계산
  = (퇴직소득과세표준 × 기본세율) ×근속연수/12

5. 퇴직소득, 연금으로 받을 수도 있다고?

☑ 연금소득과 연금계좌세액공제

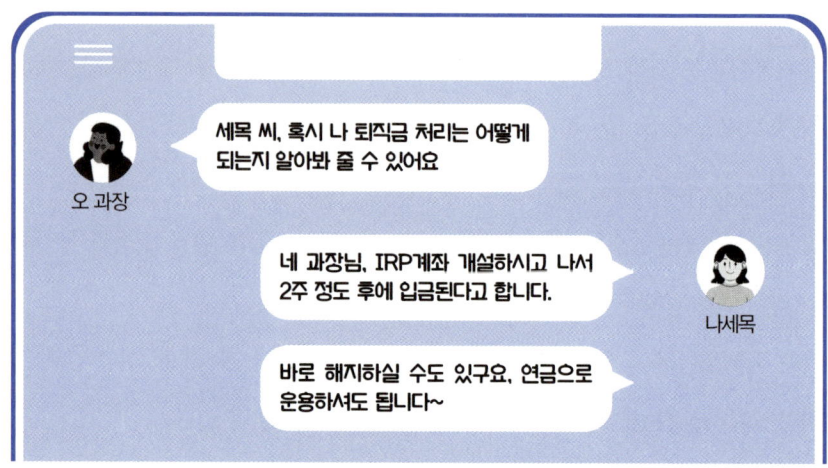

오 과장처럼 다른 회사로 이직하기 위해 퇴사하는 경우도 있지만, 평생 한 회사에 다니다가 정년퇴직하면 꽤 큰 금액의 퇴직금을 한꺼번에 받게 된다. 이 퇴직금을 일시에 받을 수도 있지만, 퇴직연금계좌나 연금저축계좌로 이체해 일정 기간 나누어 연금처럼 받을 수도 있다. 이렇게 연금처럼 받으면 퇴직금은 세법상 퇴직소득이 아니라 연금소득으로 분류되고 세금이 부과되는 방식도 달라진다.

우선 연금소득에 대해서 알아보자. 연금소득은 국민연금처럼 의무적으로 가입해야 하는 관련 법에 따른 공적연금과 퇴직연금처럼 개인의 선택에 따라 가입할 수 있는 사적연금으로 구분할 수 있다.

과세 여부에 따라 나눌 수도 있는데, 세법은 과세대상 연금소득의 범위를 국민연금, 공무원연금, 군인연금, 사립학교교직원연금 등 공적연금 관련법에 따라 받는 공적연금소득과 연금저축계좌, 퇴직연금계좌에서 연금 형태로 인출하는 사적연금소득으로 규정하고 있다.[1]

오 과장의 경우를 예로 들어보면, 오 과장은 퇴직금으로 5,000만 원을 받고 200만 원의 퇴직소득세를 납부할 예정이다. 하지만 이 돈이 당장은 필요하지 않아 퇴직연금계좌나 연금저축계좌에 이체해서 10년 동안 연간 500만 원씩 연금으로 받기로 했다. 오 과장은 퇴직소득세 대신 매년 연금을 받을 때 연금소득세를 내게 될 텐데, 연금 받을 때마다 내는 세금은 어떻게 계산될까?

퇴직금을 퇴직연금계좌나 연금저축계좌로 이체하면 퇴직소득세를 내지 않는 대신 나중에 연금을 수령할 때 연금소득세를 납부해야 한다. 이때 연금소득세는 퇴직 당시 계산한 퇴직소득세의 70%[2]만큼만 과세된다. 따라서 오 과장은 200만 원의 70%인 140만 원을 매년 연금 수령 시 14만 원씩 나누어 납부하게 된다. 퇴직소득세와 연금소득세의 금액만 비교한다면 퇴직금을 연금으로 받는 경우 당초 내야 했던 퇴직소득세보다 30%가 절감된다.

단 퇴직한다고 해서 아무 때나 연금을 수령할 수 있는 것은 아니다. 가입자가 만 55세 이상자로 연금계좌 가입일로부터 5년이 경과한 후에 일정 한도 내

---

[1] 세금을 부과하지 않는 비과세 연금소득도 있다. ① 공적연금 관련법에 따른 유족연금, 장애연금, 장해연금, 상이연금, 연계노령유족연금 또는 연계퇴직유족연금. ② 산업재해보상보험법에 따라 받는 각종 연금. ③ 국군포로의 송환 및 대우 등에 관한 법률에 따라 국군포로가 받는 연금.
[2] 수령 연차가 10년을 초과할 경우 60%.

에서 인출하는 경우에만 세법상 연금소득으로 인정한다.[1]

오 과장은 퇴직금과 퇴직소득세가 아주 큰 금액은 아니어서 그 효과가 작게 보일 수도 있지만, 그 금액이 커진다면 세금으로 내야 할 돈을 가능한 한 천천히 내는 편이 더 유리할 수 있다. 세금 납부를 미루는 기간에 해당 자금을 운용해서 추가 수익을 낼 수도 있기 때문이다. 즉 각자 본인이 처한 상황에 따라 지금 당장 일시금으로 받는 것과 연금으로 나누어 받는 것 중에 어떤 것이 유리할지 잘 판단하여 선택하는 것이 필요하다.

한편 퇴직과 관련해 한 번 더 체크해보면, 앞서 연말정산 과정에서 개인형퇴직연금(IRP)에 납입한 금액에 대해서 15% 또는 12%의 세액공제를 적용받는다고 했다. 하지만 이를 일시금으로 수령하면, 그동안 세액공제 받았던 납입금액과 운용 수익에 대해서 기타소득으로 과세한다. 이때 적용되는 세율은 15%로, 결국 납입 시 세액공제 받아서 아꼈던 세금을 다시 납부하게 된다.

나세목은 앞으로 퇴사를 결심한다면, 미래의 커리어나 또 다른 삶의 길에 대한 고민도 중요하지만 퇴직금에 대한 세금도 한 번쯤 생각해볼 문제라는 생각이 들었다.

---

[1] 소득세법시행령 제40조의 2 제3항.

개인형퇴직연금(IRP)

IRP는 소득 있는 사람만 가입 가능한, 절세와 노후 대비를 동시에 가능하게 해주는 대표적인 상품이다. 직장인뿐 아니라 개인사업자, 파트타임 근로자 등 소득이 있는 사람들은 다 가입할 수 있다. 퇴직금과 별도로 회사를 다니면서 개인적으로 연간 1800만 원(연금저축계좌 납입액과 합산한 금액)까지 추가 입금 가능하다. 그리고 매해 납입액의 900만 원까지 세액공제 혜택을 받을 수 있다.

「"2030 재테크, 절세가 먼저" 세금 줄이고 자산 불리는 상품」, 《매일경제》 2025.6.12.

나경영: 연말정산 공제 많이 받으려면 IRP를 꼭 가입해야 한다던데… IRP가 대체 뭐길래?

나세목: 개인형퇴직연금인데 납입하면 운용해서 수익을 얻을 수도 있고, 세액공제도 받고 좋아.

나경영: 근데 난 사회초년생이라 돈도 얼마 없고, 연금이면 돈이 묶이는데… 그래도 유리한 거야?

나세목: 그래서 무조건 한도만큼 채워서 들지 말고 잘 생각해야 해. 중도 해지는 되는데 감면받았던 세액공제혜택을 다시 반납해야 하거든. 운용도 잘해야 하고. 우선 IRP가 뭔지 자세히 알아볼까?

다른 소득공제나 세액공제는 내 마음대로 안 되는 것이 많다. 인적공제, 의료비, 주택자금 등등. 신용카드도 많이 쓰면 공제를 많이 받지만, 그렇다고 공제받으려고 소비를 늘린다는 것은 어불성설이다. 하지만 연금만큼은 놓치지 않고 납입만 하면 세금을 줄일 수 있다.

개인형퇴직연금인 IRP(Individual Retirement Pension)는 말 그대로 개인이 납입과 관리가 모두 가능한 퇴직연금제도다. 즉 기업에서 지급하는 퇴직연금은 운영방식에 따라 DB형과 DC형으로 구분[1]되는데, IRP는 DC형과 유사하게 여러 상품에 투자해 운용이 가능하다. 따라서 기업에서 지급하는 퇴직금보다 금액을 더 쌓고 싶은 근로자나 퇴직 후 연금을 운용하고자 하는 퇴직자가 이용 가능하며 연간 900만 원까지 세액공제 혜택을 주고 있으므로 세액공제를 목적으로 가입하는 근로자가 많다.

IRP 주요 내용

연간 납입한도	1,800만 원(연금저축계좌, DC합산)
세액공제 한도	900만 원
세액공제율	총급여 5,500만 원 이하: 16.5% 총급여 5,500만 원 초과: 13.2%
중도해지	세제혜택을 받은 납입금액과 운용수익에 대해 16.5% 세율 적용한 기타소득세 부담
중도인출 가능 사유 (3.3~5.5% 연금소득세 부담)	• 무주택자의 주택 구입 또는 전월세 보증금이 필요한 경우 • 본인 또는 부양가족의 질병 등으로 6개월 이상 요양으로 일정규모의 의료비를 부담하는 경우 • 본인의 파산선고나 개인회생절차개시 결정을 받은 경우 • 천재지변 또는 사회적 재난으로 피해를 입은 경우

---

1 Part 2. "5. 알쏭달쏭 계정과목"의 '퇴직급여_확정급여형 vs 확정기여형' 참조.

6. 프리랜서는 직장인보다 세금을 적게 낸다고?

☑ 3.3% 원천징수하는 사업소득

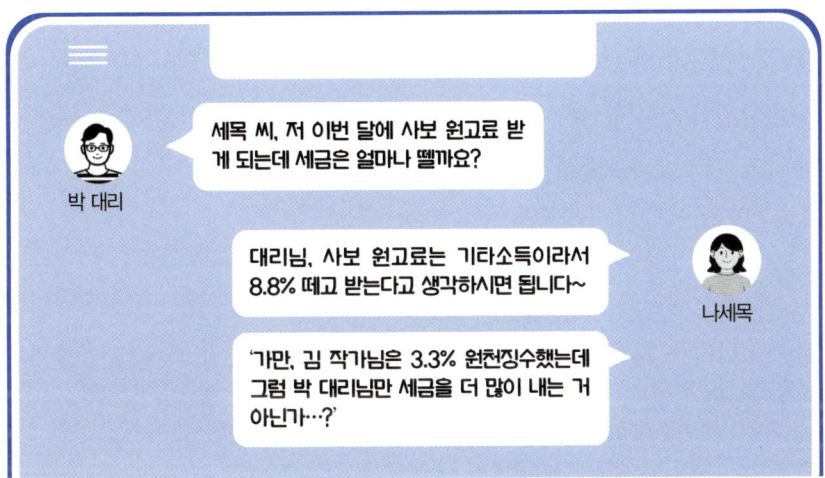

매월 초가 되면 어김없이 원천세 신고 준비를 하는 나세목, 이번 달에는 다른 때보다 원천세 신고서 항목이 좀 더 많아진 것 같다.

사보에 재택근무 일상을 게재한 인사팀 박 대리에게 지급한 원고료는 기타소득으로 원천징수했고, 직원들을 대상으로 직장에서 자존감을 지키며 성공하는 방법을 주제로 강연한 김 작가에게 지급한 강연료는 사업소득으로 원천징수했다. 그런데 김 작가는 원천징수세율이 3.3%로, 직원들 급여나 기타소득으로 원천징수한 경우보다 훨씬 적은 세금을 떼는 것 같은데?

작가들과 같이 특정 사업주와 고용관계를 맺지 않고 일이 있을 때만 그때그때 계약을 맺고 일하거나, 회사로 출퇴근하지 않고 독립적으로 일하는 사람을 우리는 흔히 프리랜서라고 한다. 프리랜서는 보통 사업자등록을 하지 않고 인적 용역을 제공하는 경우인데, 결국 사업자등록을 하지 않은 개인사업자로 생각하면 된다. 따라서 프리랜서는 사업소득에 대한 원천징수세액 3.3%를 떼고 매년 5월 종합소득세 신고납부를 해야 한다. 건 별로 3.3% 원천징수했던 소득을 합산해서 다음 해 5월 종합소득세 신고를 하고 본인의 과세표준 구간에 따라 세율을 적용해 최종 계산된 세금을 납부하므로 결과적으로는 직장인보다 세금을 적게 내는 것은 아니다.

한편 나세목은 김 작가에게서 본인은 사업자등록증이 있으므로 계산서를 발행해 달라는 요청을 받았다. 그럼, 일반 거래처처럼 세금계산서도 발행해주고 원천징수도 따로 해야 하는 건가? 이중으로 처리되는 것 같은데? 보통 세금계산서[1] 발행하면 부가가치세 10%가 붙던데 그럼 지급한 금액의 10%를 더해서 발행해야 하는 것일까? 나세목은 이런저런 궁금증으로 혼란스러워졌다.

우선 이런 경우 사업소득에 대한 원천징수를 하고 나면 계산서 발급은 따로 하지 않아도 된다. 세법에서는 원천징수 대상 사업소득을 지급하고 원천징수영수증을 발급한 경우에 대해서는 계산서를 발급한 것으로 보기 때문에 계산서 발급은 별도로 하지 않아도 된다.[2]

또 계산서를 발급한다고 해도 10% 부가가치세가 붙지는 않는다. 부가가치세법상 용역을 제공받고 대가를 지급하는 경우에는 10%의 부가가치세가 부과되고 세금계산서를 발행하지만, 세법은 부가가치세가 면제되는 용역을 법에 정해놓고 이러한 용역 거래에 대해서는 '계산서'를 발급하도록 하고 있다. 즉 세금계

---

1 부가가치세가 과세되는 용역이면 '세금계산서'를, 부가가치세가 면제되는 용역이면 '계산서'를 발급한다.
2 사업자가 법 제144조의 규정에 의하여 용역을 공급받는 자로부터 원천징수영수증을 발급받는 것에 대하여는 제1항의 규정에 의한 계산서를 발급한 것으로 본다(소득세법시행령 제211조 제5항).

산서는 부가가치세 과세대상인 거래에 대해서 발행하고, 계산서는 면세 대상 거래에 대해서 발행하는 것이다.[1]

그렇다면, 부가가치세가 면제되는 사업소득에는 어떤 것이 있을까? 세법에서는 개인이 물적 시설 없이 근로자를 고용하지 않고 독립된 자격으로 용역을 제공하고 대가를 받는 인적 용역은 면세로 보고 있다. 여기서 '물적 시설'이란 쉽게 말해서 사무실을 의미하는데, 계속적 반복적으로 사업에만 사용되는 건축물, 기계장치 등의 사업설비를 말한다. 이때 사업설비에는 임차한 것도 포함하지만, 인적 용역을 제공하는 데 있어 보조적인 수단에 불과한 것이라면 이것은 물적 시설을 갖춘 것으로 보지 않는다.[2]

예를 들어 웹툰 작가들은 작품활동에 필요한 보조작가를 두기도 하는데, 이런 보조작가가 직원이 아닌 보조자로 볼 수 있다. 또 직업운동가, 연예인과 이들의 감독이나 매니저의 관계처럼 해당 직업운동가 등의 기능 발휘를 지도, 주선하는 자가 개인의 독립된 자격으로 물적 시설 없이 근로자를 고용하지 않고 제공하는 용역에 대해서도 부가가치세를 면제한다.[3]

---

[1] 부가가치세가 궁금하다면, Part 2. "4. 우리는 매일, 세금을 내고 있다"를 먼저 읽어도 좋다.
[2] 부가가치세법 집행기준 26-42-1 [인적 용역 등의 면세 범위] 제5항.
[3] 부가가치세법 집행기준 26-42-1 [인적 용역 등의 면세 범위] 제2항.

억울한 프리랜서?

독립된 자격으로 용역을 제공하는 프리랜서가 월급을 받는 근로자보다 더 큰 세금 부담을 지는 것으로 나타났다. 소득과 가족 구성, 지출액 등이 모두 동일하다고 가정했을 때 최대 2배 이상까지 차이를 보였다.

「2021 기재위 국정감사: 똑같이 벌고 써도… 프리랜서가 직장인보다 세금 더 많이 낸다」, 《조세일보》 2021.10.6.

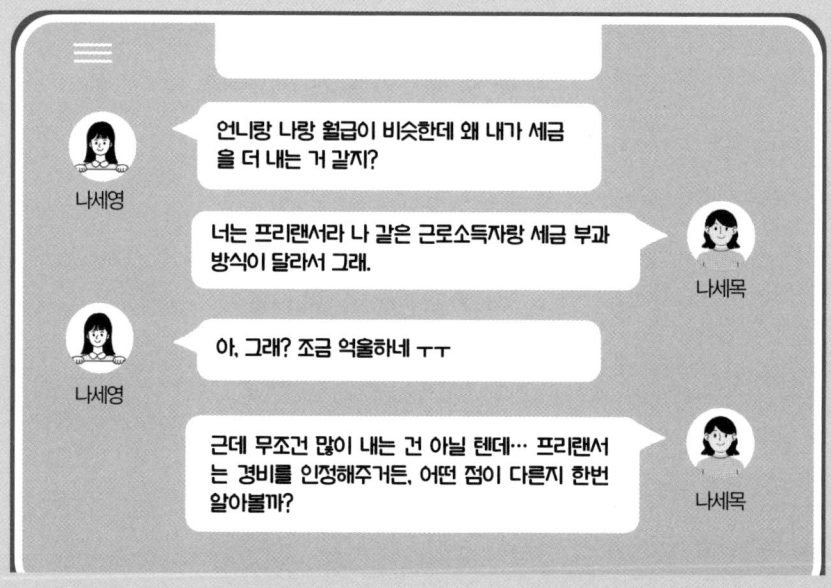

프리랜서는 사업소득에 대한 원천징수세액 3.3%를 떼기 때문에 마치 세금을 적게 낸다는 느낌이 들 수 있는데 사실은 그렇지 않다. 다음 국세청 자료에 의하면 소득 및 가족구성과 지출액을 동일하다고 가정했을 때 근로자보다 프리랜서가 납부세액이 더 큰 것으로 나타났다. 이는 프리랜서의 납부세액을 결정할 때 월세 및 의료비, 교육비 등이 세액공제에서 제외되기 때문이다. 대신 종합소득세 신고 시 사업에 필요한 경비를 인정해 납부세액이 결정된다.

근로소득자–프리랜서 세액 추계 자료

(단위: 만 원)

	근로소득자		프리랜서(배달용역)		프리랜서(예술인)	
총급여액	2,500	5,000	2,500	5,000	2,500	5,000
신용카드 사용액	1,000	2,000	1,000	2,000	1,000	2,000
의료비 지출액	300	300	300	300	300	300
교육비 지출액	300	300	300	300	300	300
보장성보험료 지출액	300	300	300	300	300	300
납부세액	–	176	14	232	56	382

출처: 《조세일보》(2021.10.6), 국세청 자료 인용.

이와 같이 프리랜서와 근로자 간의 세금 격차에 대해 프리랜서 및 특수형태근로종사자, 플랫폼노동자 등의 세금 부과 방식을 임금근로자와 차별이 없도록 개선의 필요성이 언급되었다.

'사업소득자'인 프리랜서가 연 소득과 지출이 같은 직장인(근로소득자)과 비교해 과도한 세금을 낸다는 분석이 나왔다. 소득공제 등 각종 혜택이 '유리지갑' 근로소득자 중심으로 설계됐기 때문인데, 프리랜서에 대한 소득 파악 체계가 갖춰지는 만큼 세제 개편도 필요하다는 지적이다. 이 같은 지적에 홍남기 부총리 겸 기획재정부 장관도 "제도 변경을 검토하겠다"고 밝혔다.

「소득·지출 같아도…프리랜서, 직장인보다 세금 더 낸다」, 《한국일보》 2021.10.6.

이러한 문제에 대해 2021년 경제부총리는 고용환경이나 소득 및 과세 환경이 예전과 달라졌기 때문에 비임금근로자의 소득 파악이 전제되어야 하고, 정확히 파악되면 임금근로자와 같이 공제 시스템을 마련하도록 노력하겠다고 밝혔다.

7. 내가 쓴 사보 원고료와 유명작가 강연료는 세금이 왜 다를까?

✅ 사업소득 vs 기타소득

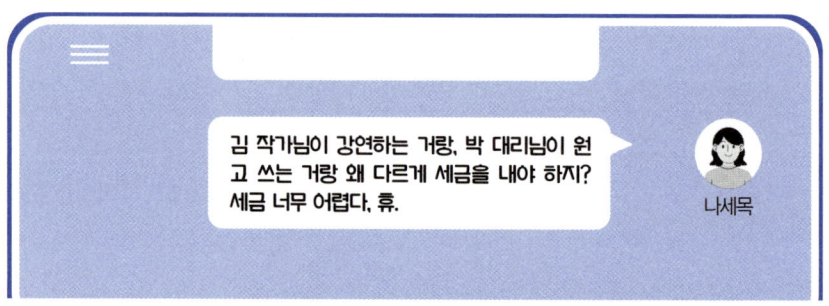

프리랜서 소득에 대한 원천징수를 공부한 나세목은 한 가지 궁금한 점이 생겼다. 회사에서 강연하고 대가를 지급받은 김 작가나 사보에 원고를 게재하고 대가를 수령한 인사팀의 박 대리나 똑같이 인적 용역을 제공한 것으로 보아야 할 것 같은데, 왜 이 둘의 소득 구분이 다르고 원천징수세율도 다른 것일까?

앞서 Part 1. "3. 누가 저 대신 소득신고 좀 해주세요!"에서 세법에서 정하는 소득의 종류에 대해서 알아봤듯이, 개인 또는 개인사업자들이 신고납부해야 하는 소득 중에 기타소득과 사업소득이 있다.

인사팀의 박 대리처럼 업무와는 상관없이 어쩌다 한번 비정기적으로 글을 쓰고 원고료를 받는 경우가 기타소득에 해당한다. 세법에서는 기타소득에 대해 일시적이고 우발적인 경우로 규정하면서 기타소득에 해당하는 사례를 열거하고 있다.[1] 따라서 세법에서 열거하는 사례에 해당하면서 일시적이고 우발적

---

[1] 소득세법 제21조.

인 소득에 대해서는 기타소득으로 원천징수해야 한다.

한편 김 작가는 본인이 쓴 책을 주제로 강연을 다니면서 영리 목적으로 집필 및 강연을 계속적, 반복적으로 하고 있으므로 사업소득으로 보아 원천징수해야 하는 것이다.

세법에서 기타소득과 사업소득 구분하는 기준을 정리해보면 다음과 같다. 원천세 담당 실무자들은 자주 접하게 되는 부분이므로 기준을 알아두면 도움이 될 것이다.

기타소득 vs 사업소득

구분	기타소득	사업소득
판단기준	• 다른 소득 이외 세법에 열거된 소득 • 일시적, 우발적으로 발생한 소득	• 영리목적을 가지고 고용관계 없이 독립적으로 벌어들인 소득 • 계속적, 반복적으로 발생한 소득

그렇다면 이 두 가지 소득에 대한 원천징수 방법을 비교해볼까? 우선 사업소득은 총수입금액, 즉 총지급액에 3.3%[1]를 곱해서 원천징수하면 된다. 기타소득은 총수입금액에서 필요경비[2]를 공제한 후 세율을 곱해서 원천징수한다. 이때 공제해주는 필요경비는 기타소득의 종류에 따라 다르지만, 박 대리처럼 인적 용역을 일시적으로 제공한 경우라면 60%의 필요경비를 적용하고 세율은 22%[3]를 적용한다.

---

[1] 소득세 3%+지방소득세 0.3%.
[2] 사업자가 소득을 벌어들이기 위해서 지출하는 비용. 실제 지출된 비용을 의미하지만 기타소득에서는 소득 종류별로 필요경비로 인정해 주는 비율을 정해두기도 한다. 박 대리처럼 일시적인 문예창작에 대한 원고료는 60%를 필요경비로 공제한다.
[3] 소득세 20%+지방소득세 2%.

박 대리가 원고료를 100만 원 지급받았다면, 원천징수할 세금은 88,000원이다.
[100만 원 − (100만 원 × 60%)] × 22% = 100만 원 × 8.8% = 88,000

한 가지 더, 기타소득은 사업소득과 달리 '과세최저한'[1]이라는 기준이 있는데, 보통 기타소득금액이 건마다 5만 원인 경우는 원천징수를 하지 않는다. 이때 기준은 '기타소득금액'으로 기타소득에서 필요경비를 공제한 금액이고, 박 대리의 경우에는 기타소득금액이 40만 원으로 원천징수 대상자에 해당한다.

---

1 과세하는 최저한도액, 소득세법 제84조.

8. 세무서에 내는 세금, 구청에 내는 세금 따로 있다?

☑ 국세와 지방세

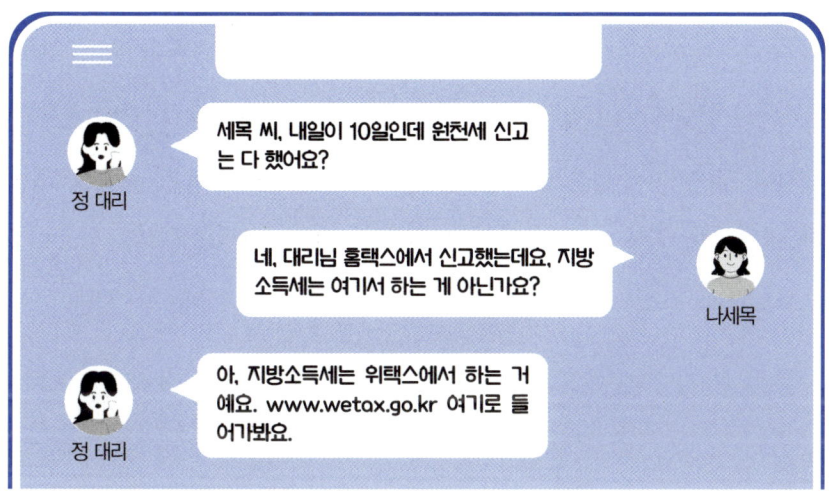

드디어 원천세를 신고한 나세목, 홈택스에서 신고납부하려고 하는데 지방소득세는 홈택스에서 하는 게 아니라 '위택스'라는 지방세 신고 사이트에서 따로 해야 한단다. 지방세는 또 뭘까? 첫 신고부터 너무 어렵다.

우리나라 세금은 크게 국세와 지방세 두 가지로 나눌 수 있는데, 그 기준은 세금을 징수하는 주체가 누구인지에 따라 나눠진다. 국세는 국가, 중앙정부에서 징수하는 세금으로 관할 세무서에 납부하고, 지방세는 지방자치단체가 징수하는 세금으로 관할 구청이나 시청에 납부한다.

직장인이 부담하는 세금 중 근로소득세는 국세이므로 회사가 소재한 관할 세무서에 납부하고, 근로소득세의 10%인 지방소득세는 지방세이므로 회사가 소재한 관할 구청에 납부한다. 따라서 근로소득세는 국세청에서 운영하는 사이트인 홈택스에서 신고납부하면 되고, 지방소득세는 지방세 신고납부 사이트인 위택스에서 신고납부하면 된다.

여기서 국세와 지방세의 종류를 구분해보면, 근로소득세를 비롯한 소득세, 법인세, 부가가치세 등은 국세에 해당하고, 주민세, 지방소득세, 재산세, 취득세, 자동차세, 지역자원시설세, 지방교육세 등이 지방세에 해당한다.

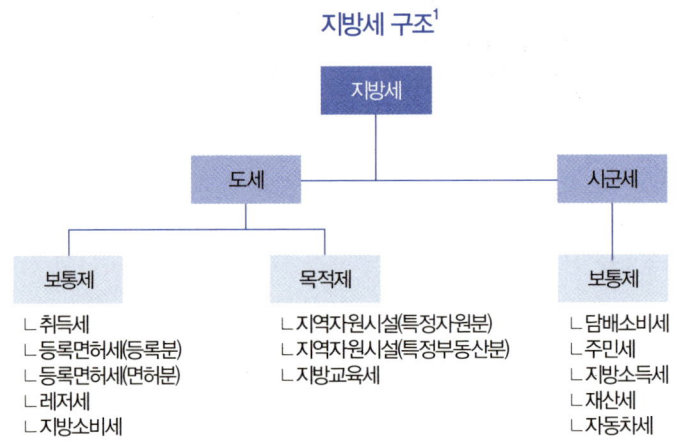

직장인 중 본인이 세대주라면 근로소득세의 지방소득세를 납부하는 것 이외에도 1년에 한 번 8월에 주민세 고지서를 받는데, '주민세 개인분'이라고 해서 그 지역에 사는 주민들에게 균등하게 부과된다. 특이한 점은 이 주민세 개인

---

1 위택스 홈페이지-지방세정보-세목별 안내-지방세 구조.

분은 사람 수에 따라 부과하는 세금으로 세율이 일정하게 정해져 있지 않고, 지역마다 다르게 규정하고 있다.[1] 서울에 혼자 거주 중인 나세목은 지난 8월에 6,000원의 주민세를 납부했다.

나세목이 매월 급여를 받을 때 지방소득세를 납부하는 것처럼 회사도 따로 지방세를 납부하는데, 이를 '주민세 종업원분'이라고 한다. 주민세 종업원분은 회사가 원천세 신고 시 해당 월에 지급한 직원들의 급여 총액을 과세표준으로 하여 0.5%의 세금을 납부한다. 이때 최근 1년간 월평균 급여액이 1억 5,000만 원을 초과하는 경우에만 납부 대상자가 된다. 이 주민세 종업원분은 근로소득세와 마찬가지로 급여를 지급한 다음 달 10일까지 신고납부하면 된다.

자, 원천세 신고가 처음인 나세목이 신고해야 할 세금은 근로소득세, 지방소득세, 주민세 종업원분까지 총 세 가지다. 모두 잊지 않고 정확한 금액으로 신고납부를 잘해야 할 텐데 과연…?

---

[1] 각 지방자치단체의 장이 1만 원을 초과하지 않는 범위에서 조례로 정한다(지방세법 제78조 제1항 제1호).

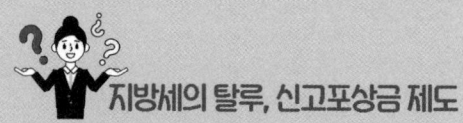
지방세의 탈루, 신고포상금 제도

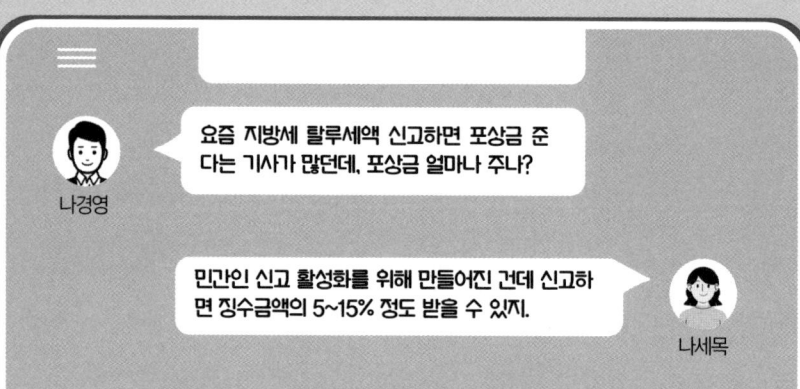

지방세 탈루 및 체납자 은닉재산을 신고하는 경우 포상금을 지급한다는 광고를 심심치 않게 볼 수 있다. 지방세기본법 제146조에서는 다음과 같이 규정한다.

- 지방자치단체의 장 또는 지방세조합장은 다음 각 호의 어느 하나에 해당하는 자에게는 예산의 범위에서 포상금을 지급할 수 있다. 이 경우 포상금은 1억 원을 초과할 수 없다.
    1. 지방세를 탈루한 자의 탈루세액 또는 부당하게 환급·감면받은 세액을 산정하는 데 중요한 자료를 제공한 자
    2. 체납자의 은닉재산을 신고한 자
    3. 버려지거나 숨은 세원(稅源)을 찾아내어 부과하게 한 자
    4. 행정안전부령으로 정하는 체납액 징수에 기여한 자
    5. 제1호부터 제4호까지의 규정에 준하는 경우로서 지방자치단체의 장이 지방세 부과·징수에 또는 지방세조합장이 지방세 징수에 특별한 공적이 있다고 인정하는 자

포상금 지급기준

	기준금액	지급률
탈루세액 등	3,000만 원 이상 1억 원 이하	15%
	1억 원 초과 5억 원 이하	1,500만 원+1억 원 초과 금액의 10%
	5억 원 초과	5,500만 원+5억 원 초과 금액의 5%
징수금액	1,000만 원 이상 5,000만 원 이하	15%
	5,000만 원 초과 1억 원 이하	750만 원+5,000만 원 초과 금액의 10%
	1억 원 초과	1,250만 원+1억 원 초과 금액의 5%

*지방세기본법 시행령 제82조.

9. 잘못 신고하면 더 내야 한다고?

✅ 가산세와 수정신고

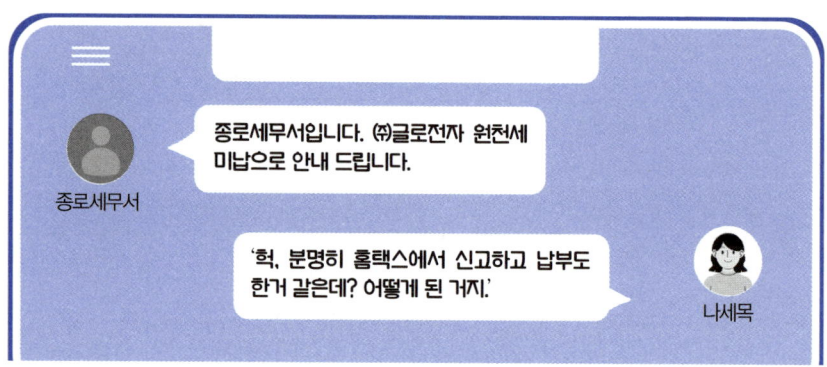

종로세무서에서 전화를 받은 나세목, 세무서 담당자 말로는 지난 달 원천세가 납부되지 않았다고 한다. 이게 무슨 일이지? 홈택스에서 분명히 원천징수이행상황신고서를 전송하고 납부도 한 것 같은데? 더 놀란 건 원래 내야 할 세금 말고도 가산세를 더 내야 한다고 한다.

우리나라 세금은 세목[1]별로 납세자가 신고납부해야 하는 세목(신고납부 세목)과 정부가 알아서 부과 징수하는 세목(정부부과 세목)으로 나눌 수 있다. 신고납부 세목은 그 신고납부 기한이 세법에 정해져 있으며(정부부과 세목은 납부기한이 정해져 있음), 그 기한을 지키지 못하면 세법상 제재가 가해지는데, 즉 가산세가 부과된다.

---

[1] 세목은 '세금의 종류'로 Part 2. "2. 세금 종류가 이렇게 많다고?"에서 자세히 알아보도록 한다.

신고불성실가산세

기한 안에 신고하지 못했거나, 했지만 세금 납부를 못 한 경우, 또 신고해야 할 세금 보다 적게 신고한 경우에도 가산세가 부과된다.

법정신고기한 안에 신고하지 못해 '기한후신고'를 하면, '무신고가산세'가 부과된다. 무신고가산세는 세법상 '일반 무신고가산세'와 '부정행위로 인한 무신고가산세'로 구분되며, 가산세율도 다르게 적용된다.

- **일반무신고가산세:** 무신고납부세액 × 20%
- **부정무신고가산세:** 무신고납부세액 × 40%와 수입금액의 0.14% 중 큰 금액

여기서 말하는 부정행위란, 납세자가 세금의 부과와 징수를 불가능하게 하거나 현저히 곤란하게 하는 적극적 행위를 말한다고 규정하면서, 구체적으로는 아래 사항 중 어느 하나에 해당하면 부정행위에 해당한다고 본다.[1]

1 이중장부의 작성 등 장부의 거짓 기장
2 거짓 증빙 또는 거짓 문서의 작성 및 수취
3 장부와 기록의 파기
4 재산의 은닉, 소득 수익 행위 거래의 조작 또는 은폐
5 고의적으로 장부를 작성하지 아니하거나 비치하지 아니하는 행위
6 전사적 기업지원관리설비의 조작 또는 세금계산서의 조작
7 그 밖에 위계에 의한 행위 또는 부정한 행위

---

1 국세기본법 제26조의2 제1항 제1호 및 국세기본법시행령 제12조의2 제1항, 조세범처벌법 제3조 제6항.

이와 같은 부정행위에 의한 무신고가 아니라면, 일반 무신고에 해당되므로 무신고가산세는 보통 20%로 생각하면 된다.

한편 정해진 신고기한까지 세금신고를 했으나 신고 내용이 잘못된 경우 즉, 소득금액이 잘못 집계되었거나 각종 공제 등을 과다하게 받은 경우는 적정 세액보다 적게 신고납부한 결과가 된다. 이 경우에는 '과소신고가산세'가 부과되는데, 역시 일반 및 부정 과소신고가산세로 나누어지며, 부정 과소신고가산세의 의미는 앞서 설명한 무신고가산세의 경우와 같다.

- **일반 과소신고가산세**: 과소신고납부세액 × 10%
- **부정 과소신고가산세**: 부정과소신고납부세액 × 40% 와 수입금액의 0.14% 중 큰 금액

이렇게 무신고가산세 및 과소신고가산세는 세금의 '신고'에 대한 의무를 다하지 못해 부과되는 것으로 '신고불성실가산세'[1]라고도 한다.

사실 나세목의 사례처럼 원천징수 의무 불이행에 대한 가산세는 '신고불성실가산세'가 따로 규정되어 있지 않고, '납부지연가산세'가 '신고' 불이행에 대한 가산세 역할까지도 함께한다.

- **원천징수 가산세** = 과소 또는 미납세액 × 3%+(과소 또는 미납세액 × 22 / 100,000 × 납부기한의 다음 날부터 납부일까지의 일수)

---

[1] 원천징수세액 이외에 일반적인 신고납부 세목에 부과된다.

납부지연가산세

신고불성실가산세 이외에 추가로 세금을 제대로 '납부'하지 않은 부분에 대해 미납일수만큼 이자의 성격으로 가산세를 부과하는데, 바로 '납부지연가산세'다.

- **납부지연가산세:** 미납부세액 × 납부기한의 다음 날부터 납부일까지의 일수 × 22/100,000[1]

정리하면, 내가 세금신고를 세법에서 정한 기한 내에 하지 못한 경우 즉, 기한후신고를 하게 되면 무신고가산세 및 납부지연가산세가 부과되며, 세금신고를 기한 안에 하긴 했지만 신고내용에 오류가 있었다면 수정신고를 해야 하는데 이런 경우는 과소신고가산세 및 납부지연가산세가 부과된다.

이렇게 세금신고를 하지 않았거나, 잘못 신고한 경우에는 최대한 빨리 기한후신고를 하거나 수정신고를 하는 것이 좋다. 왜냐하면 세법은 이런 가산세 외에도 법정신고기한이 지난 후 일정 기간 이내에 신고를 하면 감면해주는 가산세 감면율을 정하고 있기 때문이다.[2]

1) 무신고가산세
- 1개월 이내 신고하는 경우: 가산세액의 50%

---

[1] 국세기본법시행령 제27조의 4.
[2] 국세기본법 제48조.

- 1개월 초과 3개월 이내 신고하는 경우: 가산세액의 30%
- 3개월 초과 6개월 이내 신고하는 경우: 가산세액의 20%

2) 과소신고가산세

- 1개월 이내 수정신고하는 경우: 가산세액의 90%
- 1개월 초과 3개월 이내 수정신고하는 경우: 가산세액의 75%
- 3개월 초과 6개월 이내 수정신고하는 경우: 가산세액의 50%
- 6개월 초과 1년 이내 수정신고하는 경우: 가산세액의 30%
- 1년 초과 1년 6개월 이내 수정신고하는 경우: 가산세액의 20%
- 1년 6개월 초과 2년 이내 수정신고하는 경우 : 가산세액의 10%

가만… 신고는 했고 납부만 안 했다고 하니 나세목은 지난 달 원천세에 한 달 치 납부지연가산세를 더해서 납부하면 되는 것인가. 제발 세무서가 잘못 알았기를 바라며 서둘러 홈택스에 접속해본다.

10. 작년에 못 받은 월세액 세액공제까지 올해 다 받을 수 있을까?

✔ 경정청구를 통한 세금환급

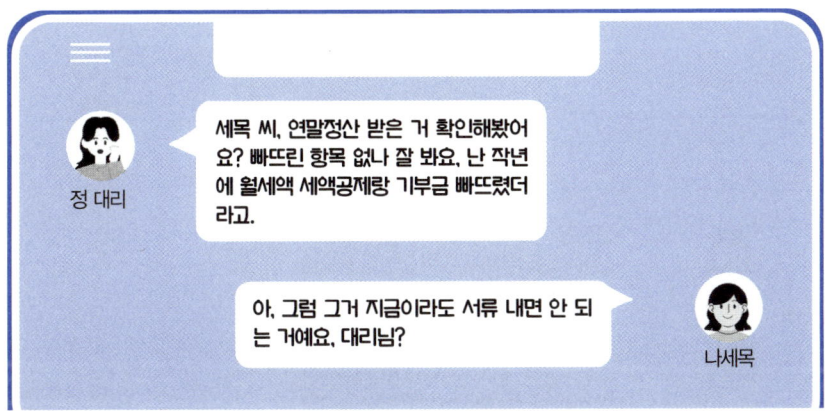

　2월 급여명세서를 받아본 나세목은 연말정산 환급세액이 입금된 것을 확인하던 중 옆자리 정 대리와 이런저런 대화를 나누었다. 정 대리는 작년에 월세액 세액공제와 기부금 영수증을 제출하지 못해서 환급세액을 덜 받았다며, 처음 하는 연말정산이니 빠뜨린 것 없이 잘했는지 확인해보라고 말했다.

　연말정산 때 증빙서류 등을 제출하지 못하면 5월 종합소득세 신고기간에 다시 제출해 신고하면 된다고 했는데, 이 시기도 놓쳐버렸다면 어떻게 해야 할까? 작년 월세액 세액공제도 그냥 올해 연말정산 때 제출하면 안 되는 것일까?

　국세청 홈택스에서 제공하는 '연말정산간소화서비스'를 이용하면 내가 지출한 신용카드, 의료비, 교육비, 보험료 등 각종 지출내역을 일목요연하게 확인할 수 있어 간편하게 연말정산을 처리할 수 있다. 하지만 간혹 기부금영수증 등 연말정산간소화서비스에서 확인할 수 없는 항목들도 있는데, 이를 챙기지 못해 세금을 제대로 다 환급받지 못하는 경우도 있다.

이런 경우에는 '경정청구'[1]를 하면 되는데, 연말정산 후 또는 종합소득세 신고 후 신고내용을 정정하는 것이다.

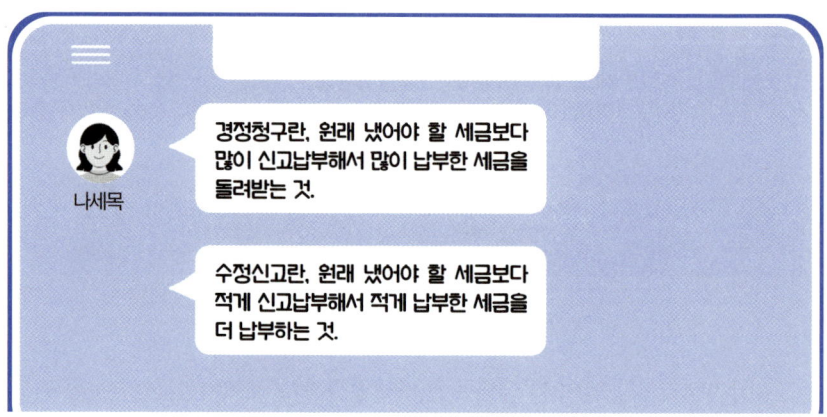

따라서 정 대리가 작년에 공제받지 못한 월세액 세액공제와 기부금 세액공제는 작년 연말정산 신고에 대해 경정청구를 해서 세금을 돌려받아야 한다. 즉 해당 사업연도에 따라 공제를 적용해 연말정산을 하는 것이므로, 2025년 근로소득에 대해서는 2025년에 지출한 내역을 공제해 세액을 산출해야 한다. 이러한 경정청구 또는 수정신고는 특별한 경우가 아니라면, 법에서 정한 신고납부 기한 후 5년 이내까지 할 수 있다.

또한 각종 공제서류를 미처 제출하지 못해 경정청구를 신청하는 경우라도 당초 근로소득세액이 '0'으로 실제 납부한 세액이 없다면 돌려받을 환급세액은

---

1 국세기본법 제45조의 2.

없는 것이다. 연말정산은 내가 냈던 세금을 돌려받는 과정이므로 실제로 납부한 세액이 없다면, 작년에 공제서류를 제출하지 못했더라도 추가로 돌려받을 수 있는 세금은 없다는 뜻이다.

그렇다면 이 경정청구는 누가, 어떻게 해야 하는 것일까? 연말정산을 회사에서 해주는 것처럼, 경정청구 역시 원천징수의무자인 회사가 해줄 수도 있으나 보통은 근로자 본인이 직접 해야 한다.

다행히 홈택스(www.hometax.go.kr)를 통해 경정청구를 쉽게 할 수 있는데, 로그인 후 경정청구 하고자 하는 귀속연도를 선택하면 소득·세액공제 명세서 및 부속서류 조회 화면이 나오고 여기서 나의 근로소득 및 이전에 신고한 공제서류 등을 확인하고 수정하면 된다.

홈택스를 이용한 경정청구

홈택스 로그인 – 세금신고 – 종합소득세 신고

근로소득자신고서 - 경정청구

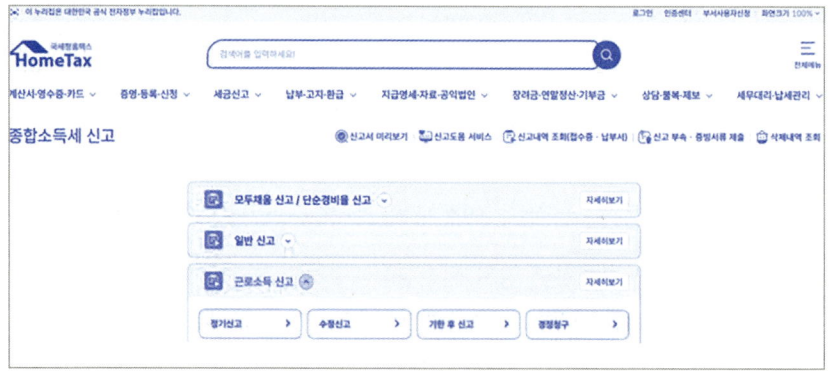

Part 1. 요약

나경영: 세목! 잘 지내? 우리 입사한 지도 벌써 1년이 넘었네~ 세무팀 업무는 어때? 할 만해?

나세목: 오, 나경영~ 오랜만이야! 진짜 우리 입사한 지 벌써 1년 넘었구나. 세무는 어려운데, 또 재밌기도 하고, 회사 일이지만 개인적으로 알아도 유용한 것이 많더라고.

나경영: 그렇구나! 어떤 일들인지 궁금하다~ 나도 세무 쪽은 잘 모르니까~

나세목: 일단, 원천세를 담당하고 있으니까, 매월 10일까지 원천세 신고납부하는 게 내 일이야. 소득을 지급할 때 일부 세금으로 떼어서 먼저 납부하거든. 우리가 받는 급여는 근로소득이고 이외에 기타소득, 사업소득, 퇴직소득, 연금소득 등 소득의 종류도 다양해. 원천징수 하는 세율도 각각 다르고.

나세목: 그리고, 소득이 있으면 1년에 한 번씩 신고해야 하는 건 알고 있지? 우리는 근로소득만 있으니까 회사가 연말정산 해주지만, 다른 소득 있는 사람들은 5월에 종합소득세 신고납부를 해야 해. 잘못 신고해서 세금 덜 내면 가산세까지 내야 하니까 세금 신고는 잘해야겠더라고.
참, 그거 알아? 연말정산 할 때, 소득공제나 세액공제 서류 빠뜨린 것 있으면 다시 수정할 수도 있대.

나경영: 아 정말? 몰랐어! 그런데 세금 신고면, 너무 어려운 거 아니야?

나세목: 아냐, 국세청 홈택스에서 쉽게 경정청구 할 수 있어. 필요하면 내가 어떻게 하는지 알려줄게.

나경영: 오~ 세목, 입사 1년 만에 세무팀 에이스가 된 것 같은데? 앞으로도 종종 꿀팁들 공유해줘~ 고마워!

우리는 어디서나 세금을 내고 있다

1. 차 살 때 취득세, 타고 다니면서 자동차세, 그럼 팔 때는?

☑ 자동차 취득, 보유 시 세금과 비용처리

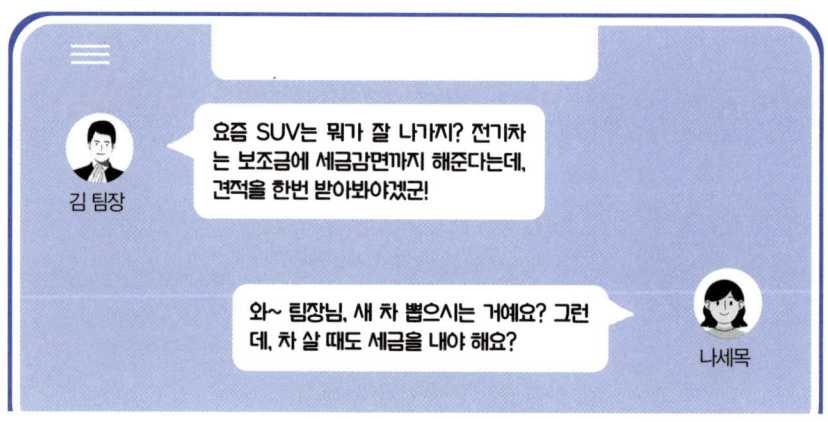

 요즘 전기자동차에 관심이 많은 김 팀장은 어떤 차를 구입해야 할지 고민이라면서 전기자동차를 사면 보조금과 세금 감면 혜택을 받을 수 있다는 이야기를 들어 자동차 딜러를 통해 견적을 받아보려고 한단다. 그런데 자동차를 구

입할 때도 세금을 내야 한다고?

자동차를 구입하면 자동차 판매가격 외에 세 종류의 세금이 부가되어 구입가액이 결정되는데, 바로 개별소비세, 교육세, 부가가치세이다. 개별소비세는 보통 차량 출고 가격의 5% 세율이 적용되나, 배기량이 2,000cc를 초과하는 차량의 경우에 출고 가격의 10%를 납부해야 한다. 교육세는 국가의 교육서비스에 필요한 재원을 확보하기 위한 세금으로 개별소비세의 30%가 부과되며, 부가가치세는 차량 출고가에 개별소비세와 교육세를 더한 금액의 10%를 부과한다.

- **개별소비세**: 차량 출고가 × 5%
- **교육세**: 개별소비세 × 30%
- **부가가치세**: (차량 출고가+개별소비세+교육세) × 10%

이렇게 자동차 취득가격에 부가되는 세금 외에도 자동차를 구입하면 자동차등록을 해야 하는데 이때 취득세를 납부해야 한다. 본인이 거주하는 관할 구청에 취득세를 납부하고 자동차등록증을 교부 받아야 하며, 이때 취득세는 자동차 취득일로부터 60일 이내에 납부해야 하며 이 기한 내 납부하지 못하는 경우에는 가산세가 부과되므로 주의해야 한다. 취득세율은 보통 출고가의 7%(비업무용 자동차)가 부과되며, 경차는 4%, 승합차 또는 화물차는 5%, 영업용자동차는 4%가 부과된다.

자동차를 취득한 이후에는 매년 자동차세를 납부해야 한다. 자동차세는 1년에 2회 분할하여 납부하도록 규정하는데, 1~6월분을 6월 16일부터 6월 30일

사이에, 7~12월분을 12월 16일부터 12월 31일 사이에 납부해야 한다. 이 정해진 기간에 자동차세 고지서가 교부되며, 자동차세는 배기량에 CC별 세액을 곱해 산출한 금액을 납부하게 된다.[1]

자동차를 구입할 때나 보유 중일 때 항상 세금이 따라다니는데 그럼 이 자동차를 다시 팔 때는? 양도소득세를 내야 하는 것일까?
아니다. 양도소득세는 세법에서 양도소득의 범위를 규정하기 때문에[2] 여기에 해당하지 않는 양도소득은 세금 신고납부 대상이 아니며, 자동차 양도로 인한 소득은 이 범위에 해당하지 않는다.

그렇다면 자동차 구입비용은 연말정산 때 공제받을 수 있는 항목에 해당이 될까? 나세목과 같은 근로소득자가 지출한 자동차 구입비용은 연말정산 시 공제되는 항목에 해당하지 않는다. 구체적으로 신차 구입비용 및 자동차 리스 비용을 '신용카드 등 사용액 공제'대상에서 제외되는 항목으로 규정하고 있으며, 단 중고차를 구입하는 경우에는 구입비용의 10%를 공제해준다.
따라서 근로소득자가 신차를 구입하는 경우는 직접 구매하는 경우나 리스를 이용하는 경우 등 취득 형태를 불문하고 연말정산을 통한 소득공제 및 세액공제 혜택을 받을 수는 없으며, 앞서 언급한 전기자동차처럼 친환경 자동차에 해당해 정책적으로 취득세 등을 감면해주는 혜택이 있는지 알아보고 구매하는 것이 오히려 세금을 절약하는 데 도움이 될 것이다.

---

1 지방세법 제127조 및 제128조.
2 소득세법 제94조.

지금까지는 근로소득자가 자동차를 구입하는 경우에 대해서 살펴보았다. 그럼 회사(법인 명의)나 개인사업자가 자동차를 구입하는 경우에 업무용 차량과 관련한 비용은 어떻게 처리될까? 자동차를 구입하는 경우와 리스로 사용하는 경우, 즉, 취득 형태에 따라 어떤 쪽이 세금 측면에서 더 유리할까?

자동차를 구입해서 사용할 경우, 해당 자동차는 법인 또는 개인사업자의 자산으로 인식할 수 있으며 여기에 자동차를 취득하면서 부담한 취득세 등 제세공과금도 자동차 취득가액에 포함해 법인 등의 장부상에 기록하게 된다.[1] 이후 해당 자동차를 사용하는 동안 감가상각이라는 세무 처리를 통해 비용으로 인식하게 되고, 또 해당 자동차로 인해 발생하는 보험료나 수리비 등의 자동차 유지, 관리 비용도 사업상 비용으로 인정되어 소득금액에서 차감하는 효과를 볼 수 있다.

반면 자동차를 리스(lease) 또는 렌트(rent)하는 경우에는 해당 리스료나 렌트비만 사업상 비용으로 인정된다. 리스와 렌트를 혼동해서 사용하기도 하는데, 우선 렌트는 자동차를 렌트회사를 통해 장기로 대여하고 이용요금을 지불한다. 리스도 자동차를 구입하지 않고 사용료만 지불하는데, 구체적으로 금융리스와 운용리스로 나눌 수 있다.

먼저 운용리스는 장기 렌트 이용과 유사하게 리스회사 명의의 자동차를 이용하기로 하고 사용료를 지불하며 계약기간이 끝나면 자동차는 리스회사로

---

[1] 개인이나 법인이 사업을 하게 되면, 자산, 부채의 취득 및 상환, 수입과 지출 내역을 장부에 기록해야 하며 이 장부를 바탕으로 세금 신고 등을 해야 한다. 이렇게 장부를 기록하는 것을 '기장'이라고 부르며, 대부분 사업자들은 세무와 회계 등 전문지식이 있는 세무사를 통해 기장대리 서비스를 제공받는다.

반납한다. 금융리스는 할부 구매와 비슷한 방식으로, 운용리스와는 다르게 자동차를 이용자 명의로 등록하게 되므로 이용자의 자산으로 인식하고 동시에 계약기간에 납부해야 할 사용료를 부채로 인식하며, 계약기간이 끝나면 자동차를 반납하는 것이 아니라 인수하거나 재리스한다. 이용자 본인 명의의 자산이므로 취득세, 자동차세, 보험료 등도 이용자가 직접 부담해야 한다. 물론 이러한 비용은 자동차를 직접 구입해서 사용할 경우와 마찬가지로 세법상 비용처리는 가능하다.

지금까지 세법상 비용처리 관점에서 알아봤지만, 자동차를 소유하면 지역가입자는 건강보험료가 인상되기도 하고 리스나 렌트를 통해서 자동차를 운용하면 주행거리 등에서 제한이 있을 수 있다. 따라서 사업자 본인이 처한 상황을 고려해서 각각 취득 방식에 따른 장단점을 비교해보고 선택하는 것이 바람직하다. 예를 들어, 이제 막 사업을 시작한 경우라면 초기 비용 절감을 위해 할부 구매나 금융리스보다 상대적으로 사용료가 저렴한 운용리스를 통해 자동차를 이용하고 리스료는 사업상 비용처리를 통해 절세 효과를 보는 것이 유리하지 않을까?

자동차세 연납제

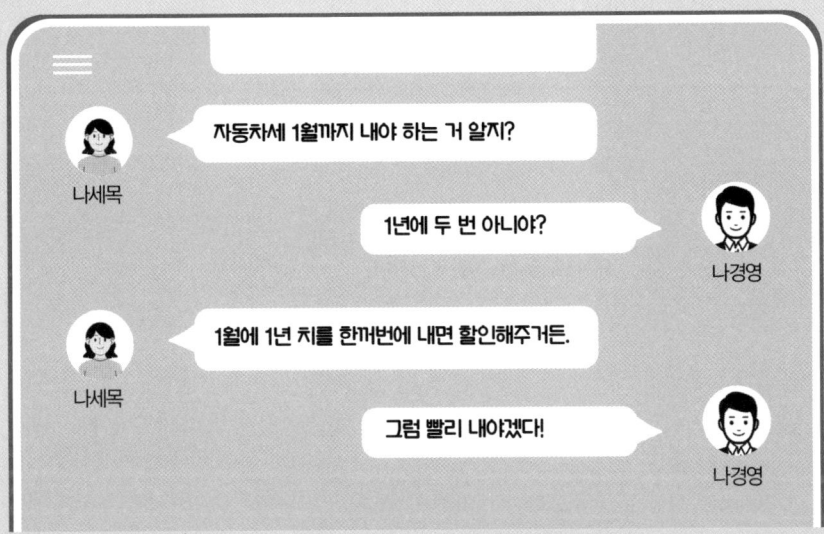

자동차세는 원래 1, 2분기에 해당하는 금액을 6월에 납부하고, 3, 4분기에 해당하는 금액은 12월에 납부해야 한다. 하지만 국가에서 자동차세 1년 치를 1월까지 납부하면 할인해 주는 '자동차세 연납' 제도가 있다. 보통 1월 중순부터 신청 가능하여 1월 31일이 기한이다. 1월까지 납부하면 할인이 적용된다. 할인율은 5%다. 자동차세 연납은 3, 6, 9월에도 신청할 수 있지만 1월에 납부하면 2~12월 기간에 해당하는 세액의 5%를 할인받을 수 있어 절세 금액(전체 자동차세의 4.58%)이 가장 크고 이후에 신청할수록 할인율이 감소한다.

자동차세 연납 신청은 위택스 홈페이지에서 하면 된다.

2. 세금 종류가 이렇게 많다고?

✅ 세목별로 알아보는 세금

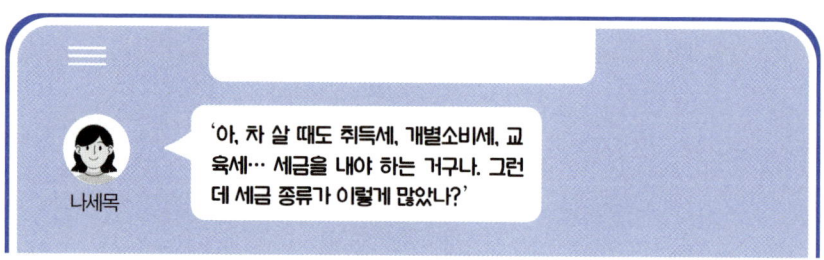

새 차 장만에 들뜬 김 팀장 얘기를 가만히 듣고 있으니 나세목에게는 생소한 종류의 세금이 등장한다. 취득세, 개별소비세, 교육세 등.

우리는 도대체 얼마나 많은 종류의 세금을 내야 하는 것일까? 우리가 납부하는 세금에 대해서 세목(세금의 종류)별로 구분해서 알아볼 필요가 있겠다.

먼저 앞서 Part 1. "8. 세무서에 내는 세금, 구청에 내는 세금 따로 있다?"에서 살펴보았듯이, 우리나라의 세금은 징수하는 주체에 따라서 크게 국세와 지방세로 나뉜다. 과세권자 즉, 세금을 부과하는 주체(다르게 표현하면 우리가 세금을 납부하는 대상)가 국가(세무서)인 경우에는 국세, 지방자치단체(구청, 시청 등)인 경우에는 지방세라고 한다.

두 번째로, 특별한 목적을 위해 사용되는 세금을 부과하는 경우에는 목적세, 그 외 일반적으로 사용되는 세금을 부과하는 경우에는 보통세라고 한다. 위 표에서 교육세, 교통에너지환경세, 농어촌특별세, 지역자원시설세, 지방교육세가 목적세에 해당한다. 예를 들어, 교육세는 교육재정의 확충에 필요한 재

국세와 지방세

국세	지방세
소득세, 법인세, 상속세, 증여세, 종합부동산세, 부가가치세, 개별소비세, 주세, 인지세, 증권거래세, 교육세, 교통에너지환경세, 농어촌특별세, 관세	취득세, 등록면허세, 레저세, 지방소비세, 담배소비세, 주민세, 지방소득세, 재산세, 자동차세, 지역자원시설세, 지방교육세

원을 확보함을 목적으로 부과되는 것이고,[1] 농어촌특별세는 농어업의 경쟁력 강화와 농어촌산업 기반시설의 확충 및 농어촌지역 개발사업을 위해 필요한 재원을 확보함을 목적으로 부과하는 것이다.[2]

세 번째로 세금을 부담하는 사람과 세금을 납부하는 사람이 같은 경우에는 직접세, 다른 경우에는 간접세라고 한다. 우리가 상대적으로 많이 접해본 소득세, 법인세, 상속세, 증여세, 종합부동산세 등이 대표적인 직접세에 해당하고, 부가가치세가 바로 대표적인 간접세다. 예를 들어, 개인이 벌어들인 소득에 대해서는 그 개인이 직접 소득세를 납부하지만, 부가가치세는 사업자가 상품이나 서비스의 판매가격에 부가가치세를 포함해서 받고 이를 국가에 대신 납부한다. 즉 부가가치세를 납부하는 쪽은 사업자이지만, 이 세금을 부담하는 쪽은 최종소비자인 것이다.

원천세 신고만 해본 나세목, 세금을 어디에 내는지, 어디에 쓰려고 내는지, 누가 내는지에 따라서 세금 종류가 이렇게 세금 종류가 이렇게 다양하다니…… 세금, 정말 한도 끝도 없는 것 같다.

---

[1] 교육세법 제1조.
[2] 농어촌특별세법 제1조.

3. 해외명품은 왜 면세점에서 사야 할까?

☑ 면세점의 역사

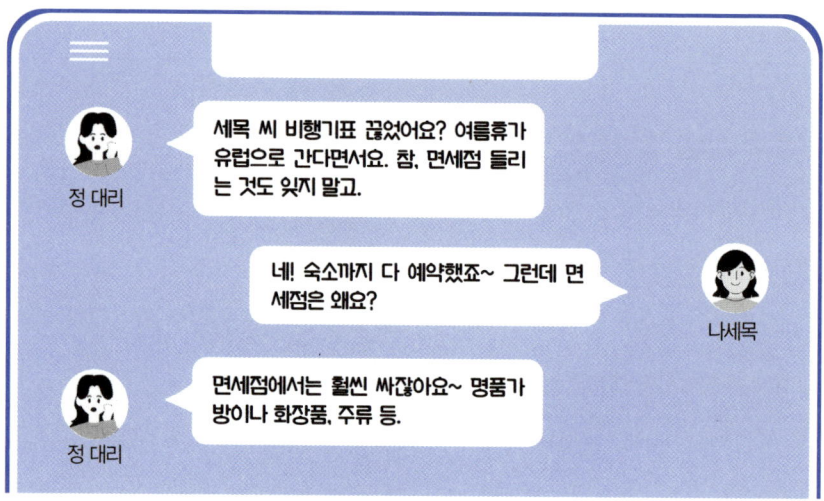

    신입사원으로 열심히 일한 나세목, 이번 여름에는 유럽으로 휴가를 떠날 계획이다. 이런저런 휴가 이야기를 나누던 중 옆에 있던 정 대리님의 출국 전 면세점 쇼핑은 필수라는 귀띔에 나세목도 이번 기회에 명품 가방 하나 마련해볼까 하는 생각이 든다.

    면세점에서는 출국 예정자들을 대상으로 물건가격에 세금(소비세, 주세, 수입품의 관세 등)을 부과하지 않고 판매하기 때문에 그만큼 가격이 저렴하다.
    우리가 면세점에서 주로 구입하는 건 명품 가방, 주류, 담배, 화장품 등 개별소비세와 같은 세금이 많이 부과되는 품목인데, 생필품처럼 세금이 적게 부과되는 품목보다 할인율이 더 크기 때문에 면세점에서는 세금이 많이 부과되는 품목들을 주로 구입하는 것이다.

면세점에 가보면, 'Tax free'라고 적힌 곳이 있고, 'Duty free'라고 적힌 곳이 있는데 통상 우리는 둘 다 면세라고 한다. 하지만 일반적으로 'Tax free'는 부가가치세(혹은 소비세)의 면세를 의미하고, 여기에 주세, 교육세, 특별소비세, 담배소비세 같은 모든 세금이 면세되면 'Duty free'가 된다.

우리나라 입국 시 1인당 면세한도는 담배, 주류, 향수를 제외한 전 품목에 대해 미화 800달러이며, 이를 초과하면 세금을 부과한다. 이때 자진신고를 하면 미화 800달러를 초과하는 부분에 대해서만 세금을 부과하지만, 만약 적발되면 가산세 40%가 추가로 부과된다.

그럼 면세점에서 판매하는 상품에는 왜 세금을 부과하지 않을까? 최초의 면세점 설립 배경에서 힌트를 얻을 수 있다.

최초의 면세점[1]은 아일랜드의 브랜든 오리건(Brendan O'Regan)이 1947년 섀넌 공항(Shannon Airport)에 만든 면세점으로 지금까지도 존재한다.

당시에는 북미에서 유럽으로 가는 항공기들이 연료를 채우기 위해 섀넌 공항에 중도 착륙했는데, 이렇게 스탑오버하는 승객이 50만 명 가까이 되었다고 한다. 이를 본 오리건은 이미 외국에서 출국 수속을 마친 승객이 환승을 위해 아일랜드에 입국하지 않은 채 대합실에서 기다리는 것을 보고 "이미 다른 나라를 떠나 출국을 완료했고, 또 다른 나라에 입국도 하지 않은 상태라면, 물건을 살 때 어디에 세금을 내야 할까?" 하는 의문이 생겼다. 만약 물건을 사게

---

[1] 출처: 나무위키 "면세점."

된다면, 출국 수속이 끝난 나라와 아직 입국 전인 나라 양쪽 어디에도 세금을 내지 않는 것이 합리적이지 않을까?

결국 오리건은 공항 안에서 상품을 팔겠다는 아이디어를 내고 아일랜드 정부를 설득해서 기내에서는 물론 공항 출발 승객과 환승객이 공항에서 상품을 구입할 때도 일반 관세를 면제받게 했다. 이것이 항공사업 발전과 더불어 전 세계로 확산되면서 현재 우리가 누리는 해외여행의 즐거움 중 하나로 자리 잡았다.

4. 우리는 매일, 세금을 내고 있다.

☑ 생활 속 세금, 부가가치세

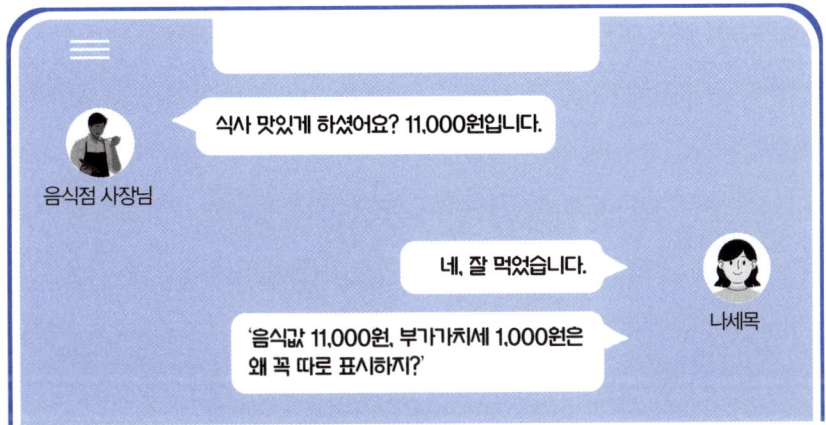

　면세점뿐만 아니라 음식점에서 식사하거나 마트에서 생필품을 구매하거나, 우리가 생활하는 곳곳에서 종종 부가가치세를 접하곤 한다. 부가가치세를 납부하는 사업자도, 납부의무가 없는 일반 소비자도 어쩌면 가장 많이, 자주 접하는 것이 부가가치세다. 그렇다면 부가가치세는 구체적으로 어떤 세금일까?

　부가가치세는 거래단계별로 상품 또는 서비스에서 창출되는 부가가치에 10%의 세율로 부과되며, 국세이자 간접세의 일종이다. 앞서 Part 2. "2. 세금 종류가 이렇게 많다고?"에서 우리나라 세금은 직접세와 간접세로 구분할 수 있다고 했다.

　직접세는 내야 할 세금을 자신이 직접 내는 것이다. 한편 자신이 직접 세금을 납부하지 않고 다인이 납부하는 세금을 간접세라고 한다. 간접세는 국가 입장에서는 세금징수를 효율적으로 하고 신고누락을 사전에 방지해서 국가 세수를 미리 확보해줄 수 있는데, 아래 예를 통해 알아보자.

나세목이 음식점에서 식사하고 지급한 금액에도 부가가치세가 포함되어 있는데 이 세금을 납부해야 할 당사자는 나세목이지만 나세목이 직접 세무서에 세금을 내지는 않는다. 음식점 사장님이 나세목과 같은 손님들이 내야 하는 세금을 받아서 대신 납부한다. 이렇게 나세목처럼 일반 소비자인 경우 상품 등을 구매할 때 부가가치세까지 포함된 금액을 지급하고 끝나지만, 음식점 사장님과 같은 개인사업자 또는 법인의 경우 반기 및 분기마다 부가가치세 신고납부를 해야 한다. 나세목이 식사한 금액인 10,000원의 부가가치세가 1,000원이라고 하면, 음식점 사장님은 1,000원의 매출세액에서 음식을 만드는 데 들어간 재료비 등 각종 비용 7,000원의 부가가치세 700원을 매입세액으로 공제한 후 300원의 세액을 납부하게 된다. 즉 나세목이 납부할 부가가치세 1,000원은 음식점 사장님이 대신 납부하는데, 다만 납부세액은 음식점 사장님이 지출한 비용에 대한 부가가치세를 공제해주기 때문에 300원이 된다.

나세목은 매번 결제하고 영수증을 받을 때 상품가격과 부가가치세가 각각 구분된 것을 보면서, 이건 왜 꼭 따로 표시할까 궁금했는데, 다 이유가 있었던 모양이다.

'난 세금과는 거리가 먼 사람이라고 생각했는데, 나도 세금을 내고 있었군.'

5. 흰 우유에는 없고, 초코우유에는 있다?

✓ 부가가치세 면세와 과세

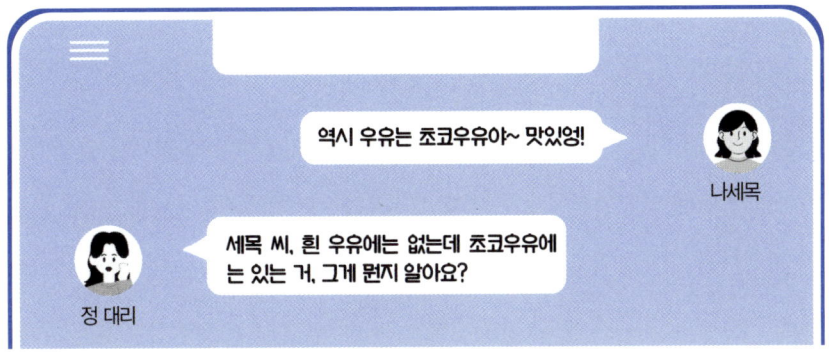

나세목은 프리랜서 소득에 대한 세금 문제를 고민하면서[1] 과세와 면세는 세법상 처리가 다르다는 것을 알게 되었다. 그렇다면 과연 과세와 면세는 구체적으로 어떤 점이 다른 걸까?

부가가치세법상 사업자는 과세사업자와 면세사업자로 나뉜다. 과세사업자는 다시 일반 과세사업자와 간이 과세사업자로 구분되며, 연 매출액 1억 400만 원 이하인 경우 간이 과세사업자에 해당한다.

과세사업자는 부가가치세 과세대상 거래를 주업으로 하는 사업자로, 사업자가 벌어들이는 소득에 대해서 10%의 부가가치세가 부과되고, 지출하는 비용에 대해서는 10%의 매입세액공제를 적용받는다. 따라서 과세사업자와 거래하는 소비자는 물건가격의 10%를 더해서 가격을 지불하게 되고 세금계산서 혹

---

[1] Part 1 "6. 프리랜서는 직장인보다 세금을 적게 낸다고?" 참조.

은 현금영수증을 발급받는다. 나세목처럼 사업자가 아닌 일반 소비자들은 구입한 상품 또는 제공받는 서비스에 대해 부가가치세 10%를 포함해서 지불하고 끝나지만, 사업자인 경우는 매출세액에서 매입세액을 뺀 금액을 부가가치세로 납부하거나 환급받는다.

한편 생필품이나 의료 및 교육 용역 등 국민의 기초생활에 필요한 상품이나 서비스에 대해서 부가가치세가 면제되도록 규정한 항목이 있는데, 이와 관련된 사업자는 면세사업자가 된다. 면세사업자는 공급하는 상품가격에 부가가치세가 부과되지 않고 거래 대상에 대해서 세금계산서 대신 계산서를 발급한다.

부가가치세 면세 규정을 더 자세히 들여다보면, 재미있는 내용을 발견할 수 있다. 기초 생필품은 면세한다고 했는데, 가공되지 않거나 원래 생산물의 본질이 변하지 않는 정도로 가공한 식료품이 여기에 포함된다.[1] 여기서 식료품은 곡물이나 채소, 과일, 생선 등과 우유, 분유까지도 포함된다.

그럼 나세목이 좋아하는 초코우유는 면세일까? 흰 우유는 아무것도 첨가되지 않은 미가공 식료품에 해당되어서 면세이지만, 초코우유는 초콜릿 분말 등을 첨가해서 가공을 거쳤기 때문에 과세다. 딸기우유, 커피우유, 바나나맛우유도 마찬가지로 과세이다. 흰 우유에는 원유 가격에 유통 등 부대비용이 포함되어 있지만, 초코우유에는 원유 가격과 부대비용 외에도 부가가치세가 포함된 것이다.

우리 식탁에 늘 빠지지 않는 김치, 요즘에는 마트에서 개별 포장된 김치를

---

[1] 부가가치세법 시행령 제34조.

쉽게 접할 수 있는데 이 김치는 면세일까? 원래 이 포장김치는 과세대상이었으나, 최근 정부가 물가안정 등을 목적으로 면세해주기로 했다.[1] 포장김치는 제조 시설을 갖추고 판매할 목적으로 개별 포장을 해서 공급하는 경우로 진공포장 등을 통해 김치의 유통기한이 늘어나고 상품가치가 증가한다고 봐서 과세로 규정해왔다.

나세목은 가끔 볶음김치도 사다 먹는데, 볶음김치도 면세해주는 걸까? 볶음김치는 가열조리를 거쳤기 때문에 가공된 것으로 보고 부가가치세를 과세한다.

---

[1] 2025.12.31.까지 한시적으로 부가가치세 면제함.

Part 2 요약

나세목: 경영, 오늘 점심 같이 먹을래? 즉떡 어때?

나경영: 좋아! 이따 건너편 '현성이네'에서 봐.

나세목: 떡볶이 진짜 맛있다! 그런데 경영아, 우리가 이 떡볶이 먹고 계산할 때도 세금 내는 거 알아?

나경영: 아니? 우리가 세금을 내고 있어?!

나세목: 응. 우리가 먹는 거, 입는 거 거의 다 부가가치세라는 세금을 내고 있어. 생필품이나 교육, 의료 같은 분야 빼고는 거의 대부분이지.

나경영: 부가가치세? 들어본 거 같긴 한데.

나세목: 응, 상품이나 서비스를 제공할 때 가격의 10%를 부가가치세로 부과하는 거래. 최종소비자인 우리가 부담하는 건데, 물건을 파는 사업자가 대신 받아서 국가에 납부하게 되는 거래.
그런데 생필품 같은 건 면세하기로 따로 규정한 것이야. 흰 우유는 면세인데 초코우유는 과세다? 너도 몰랐지?

나경영: 그래, 몰랐네. 그럼, 아무래도 면세되는 물건들이 더 싸겠네?

나세목: 그럴 수 있지. 그래서 면세점에서 파는 물건들은 부가가치세 같은 세금이 안 붙으니까 백화점에서 사는 것보다 더 싸대. 나도 이번 여름에 유럽 갈 때 면세점에서 쇼핑해보려고.

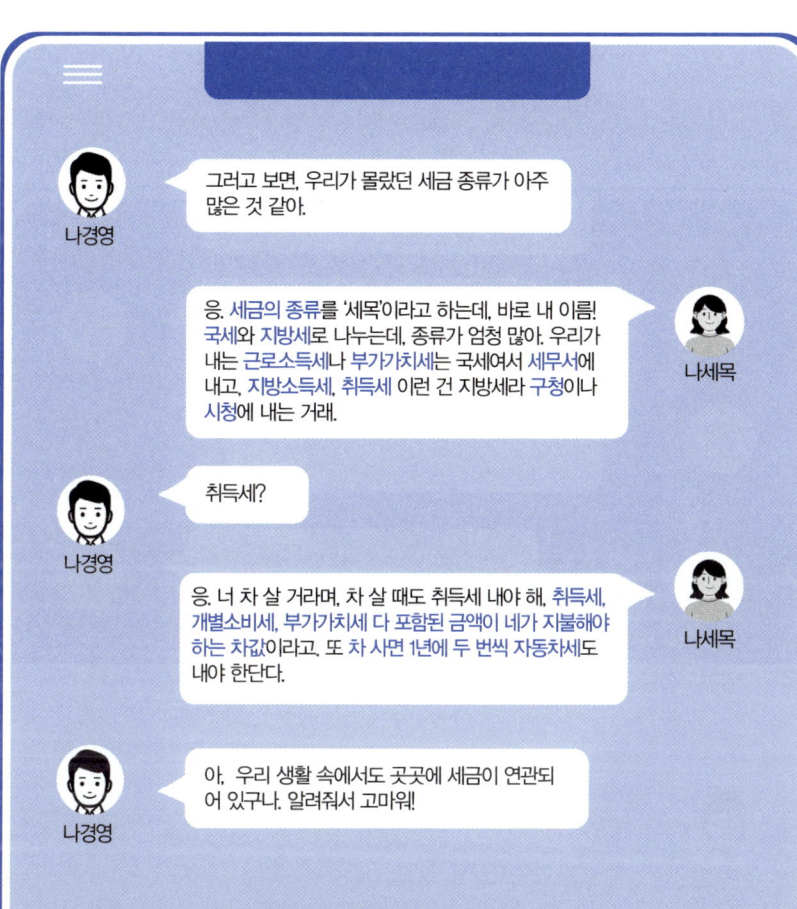

결혼을 앞둔 나경영

1. 결혼식 축의금이나 혼수도 세금을 낼까?

☑ 증여세, 세법상 증여의 의미

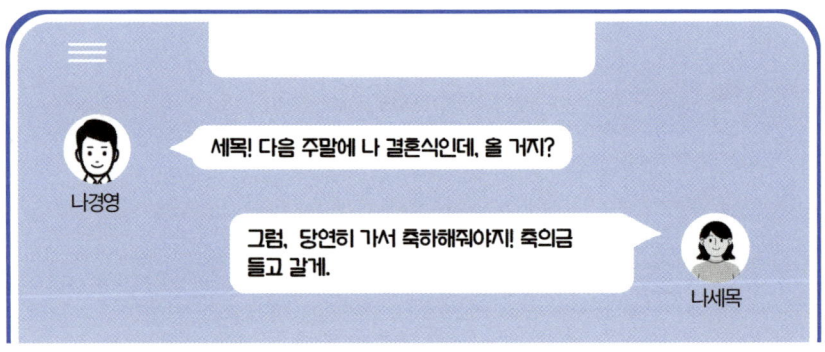

　나세목은 회계팀 입사 동기인 나경영에게서 청첩장을 건네받아, 다음 주말 남자 친구와의 데이트를 미루기로 했다. 나세목 역시 이제 입사 3년 차에 대리로 승진도 해서 내년 봄에는 결혼식을 올릴 예정이다. 그럼 나세목이 나경영한테 주는 축의금, 나세목이 결혼할 때 받는 축의금도 세금을 낼까?

우리 세법에서는 생활과 관련해서 발생하는 금전거래에 대하여 기념품, 축하금, 부의금, 학자금, 장학금 등의 금품이나 기타 유사한 금품으로 통상 필요하다고 인정되는 금품에 대해서는 증여세를 부과하지 않고 있다.[1]

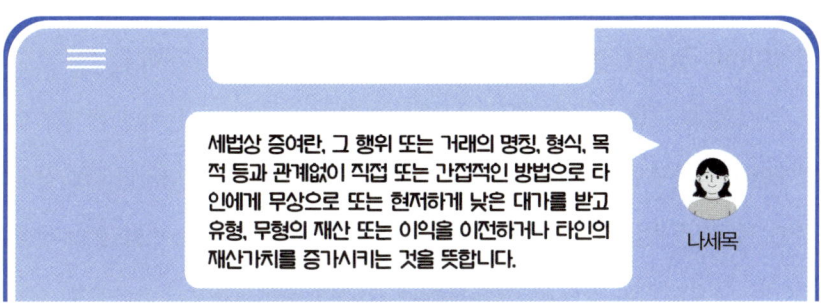

이때 "통상 필요하다고 인정되는" 범위가 어디까지인지, 즉 사회통념상 타당한 부분이 어디까지인지가 세금을 부과하는 중요한 기준이 된다.

특히 축의금이 혼주와 자녀 중 누구에게 귀속되는지가 중요한데, 국세청은 결혼할 때 축의금은 특별한 사정이 없으면 혼주인 부모에게 귀속되는 것으로 본다. 따라서 혼주가 받은 축의금을 자녀 명의의 재산 취득자금으로 사용한 경우에는 증여세 과세대상이 되지만, 축의금 중 혼주가 아닌 혼인 당사자와 관계에 따라 받은 것임을 입증하면 과세대상에 제외할 수 있다.

이때 축의금의 귀속은 축의금을 지급한 사람별로 구분해서 판단하며, 입증자료로서 축의금대장 등을 사용한다. 즉 축의금을 자녀의 신혼집 구입이나 전세자금 등 재산취득 자금출처로 사용하려면 결혼 시 청첩장 명단과 축의금 명

---

[1] 상속세및증여세법 기본통칙 46-35-1.

세를 통해 축의금이 결혼 당사자에게 직접 귀속된다는 사실을 적극적으로 입증할 수 있어야 한다(하객들이 방명록을 꼭 작성하도록 해야겠다).

결혼 때 오고 가는 예물, 혼수도 축의금과 마찬가지로 사회통념상 타당하다고 인정되는 부분까지는 증여세가 과세되지 않는다. 다만 역시나 이 "사회통념상 타당하다고 인정되는 부분"을 어디까지로 봐야 하는지가 문제다.

개인별 생활 수준이나 경제적 능력에 따라 인정할 수 있는 범위가 다르기 때문에 일정 금액을 기준으로 정한다고 해도 형평성의 문제를 피할 수는 없을 것이다.

그래, 나세목도 지금껏 축의금에 대해서 세금을 냈다는 이야기는 들어본 적이 없는 것 같다. 그렇지만 과세할 수 있는 여지는 있다는 의미인 것 같으니 잘 기억해두기로 했다.

2. 아이가 태어났다면 적금통장부터 만들자

✅ 장기적으로 증여 플랜 짜기(혼인·출산 증여재산공제)

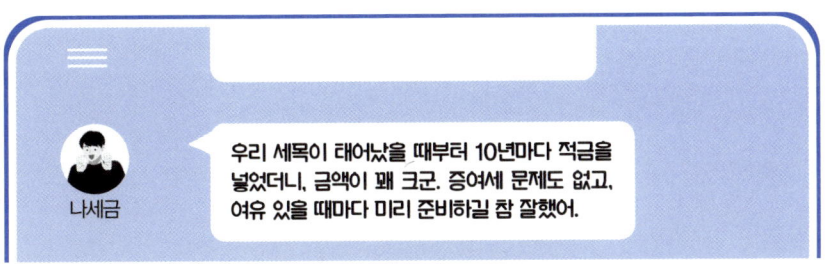

나세금: 우리 세목이 태어났을 때부터 10년마다 적금을 넣었더니, 금액이 꽤 크군. 증여세 문제도 없고, 여유 있을 때마다 미리 준비하길 참 잘했어.

어느덧 60대를 바라보는 나세목의 아버지 '나세금', 요즘 훌륭하게 자라준 나세목을 보면 무척이나 뿌듯하다. 곧 결혼식을 올릴 예정이기도 하니, 그동안 딸 앞으로 만들어둔 적금통장부터 하나씩 재산을 물려줄 준비를 해야겠다고 생각한다.

Part 3. "1. 결혼식 축의금이나 혼수도 세금을 낼까?"에서 축의금도 경우에 따라서는 증여세가 부과될 수 있다고 하는데, 그럼 자녀에게 재산 증여는 언제부터 시작하는 것이 좋을까?

세법에서는 아무런 대가 없이 타인에게 재산을 증여하는 경우 증여받은 상대방이 증여세를 신고납부하도록 규정한다. 증여는 주로 부모와 자식, 친족 등의 사이에서 이루어지는데, 이때 알아두어야 할 몇 가지 포인트가 있다.

먼저 증여세는 해당 증여일로부터 10년 내에 증여한 재산을 모두 합산해서 계산해야 한다. 이때 합산하는 기준은 증여받는 사람(수증자)을 기준으로 증여받기 전 10년 내에 동일인에게서 증여받은 1,000만 원 이상의 재산가액을 모두 합산해야 하며, 이 10년의 기간에 증여재산공제는 단 한 번만 이루어진다.

　예를 들어, 나세목이 최근 10년간 아버지, 어머니에게서 각각 1억 원씩 총 2억 원을 증여받았다면 합산한 증여재산가액 2억 원에서 증여재산공제액 5,000만 원을 단 한 번 공제받는다.

　이렇듯 자녀에게 재산을 증여하는 일도 미리 계획을 세워서 실행해야 세금을 줄일 수 있다. 더 구체적으로 살펴보자.

　나세목의 경우를 예로 들면, 나세목이 태어나자마자 현금 증여 계획을 세워 적금통장부터 만들었다면 세금을 전혀 납부하지 않고도 1억 4,000만 원의 증여가 가능하다. 하지만 나세목이 결혼할 무렵인 30세에 이르러서야 한꺼번에 증여하게 된다면, 약 900만 원의 증여세를 납부해야만 한다.

증여시기별 증여세 계산

구분	10년 마다 증여				일시 증여
	1세	11세	21세	31세	31세
증여재산가액	20,000,000	20,000,000	50,000,000	50,000,000	140,000,000
증여재산공제	20,000,000	20,000,000	50,000,000	50,000,000	50,000,000
증여세 과세표준	–	–	–	–	90,000,000
세율					10%
산출세액					9,000,000
신고세액공제					270,000
납부할 세액					8,730,000

　한편 증여받은 자녀가 미성년자인 경우는 부모가 증여세를 대신 납부하는 것이 일반적인데, 이 증여세 대납액까지도 증여세 과세대상이 되기 때문에 반

드시 증여세 납부는 자녀, 즉 수증자의 예금통장에서 출금될 수 있도록 준비해야 한다.

만약 부모가 증여세를 대신 납부해준다면 그 증여세 부분까지도 증여재산가액에 합산해 증여세 신고납부를 해야 한다. 이때 증여세 대납액에 대한 증여세를 계산하면 계속해서 무한히 증여세를 계산하지만, 이를 방지하려고 국세청에서는 증여세 대납액에 대한 증여세 계산은 한 번만 하도록 해석한다.

이렇게 증여세를 계산할 때 포인트는, 10년간 합산한다는 점과 증여재산공제를 활용해야 한다는 점이다. 각 증여자와 수증자의 관계에 따라 다르게 적용되는 증여재산공제는 아래 표와 같다.

증여재산공제액

구분	증여재산공제액
배우자 간의 증여	6억 원
직계존속이 직계비속에게 증여 (세대생략 증여[1] 포함)	5,000만 원(혼인·출산 1억 원 추가) 단 수증자가 미성년자인 경우 2,000만 원
직계비속이 직계존속에게 증여	5,000만 원
기타 친족 간의 증여	1,000만 원

한편 2024년부터 결혼비용 세부담 완화를 위해 '혼인·출산 증여재산공제' 제도가 적용되었다.

혼인신고일 전후 2년 내에 직계존속(부모 또는 조부모)에게서 증여받은 재산은 1억 원을 추가공제해준다. 즉 혼인하는 자녀에게 부모가 증여하는 경우, 기

---

[1] 세대생략 증여란 할아버지가 손자에게 증여하는 경우를 의미한다.

존 5,000만 원에 1억 원을 추가공제해서 1억 5,000만 원까지는 증여세 없이 무상으로 증여할 수 있다. 부부가 각각 증여받으면 3억 원까지 결혼자금을 증여받을 수 있다는 뜻이며, 2024년 1월 1일 이후 증여분부터 적용된다.

증여자와의 관계를 좀 더 살펴보면, 배우자는 민법상 혼인관계에 있는 사람이 해당하기 때문에 사실혼 관계에 있는 자는 공제대상이 되지 않는다. 또 직계비속에는 수증자와 혼인한 배우자의 직계비속도 포함되기 때문에 계부나 계모와 자녀 간의 증여 시에도 직계비속으로 보아 5,000만 원의 공제액이 적용된다.

직계비속의 범위

- 출양한 자인 경우에는 양가 및 생가에 모두 해당한다.
- 출가녀인 경우에는 친가에서는 직계존속과의 관계, 시가에서는 직계비속과의 관계에만 해당한다. 따라서 결혼한 여자의 경우 친정 부모님은 직계존속에 해당하나 시부모는 친족에 해당한다. 장인, 장모와 사위 간은 친족에 해당한다.
- 외조부모와 외손자는 직계존비속에 해당한다.

기타 친족의 범위

- 배우자와 직계비속을 제외하고 수증자를 기준으로, 6촌 내의 혈족 4촌 내의 인척

3. 우리집 건물인데 증여세를 내라고?

☑ 특수관계자 간 부동산 무상 임대

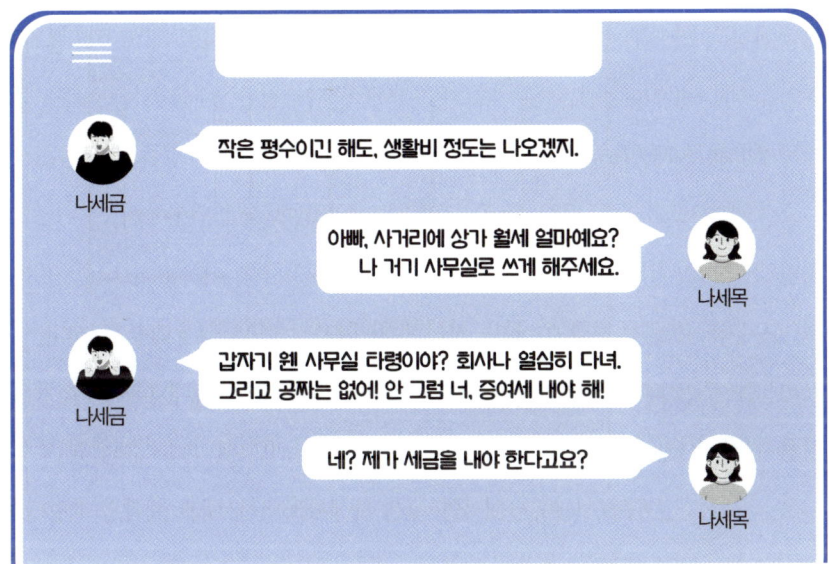

나세금은 몇 년 전 집 앞 사거리 새로 지은 건물에 상가 하나를 분양받았다. 조그만 평수이지만 유동인구가 많은 지하철역 앞 건물이니 임대를 주면 든든한 노후 대비가 되지 않을까 기대가 된다.

만약 나세목이 다니던 회사를 관두고 사업을 시작하려고 할 때 나세금이 소유한 이 상가에서 사업하면서 임차료를 지급하지 않는다면 어떻게 될까? 또는 부모님 땅에 본인이 건물을 신축해서 사업하면 어떻게 될까?

세법에서는 특수관계자의 부동산을 무상으로 사용해 얻은 이익이 5년 동안

1억 원 이상이라면 증여세를 과세하도록 규정하고 있다.[1]

  부모님이 자녀가 아닌 타인에게 토지나 건물을 임대했다면 적정임대료를 받았을 것이고, 이 소득에 대한 부가가치세와 소득세를 납부했을 것이다. 따라서 자녀에게 무상으로 임대한 경우에도 이와 형평성을 유지하기 위해 이익을 증여받은 자녀에게는 증여세를 부과하고 부모에게는 적정임대료를 산정해서 부가가치세와 소득세를 부과한다.

  그럼 증여세 과세를 위한 '이익'은 어떻게 계산할까? 부모님이 매입한 건물의 평가액이 15억 원이라고 한다면, 연간 부동산 무상사용 이익은 3,000만 원이고, 5년간 무상사용 이익을 현재 가치로 환산하면 약 1억 1,300만 원이다. 즉 자녀는 1억 1,300만 원에 대해 630만 원의 증여세를 납부해야 한다. 이때 무상사용 기간이 5년을 초과한다면 처음 5년이 되는 날의 다음 날에 새롭게 무상사용을 시작한 것으로 보아 증여세를 다시 계산해서 납부해야 한다.

부동산무상사용의 이익 계산방법[2]

각 연도의 부동산 무상사용 이익 = 부동산가액 × 2%

  = 15억 원 × 2%

  = 3,000만 원

부동산 무상사용 이익 = 각 연도의 부동산 무상사용 이익/(1+10%)^5

  = 3,000만 원 × 3.7908(연금현가계수: 매 기간 일정금액을 받을 경우 현재

---

[1] 상속세및증여세법 제37조.
[2] 상속세및증여세법시행령 제27조.

> 가치로 환산해주는 계수)
> = 113,724,000원
>
> 납부해야 할 증여세 = (113,724,000−50,000,000) × 10% = 6,372,400원

한편 나세금은 타인에게 임대했을 경우와 동일하게 적정임대료를 계산해서 부가가치세와 소득세를 납부해야 한다. 이 적정임대료를 계산하는 방식은 다음과 같다.

> **적정임대료**[1]
> = (해당 자산의 시가 × 50% − 전세금, 보증금) × 정기예금이자율[2]
> = (15억 원 × 50% − 0) × 3.1%
> = 23,250,000원

즉 나세금은 적정임대료 2,325만 원을 매년 종합소득금액에 합산해 신고해야 하고, 이에 대한 부가가치세도 약 230만 원을 납부해야 한다.

증여세에, 소득세에, 부가가치세까지 그렇다면, 증여세를 피할 수 있는 방법은 없을까?

일단 부동산 무상사용 이익이 5년 동안 1억 원을 넘지 않는 경우에는 증여

---

[1] 법인세법시행령 제89조
[2] 2025년 3.1%, 정기예금이자율은 변동될 수 있으므로 적용 시기에 확인이 필요하다.

세 과세대상이 되지 않는다. 위에서 부동산 무상사용 이익 계산방식을 역산해 보면 5년간 이익이 1억 원을 넘지 않는 부동산가액은 약 13억 원 정도가 된다. 즉 부동산가액이 13억 원을 넘지 않는다면 부동산을 무상으로 사용하더라도 증여세는 과세되지 않는다.

또 국세청의 해석에 따르면, 건물임대업에 대해 공동사업자로 사업자등록을 하는 경우에는 무상사용에 대한 이익으로 볼 수 없다는 입장을 취하고 있어 위와 같은 증여세, 부가가치세, 소득세가 부과되지 않는다. 공동사업자로서의 임대업에 대한 부가가치세와 종합소득세는 납부해야겠지만, 어쨌든 보다 더 세금을 절감할 수 있는 대안이 될 수 있겠다.

4. 돈 받고 팔았는데 왜 또 증여야?

☑ 증여추정: 재산취득, 부채상환

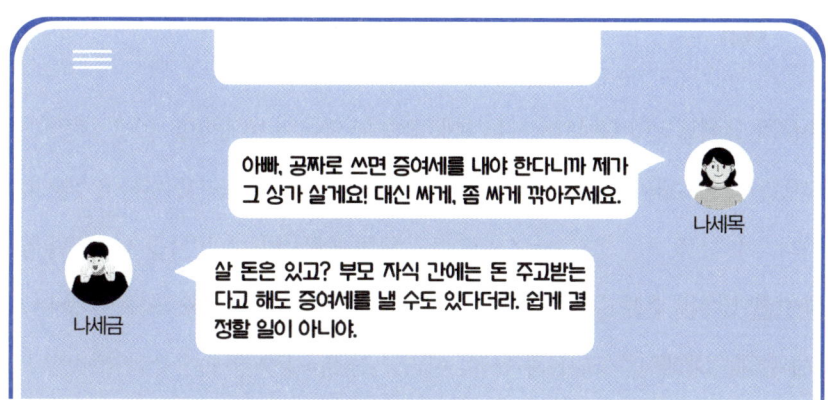

나세목은 아버지가 빌려준 상가를 무상으로 사용하면 증여세가 과세될지도 모른다는 사실을 알고 나니, 아버지 소유의 상가를 무턱대고 사용할 수는 없을 것 같다. 이리저리 궁리하던 중, 차라리 나세목이 이 상가를 싼값에 사버리면 문제가 해결되지 않을까?

하지만 여기서 또 한 가지 간과해서는 안 되는 사실이 있다. 부모가 자녀에게 부동산을 싸게 양도하는 경우에도 역시 증여세 문제가 발생할 수 있다.

자녀에게 부동산을 양도하는 경우, 기본적으로 국세청은 부모와 자식 간의 사고파는 행위는 인정할 수 없다는 입장이다. 즉 통상적으로 자식이 아닌 남에게 건물을 판다고 하면 그렇게 싼 가격에 팔지 않을 것이기에, 겉으로 보기에는 양도한 것처럼 보이지만 결과적으로 증여한 것으로 보겠다는 의미다. 이렇게 증여추정으로 보면 국세청으로부터 재산취득에 대한 자금출처 조사를 받을 수 있다.

재산취득에 대해서 자금출처 조사를 하는 취지는 자녀의 연령, 직업, 소득, 재산 상태 등을 종합적으로 고려해서 해당 재산을 취득할 만한 수준이 되지 못한다고 판단되면 증여로 추정해 과세하겠다는 것이다.[1]

특히 요즘에는 자녀들이 30세가 넘는 나이까지 일정한 소득 없이 공부를 계속하거나 취업 준비를 하는 등 부모로부터 독립이 늦어지는데, 이런 자녀에게 부동산을 양도하면 국세청의 자금출처 조사를 면하기 어려울 것이다. 따라서 자녀에게 부동산을 양도하는 경우에는 매매계약서 및 대금 지급 같은 객관적 증빙뿐만 아니라 사전에 현금 증여 등을 통해 자녀의 재산취득 능력이 충분하다는 점을 소명할 수 있게 준비해야 한다.

이러한 증여추정은 재산의 취득뿐만 아니라 부채상환에도 동일하게 적용된다. 만약 나세목이 은행에서 대출을 받아 주택을 구입하고 아버지의 도움으로 대출금을 일시에 상환했다면, 이 역시 자금출처 조사 대상이 될 수 있다. 즉 나세목이 글로전자에 입사해 벌어들인 소득과 재산 상태 등을 고려해서 대출금을 상환할 여력이 없다면, 이를 부모가 대신 상환해준 것으로 보고 증여로 추정해 증여세가 부과될 수 있다.

한편 이렇게 증여로 추정되더라도 일정금액 기준 이하인 경우에는 증여 추정을 배제하도록 규정하고 있다.

아래 표와 같이 자녀가 30세 미만이라면 주택, 기타 재산, 부채상환액이 각각 5,000만 원 이하인 경우, 또는 이들 합계액이 총 1억 원 이하인 경우에는 증여 추정을 배제한다.

---

1 상속세및증여세법 제45조.

다만 이 금액은 10년을 기준으로 판단하는 것이므로, 재산을 취득한 현재 시점부터 10년 이전에 취득재산 금액이 5,000만 원 이하이거나 취득재산 및 채무상환금액 총 합계액이 1억 원 이하라면 증여추정이 배제된다. 즉 나세목이 10년 이전 성인이 되기 전에 아버지에게서 5,000만 원의 현금을 증여받았다고 하더라도 30세가 된 현재 나세목이 집을 산다고 할 때 이 점은 고려 대상이 아니라는 것이다.

단 이러한 증여추정 배제기준에도 불구하고, 증여 사실이 명백하게 포착되는 경우에는 자금출처 조사 대상자로 선정될 수 있으니 이 점은 유의해야 한다.

증여추정 배제기준[1]

구분	취득재산		부채상환	총액한도
	주택	기타재산		
30세 미만	5,000만 원	5,000만 원	5,000만 원	1억 원
30세 이상	1.5억 원	5,000만 원	5,000만 원	2억 원
40세 이상	3억 원	1억 원	5,000만 원	4억 원

그렇다면, 자녀가 재산을 취득할 수 있는 충분한 능력이 있다는 것을 입증하면 증여세 문제에서 완전히 자유로워질까? 아니다. 세법에서 정한 시가와 일정 금액 이상 차이가 난다면 그 차액에 대해서는 다시 증여세가 과세될 수 있다.

만약 부모가 자녀에게 부동산을 시가보다 현저하게 낮은 가격으로 양도하는 경우 시가와 양도가액과의 차액에서 일정금액을 차감한 가액을 증여가액으로 보고 증여세를 과세한다. 이런 경우를 흔히 '저가양도'라고 부르는데, 반대로

---

[1] 상속세및증여세법 사무처리규정 제42조 재산취득자금 등의 증여추정 배제기준 참조 (2023.07.03 국세청훈령 제2580호)

'고가양수' 즉 시가보다 현저하게 높은 가격으로 양수하는 경우도 동일하게 적용한다.

만약 나세목이 시가 3억 원인 아버지 소유 상가를 1억 원에 매입했다면, 1.1억 원의 증여가액에 대해서 증여세 600만 원을 납부해야 한다.

> **저가양도 및 고가양수의 증여가액 계산방법**
>
> 증여가액 = 시가와 대가의 차이 − 시가의 30%와 3억 원 중 적은 금액
> = (3억 원 − 1억 원) − Min(3억 원 × 30%, 3억 원) = 2억 원
> − 0.9억 원
> = 1.1억 원
> 증여세 = (1.1억 원 − 5,000만 원) × 10% = 600만 원

여기서 잠깐 '시가'는 세금을 부과하기 위한 과세대상 소득을 계산하는 데 가장 중요한 개념인데, 세목마다 조금씩 다르게 규정하고 있어 실제로 많은 혼란과 다툼이 있는 부분이다. 불특정다수인 간의 거래에 적용되는 가액 즉, 객관적인 교환가치를 시가로 보겠다는 것인데 이 교환가치를 측정하는 것이 현실적으로 쉽지 않다. 특히나 일반인에게는 더욱 어려운 일이므로, 시가를 판단해야 하는 경우라면 전문가의 조언을 받아보는 것이 꼭 필요하다.

세법상 시가란, 불특정다수인 사이에 자유롭게 거래가 이루어지는 경우에 통상적으로 성립된다고 인정되는 가액을 의미합니다.

나세목

- 아파트: 실거래가 또는 공동주택공시가격
- 토지: 개별공시지가
- 건물: 세법에서 규정한 방법에 따라 계산한 기준시가

5. 증여받은 건물, 10년은 가만히 두어야 한다?

✓ 배우자 등 이월과세

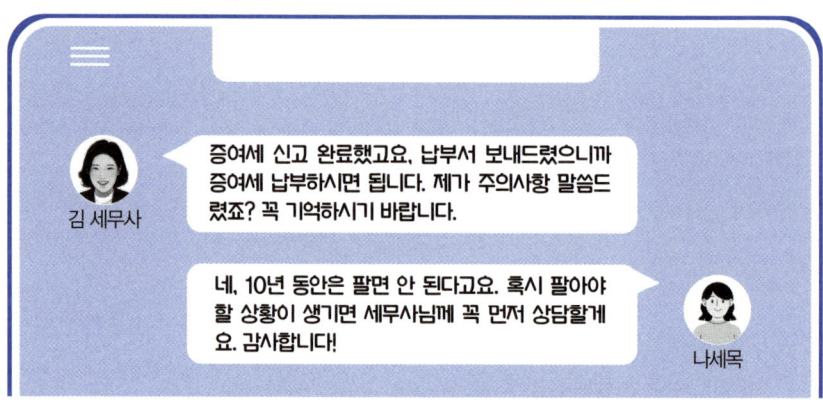

나세목은 아버지에게서 상가를 양도받을지 증여받을지 고민하다가 증여받기로 결정했다. 증여세 신고를 하기 위해 세무사와 상담하던 중 주의사항을 안내받았는데, 나세목이 증여받은 후 10년 내에 이 상가를 양도하면 안 된다는 것이다. 증여세 신고도 하고 납부까지 완료하면 되는 줄 알았더니 마음대로 팔지도 못한다고?

세법에서는 배우자 또는 직계존비속에게서 토지, 건물, 부동산을 취득할 수 있는 권리(분양권, 조합원입주권) 및 특정시설물이용권(콘도회원권, 골프회원권 등)을 증여받은 후에 그 증여일로부터 10년[1] 내에 타인에게 양도하는 경우에는 양도차익을 계산할 때 당초 증여자가 취득한 가액을 취득가액으로 보고 이미

---
[1] 2023.1.1. 이후 증여분은 10년, 이전 증여분은 5년.

납부했던 증여세는 필요경비로 차감해주도록 규정했다.[1]

　이 규정은 배우자나 직계존비속 간에 토지 등을 증여함으로써 양도소득세를 계산할 때 취득가액을 높게 적용해서 양도소득세 부담을 줄이려는 행위를 방지하고자 규정된 특례 사항이다. 여기서 취득가액을 높게 적용하려는 이유는, 양도가액에서 취득가액을 차감해 계산한 양도차익이 양도소득세 과세표준의 기본이 되는데 이때 취득가액이 높을수록 과세표준이 낮아져 양도소득세가 더 적게 계산되기 때문이다.

양도소득세 계산구조

양도가액	← 양도 당시 실지거래가액
(−)취득가액	← 취득가액이 높을수록 양도소득세 감소
(−)필요경비	← 양도비용 등
양도차익	
(−)장기보유특별공제	← 3년 이상 보유한 부동산인 경우
양도소득금액	
(−)양도소득기본공제	← 250만 원
양도소득 과세표준	
(×)세율	← 소득세 기본세율 (단 다주택자 및 비사업용토지 중과세)
산출세액	
(−)세액공제 및 감면	
결정세액	

---

[1] 소득세법 제97조의 2[양도소득의 필요경비 계산 특례] 여기서는 '특례규정'이라고 하자.

특히 배우자 사이의 증여는 10년 동안 6억 원까지 공제되므로 배우자에게 증여받은 후 양도하는 경우에는 증여세와 양도세를 거의 내지 않고 매매할 수 있으므로 세법에서 특별히 규정하고 있다. 따라서 배우자나 부모로부터 증여받은 부동산을 양도하려고 하는 경우에는 증여일로부터 10년이 지났는지 따져볼 필요가 있다.

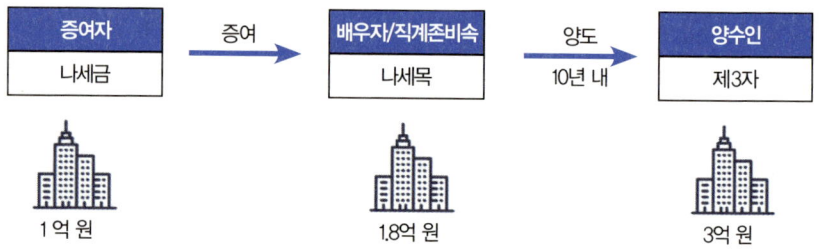

나세금이 1억 원에 취득한 상가를 1년 뒤에 나세목에게 1.8억 원에 증여한 다음 나세목이 8년 후 타인에게 3억 원에 양도하는 경우를 가정하면 아래 표와 같다. 즉 나세목이 증여받은 후 10년이 지나지 않았기 때문에 이 상가를 팔 때 양도소득세의 취득가액은 나세금이 취득한 1억 원으로 계산해야 한다. 대신 나세목이 증여받을 때 증여세는 필요경비로 보아 공제해준다(아래 표에서 계산방식 ③).

이러한 계산방식은 나세금이 나세목에게 증여할 때 증여세(①)와 나세목이 타인에게 양도할 때 양도소득세(②)의 합계액이 특례규정에 따라서 계산한 양도소득세(③)보다 적은 경우에 적용하는 것이고, 실제로 ①과 ②의 합계액이 ③보다 큰 경우에는 적용하지 않는다.

> ① 증여세 15,520,000원 + ② 양도소득세 16,848,200원 = 32,368,200원
>
> ③ 특례규정 양도소득세 = 36,630,760원
>
> ① + ② < ③

이 경우 둘의 차이가 약 420만 원 정도로 세금 부담 차이가 크지 않다고 생각할 수 있다. 하지만 나세목이 증여받을 때 취득세 등 부대비용까지 생각한다면 그 차이가 더 크게 발생한다. 상가를 증여로 취득하는 경우 취득세 등은 4%이므로 1.8억 원의 4%[1]인 720만 원을 취득세로 납부해야 하고, 여기에 등기 수수료 등 관련 비용들까지 더해지면 금액적인 손실이 더 커진다.

증여세 및 양도세 비교

① 나세금이 나세목에게 증여 시 증여세

증여세	
증여재산가액	180,000,000
증여재산공제	50,000,000
과세표준	130,000,000
세율	20%
산출세액	16,000,000
신고세액공제	480,000
납부할 세액	15,520,000

② 나세목이 타인에게 양도 시 양도소득세

양도세	
보유기간	8년
양도가액	300,000,000
취득가액	187,200,000
필요경비	–
양도차익	12,800,000
장기보유특별공제	18,048,000
양도소득금액	94,752,000
기본공제	2,500,000
과세표준	92,252,000
세율	35%
산출세액(납부할 세액)	16,848,200

---

[1] 취득세율 3.5% ㅣ 농어촌특별세율 0.2% + 지방교육세율 0.3% = 4%.

③ 특례 규정을 적용한 양도소득세

보유기간	9년	
양도가액	300,000,000	
취득가액	100,000,000	: 증여자(나세금)의 취득가액
필요경비	15,520,000	: 이미 납부한 증여세(=①)
양도차익	184,480,000	
장기보유특별공제	33,206,400	
양도소득금액	151,273,600	
기본공제	2,500,000	
과세표준	148,773,600	
세율	35%	
산출세액	36,630,760	

그냥 양도소득세 계산도 너무 복잡한데, 당초 증여시점으로 되돌려서 양도소득세를 다시 계산해서 비교하고. 세금은 정말 한 번에 정복할 수 있는 대상은 아닌가 보다. 그래도 하나씩 알아가는데 즐거움을 느끼는 나세목, 꾸준히 공부해야겠다고 다짐해본다.

 편법증여

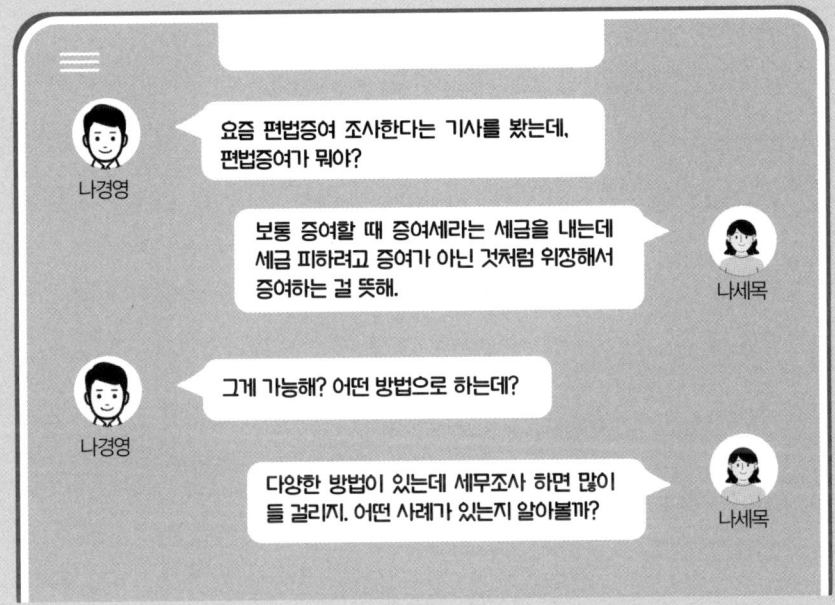

다음은 국세청에서 부동산과 관련된 편법증여 의심 사례를 조사한 주요 내역이다.

2020년: 고가부동산 거래과정에서 편법증여 혐의자 등 517명 세무조사 착수(국세청 보도자료 2020.5.7)
- 신고하지 않은 현금 매출액 및 부모에게 증여받은 현금으로 고가주택 취득
- 다주택자인 자녀가 보유세 중과 회피 목적으로 부모 명의로 고가주택 취득
- 법인 운영자가 불법 유출한 법인자금과 부모의 증여로 고가주택을 취득
- 부모와 자녀가 공동명의로 고가 부동산을 취득해 소유권보존 등기하는 방법으로 편법증여
- 무통장입금, 지인 계좌를 활용해 연소자인 자녀에게 편법증여
- 다주택 임대법인이 임대수입 금액의 신고를 누락하고 법인자금을 부당유출

2021년: 부모기회를 이용한 고액재산 편법취득 연소자 등 446명 세무조사(국세청 보도자료 2021.9.30)
- 여러 차례 부모에게 증여받은 자녀가 한 건만 증여로 신고하고 증여세를 납부
- 증여재산가액을 유사매매가격이 아닌 공시가격으로 축소신고
- 자녀에게 증여한 부모의 부동산 취득 시 자금출처가 불분명
- 자녀의 주택 구입 후 부모가 대출상환을 하거나 취득세 및 등록세를 부모가 대신 납부

2022년: 대출도 부모가 대신 갚아주는 금수저 자녀 등 편법증여 혐의자 227명 세무조사(국세청 보도자료 2022.2.3)
- 본인 소득은 주택이나 주식 등 재테크에 투자하고 부모가 대출을 상환하거나 생활비 등을 모두 부모의 카드로 해결
- 부담부증여로 받은 부동산의 담보대출을 부모가 대신 상환했음에도 근저당권을 유지해 증여를 숨김
- 가공경비를 계상하거나 소득을 누락해 발생하는 금액으로 자녀의 부동산 취득자금을 대납

Part 3. 요약

나세목

경영, 신혼여행은 잘 다녀왔어?

나경영

응, 와줘서 고마웠어. 축의금도 고맙고!

나세목

참, 축의금이나 혼수도 증여세를 내는 경우도 있다더라. 물론, 사회통념상 크게 벗어나는 경우에만 그렇다고는 하지만.

나경영

맞아, 안그래도 이번에 신혼집 구하면서 양가 부모님이 좀 도와주셨는데, 증여세 문제가 되지 않을까 걱정이야.

나세목

그래, 부모님께 현금이나 부동산을 받으면 늘 증여세 문제가 따라오는 것 같아. 부모님의 부동산을 무상으로 사용해도 연간 이익이 1억 원이 넘는다면 증여세를 내야 하고, 돈 주고 사더라도 시가와 크게 차이가 나도록 싸게 샀다면 차액의 일정 부분도 증여세를 내야 한다더라고.

또, 부모님이 증여해주신 부동산은 10년 동안은 팔면 안 된다고 하는데, 너무 어려운 내용이었어. 증여받았을 당시 증여세와 내가 팔 때 양도세를 부모님이 취득할 당시의 취득가액으로 계산한 양도세와 비교를 해봐야 한대.

나경영

그냥 이렇게 들어서는 무슨 말인지, 이해가 안 돼. 너무 어렵다!

나세목

응, 그래서 일단 자식에게 재산을 물려주려면 10년마다 한 번씩, 증여재산공제액만큼 증여하는 방법을 이용하면 된다는 점만 알고 있으려고. 우리 아빠도 그렇게 적금통장 만들어주셨거든!

나경영

그렇구나~ 나도 나중에 아이들 낳으면 그 방법을 생각해봐야겠다!

부동산 투자를 시작한 나세목

1. 내 집 한 채로 세금폭탄?
☑ 재산세와 종합부동산세

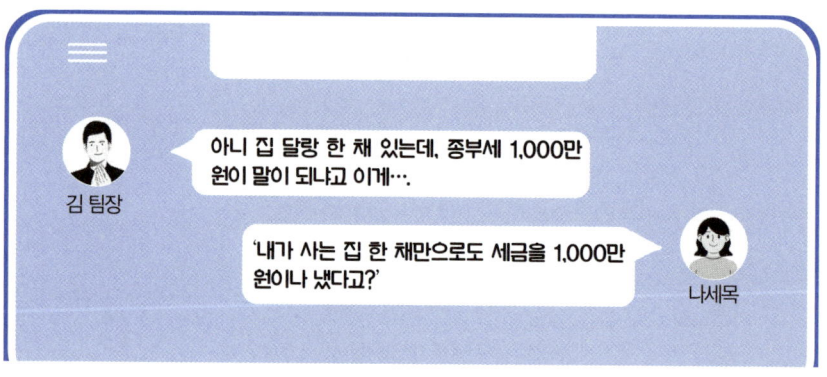

아버지에게서 상가를 증여받은 나세목도 이제 부동산 소유자로서 뉴스에서 연일 쏟아져 나오는 부동산정책에 관심이 가기 시작했다. 듣자 하니 그중에서도 종합부동산세가 가장 핫한 이슈인가 보다. 지난 회식 때 김 팀장이 본인은 달랑 집 한 채 갖고 있는데, 작년에 종합부동산세가 1,000만 원 가까이 나왔다면서 이게 말이 되냐며 울분을 토하던 모습을 본 적 있다.

'아니, 내가 사는 집 한 채 갖고 있는데 세금을 1,000만 원이나 냈다고?'

2020년 전후로 하루가 멀다 하고 발표되는 이른바 '부동산 대책'[1] 때문에 부동산, 특히 주택을 가진 사람들은 이번엔 또 어떤 내용이 발표될지 뉴스 보도에 수시로 촉각을 곤두세워야 했다. 그중에서도 2020년 7월 10일에 발표된 부동산대책은 주택을 사지도 팔지도 못하고, 가지고 있더라도 세금폭탄을 고스란히 떠안을 수밖에 없어 많은 사람을 세금 걱정에 잠 못 이루게 했다. 그 이유는 주택에 대한 취득세, 양도세, 종합부동산세 모두 세율을 인상하는 내용이 주를 이루었기 때문인데, 우선 종합부동산세는 어떤 세금인지 살펴보자.

재산세와 종합부동산세는 대표적인 보유세다. 즉 부동산을 보유하면 부과되는 세목이며, 재산세는 물건별로 부과되고 종합부동산세는 개인별로 부과된다. 만약 나세목이 주택을 두 채 보유했다면, 재산세는 주택 각각의 가격에 세금이 부과되는 것이고, 종합부동산세는 주택 두 채의 가격을 합산한 금액에 세금이 부과된다.

재산세는 토지, 주택, 건축물, 선박, 항공기 등에 대해서 부과되며, 납세의무자는 매년 6월 1일 현재 해당 재산을 보유한 자이며, 해당 재산 소재지의 관할 구청에서 납부고지서를 발송한다.

재산세 납부고지서는 연 2회 발송되는데, 건물 및 주택분의 2분의 1에 대해

---

[1] 정부는 주택시장 안정을 위해 세금과 관련된 부동산대책을 마련해 발표하기 시작했는데, 2017년부터 2020년까지 총 6번 발표했다(《한국세정신문》 2022.9.30).

7월에 발송되고, 토지 및 주택분의 2분 1에 대해 9월에 발송된다.

종합부동산세는 재산세와 별도로 고액의 부동산 보유자에게 세금을 부과하고자 고지되는 세목으로서 주택과 토지가 과세대상이 되며, 납세의무자는 재산세와 동일하게 매년 6월 1일 현재 해당 재산을 보유한 자다. 종합부동산세 납부고지서는 해당 부동산 소재지의 관할 세무서에서 매년 12월 1일에서 12월 15일 사이에 발송하며, 납세자가 신고납부를 원하는 경우에는 동일 기간에 신고납부를 하면 된다.

그런데 김 팀장은 왜 '종부세 폭탄'을 맞게 되었던 것일까? 종합부동산세를 계산하는 과정을 살펴보면, 그 궁금증이 풀린다.

그해 주택 공시가격에서 일정금액을 공제한 후에 공정시장가액 비율을 곱하면 과세표준이 되고, 이 과세표준에 세율을 곱하면 내가 내야 할 종합부동산세액이 결정된다.

2020년 7월 10일 발표한 부동산대책으로 공정시장가액 비율이 90%에서 95%로 상승했고, 세율 자체도 과세표준 구간별로 0.1%에서 0.3%까지 더 올랐으며, 그 당시 서울 시내 아파트 가격은 도대체 어디까지 오를까 싶을 정도로 천정부지였다. 결국 종합부동산세를 결정짓는 중요한 요인이 모두 상승하는 방향으로 한꺼번에 발생한 것이다.

현재 종합부동산세는 조금은 완화된 상황이지만,[1] 내 집 마련을 꿈꾸는 나세목, 언제 또 바뀔지 모르는 부동산 세금과 관련해 이제라도 관심을 갖고 뉴스도 꼬박꼬박 챙겨 보아야겠다고 다짐해본다.

---

1 2025년 공제금액 9억 원, 공정시장가액비율 60%.

종합부동산세 계산 흐름

구분	주택분	종합합산 토지분	별도합산 토지분
공시가격	주택공시가격	종합합산 토지공시가격	별도합산 토지공시가격
−		−	
공제금액	9억 원(1세대 1주택자 12억 원)	5억 원	80억 원
x		x	
공정시장가액비율	주택분 60%, 토지분 100%		
=		=	
종부세 과세표준	주택분 종합부동산세 과세표준	종합합산 토지분 종합부동산세 과세표준	별도합산 토지분 종합부동산세 과세표준
x		x	
세율(%)	세율		
=		=	
종합부동산세액	주택분 종합부동산세액	토지분 종합합산세액	토지분 별도합산세액

종합부동산세 세율

주택분

과세표준	일반 세율(%)	일반 누진공제	3주택 등 세율(%)	3주택 등 누진공제
3억 원 이하	0.5	−	0.5	−
6억 원 이하	0.7	60만 원	0.7	60만 원
12억 원 이하	1.0	240만 원	1.0	240만 원
25억 원 이하	1.3	600만 원	2.0	1,440만 원
50억 원 이하	1.5	1,100만 원	3.0	3,940만 원
50억 원 이하	2.0	3,620만 원	4.0	8,940만 원
50억 원 이하	2.7	10,180만 원	5.0	18,340만 원

토지분 종합합산

과세표준	세율	누진공제
15억 원 이하	1.0	−
45억 원 이하	2.0	1,500만 원
45억 원 초과	3.0	6,000만 원

토지분 별도합산

과세표준	세율	누진공제
200억 원 이하	0.5	−
400억 원 이하	0.6	2,000만 원
400억 원 초과	0.7	6,000만 원

2. 9억 원? 12억 원? 고가주택 기준이 다르다?

✓ 고가주택 기준

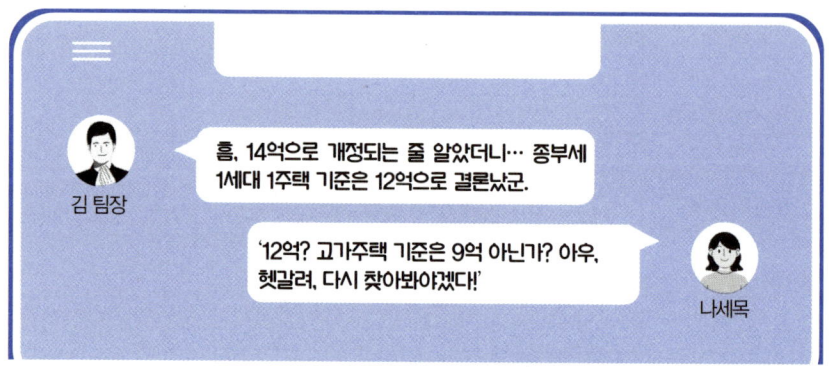

　뉴스에서는 매일 부동산정책에 대한 기사가 쏟아져 나오고, 회사에서도 사람들이 모이기만 하면 이제 집을 어떻게 사나, 종합부동산세는 또 어떻게 내야 하나 걱정들이 많다. 특히 고가주택 기준에 대해서 말들이 많은데 서울 시내 집값이 이렇게 오르는데 도대체 고가주택이 아닌 아파트가 어디 있냐며 고가주택 기준을 더 올려야 한다고 이야기하는 사람들도 있다. 또 9억, 12억, 세금마다 그 기준도 다르다는데, 나세목은 고가주택 기준이 무엇인지 궁금해졌다.

　우선 양도소득세에서 고가주택 기준은 12억 원이다. 양도소득세에서 1세대 1주택자가 집을 팔 때는 세금을 납부하지 않아도 되지만, 1세대가 단 한 채만 보유한 주택이라도 12억 원을 초과하는 경우에는 고가주택으로 보아 12억 원을 초과하는 부분에 대해서 양도소득세를 과세하도록 규정했다. 이때 12억 원은 실제 거래되는 실거래가액을 기준으로 하며, 주택과 이에 딸린 부수토지의 양도 당시 합계액이 초과하는 것을 의미한다.

만약 나세목이 5년 전에 5억 원에 구입한 현재 거주하는 아파트를 팔려고 한다면, 양도가액에 따라서 양도소득세 납부 여부가 달라진다.

실제 양도가액이 10억 원인 경우, 양도차익은 실제 양도가액인 10억 원에서 취득 당시 가액 5억 원을 차감한 5억 원이 되지만, 1세대 1주택 비과세 요건을 충족해서 납부할 양도소득세는 없는 것이다.

실제 양도가액이 15억 원인 경우, 양도차익은 12억 원을 초과하는 양도차익 부분에 대해서만 양도세를 납부하게 되는데, 실제 양도가액인 15억 원에서 취득당시 가액 5억 원을 차감한 양도차익 중 실제 양도가액에서 12억 원을 초과하는 부분이 차지하는 비율만큼[=(15-12)/15]을 양도차익으로 보아 양도세를 계산한다.

양도소득세 비교[1]

실제 양도가액이 10억 원인 경우	실제 양도가액이 15억 원인 경우
양도차익 = 10억-5억 = 5억 →1세대 1주택 비과세로 양도소득세는 없음	양도차익= (15억-5억) × [(15억-12억)/15억]= 2억 → 1세대 1주택으로 고가주택 초과분에 대한 양도차익만 과세대상임

Part 4. "1. 내 집 한 채로 세금폭탄?"에서 살펴본 재산세와 종합부동산세도 고가주택의 기준이 중요한데, 재산세는 1세대 1주택자의 공시가격[2] 9억 원 이하인 주택에 대해서는 특례세율을 적용해 감면해주고, 종합부동산세는 1세대

---

[1] 1세대 1주택의 기준금액에 대해서만 판단한 것으로 1세대 1주택 별도 요건은 고려하지 않음.
[2] 지방세법 명문 규정은 '시가표준액.'

1주택자인 경우 과세표준 계산 시 12억 원까지 공제해준다.

또한 주택을 취득할 때 납부하는 취득세는 실제 거래한 가액, 즉 취득 당시 금액이 9억 원을 초과하면 고가주택으로 본다.

한편 주택을 임대해 월세를 받는 경우에도 고가주택 여부에 따라서 소득세 신고납부 의무가 달라지는데, 여기서 살펴보고 가자. 먼저 1주택인 경우 공시가격[1]이 12억 원을 초과하는 주택에서 월세수입이 있는 경우에는 주택임대소득으로 소득세 신고납부를 해야 한다. 이때 보증금이 있는 경우에는 보증금은 과세대상에서 제외된다.

2주택이면서 월세수입이 있는 경우에도 보증금은 제외하고 월세수입에 대해서는 주택임대소득으로 소득세 신고납부를 해야 하며, 이때는 주택의 공시가격이 12억 원을 초과하는지 여부는 따지지 않는다. 즉 고가주택 해당 여부와 상관없이 2주택자의 월세수입은 소득세 신고대상이다.

그런데 3주택 이상인 경우에는 월세수입과 함께 보증금의 합계가 3억 원을 넘는 경우에는 보증금까지 주택임대소득으로 신고납부해야 한다. 단 주택 수를 계산할 때의 기준은 보유한 주택 수를 기준으로 판단하며, 부부의 경우 본인과 배우자가 보유한 주택 수를 합산해 판단해야 한다.

세목별 고가주택 금액기준

세목	양도소득세	취득세	재산세	종합부동산세	주택임대소득
금액 기준	12억	9억	9억	12억	12억
시가의 의미	실제 거래가액	실제 거래가액	공시가격	공시가격	공시가격

[1] 소득세법 명문 규정은 '기준시가'.

3. 집은 똘똘한 한 채만 가져야 한다?

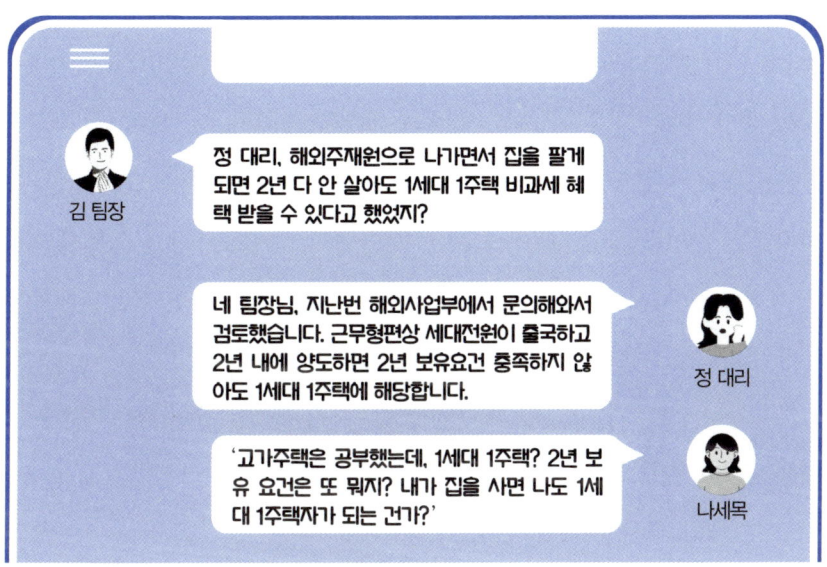

✓ 1세대 1주택의 의미

주택 양도소득세의 세금 혜택에서 가장 먼저 알아야 할 개념은 '1세대 1주택'의 의미다. 1세대 1주택자가 주택을 팔 때는 세금을 납부하지 않아도 된다. 고가주택에 해당한다면 양도가액이 12억 원을 초과하는 부분에 대해서만 세금을 납부하면 된다.

그런데 여기서 '세대'라는 개념이 무엇인지도 정확히 알고 있을까? 세대란 쉽게 말해서 '한집에 같이 살고 있는 가족' 정도로 설명하면 어느 정도 맞다고 볼 수 있는데, 세법에서 정한 1세대의 개념을 살펴보자.

1세대란, 거주자 및 그 배우자가 그들과 동일한 주소 또는 거소에서 생계를 같이 하는 가족과 함께 구성하는 1세대를 의미한다.[1] 이때 가족이란 거주자와 그 배우자의 직계존비속(그 배우자를 포함한다) 및 형제자매를 말하므로, 본인과 배우자, 자녀뿐만 아니라 동일한 주소 또는 거소에서 생계를 같이 하는 장인, 장모, 처남, 처제, 사위, 며느리도 가족의 범위에 포함된다.

한편 취학, 질병요양, 근무상 또는 사업상 형편에 의해 일시적으로 다른 주소지에 거주하더라도 동일세대로 본다. 예를 들어, 나세목이 서울 소재 대학에 다니면서 서울에서 거주하고 부모님은 고향인 지방에서 거주한다면, 나세목이 일정 소득이 없는 경우라는 전제하에 부모님과 동일세대가 된다.

본인 소유의 주택을 양도할 때 동일한 주소에서 생계를 같이 하는 가족들이 다른 주택을 보유하고 있는 경우에는 1세대 1주택이 아닌 2주택을 보유하게 되므로 1세대 1주택 비과세 혜택을 적용받지 못하게 된다.

예를 들어, 부모와 자녀가 한 집에서 거주하다가 부모 또는 자녀 명의의 주택을 양도할 경우 양도소득세가 부과된다. 또 부모와 자녀가 서로 다른 집에서 살다가 소유하는 주택을 양도하기 전에 잠시 주소를 동일한 곳으로 이전하는 경우에도 1세대 1주택 비과세를 적용받지 못하는데, 1세대 1주택 비과세 여부를 판단하는 시점을 양도일 현재를 기준으로 하기 때문이다.

다만 부모와 자녀의 관계에서는 자녀가 결혼했거나, 만 30세 이상이거나, 또는 일정 소득[2] 이상이 있는 경우라면 이 자녀는 세대를 분리하여 별도 세대로 인정받을 수 있다. 만약 나세목이 부모님과 함께 살더라도, 월 소득이 있는 직

---

1 소득세법 제88조.
2 국민기초생활보장법에 따른 중위소득의 40%.

장인이라면 별도로 1세대를 형성할 수 있다.

1주택에서 주택이란 상시 주거용 건물을 의미하는데, 최근에는 오피스텔도 주거용으로 실제 사용하는 경우에는 비과세 대상이 될 수 있다. 그런데 이 주택 수를 산정할 때 주의해야 할 점은, 실물 주택뿐만 아니라 아파트 분양권도 주택 한 채로 취급한다는 점[1]이다.

그렇다면, 오피스텔 분양권은 주택 수에 포함될까? 오피스텔 분양권은 주택 분양권이 아니므로 주택 수에 포함되지 않는다. 분양 당시에는 해당 오피스텔이 업무용으로 사용될지, 주거용으로 사용될지 모르기 때문이다. 오피스텔 용도에 대한 자세한 내용은 뒤에 나오는 Part 4. "5. 오피스텔은 집이 아니다?"에서 알아보자.

1세대 1주택 비과세 요건 요약

구분	내용
보유요건	2년 이상 보유(비거주자인 경우 3년) 단 2017.8.3. 이후 취득한 조정대상지역 주택의 경우 2년 이상 거주해야 함
신분요건	양도일 현재 1세대를 구성한 거주자
등기요건	양도일 현재 등기된 주택과 그 부수토지
양도가액 요건	양도일 현재 실제 거래가액 12억 원 이하인 주택 (12억 원 초과하는 경우 초과분에 대해 과세)
부수토지 요건	주택 정착 면적의 5배(도시지역 밖은 10배) 이내

1세대 1주택으로 양도소득세 비과세 혜택을 받을 수 있는 요건을 정리하면 위 표와 같은데, 2년 이상 보유해야 하는 요건을 충족하지 않아도 되는 예외

---

[1] 2021.1.1. 이후 취득한 분양권.

사유도 있으니 알아두자.
① 취학, 질병, 요양, 근무상 형편 등으로 1년 이상 살던 주택을 팔고 세대원 모두 다른 시, 군 지역으로 이사하는 경우
② 세대원 모두가 해외로 이주하는 경우(출국 후 2년 내 양도하는 경우에 한함)
③ 1년 이상 계속해서 해외에서 취학, 근무상의 형편으로 세대 전원이 출국하는 경우(출국 후 2년 내 양도하는 경우에 한함)
④ 건설임대주택의 경우
⑤ 1세대 1주택을 일부 수용한 후 잔존 주택 및 부수토지를 수용일로부터 5년 이내 양도하는 경우

종합부동산세는 1세대 1주택자인 경우 과세표준을 계산할 때 공제금액은 12억 원으로 일반적인 경우의 9억 원보다 혜택이 더 크다. 또 취득세는 1세대 1주택자인 경우 1~3%의 세율로 일반적인 부동산의 4%보다 낮은 세율을 적용한다.[1]

주택은 사거나 팔 때, 갖고 있을 때도 세금을 줄이려면 1세대 1주택자가 되어야 하는 것이구나! 나세목은 '1세대 1주택' 이 단어를 잘 기억하기로 했다.

---

[1] 2022년 12월 21일 이후 비조정대상지역에서 취득한 주택은 2주택자인 경우에도 1~3% 취득세율 적용.

양도세 중과

지난해 종합부동산세(종부세) 개편을 일단락 지은 정부가 올해는 부동산 양도소득세를 손보기로 했다.이 과정에서 단기 보유 주택에 대한 중과세율은 대폭 완화되고, 조정대상지역 2주택자 등 다주택자에 대한 양도세 중과 제도는 사실상 폐지될 가능성도 있다.
「올해 부동산 양도세 손본다…2년 미만 보유 다주택도 중과 제외」, 《연합뉴스》 2023.1.1.

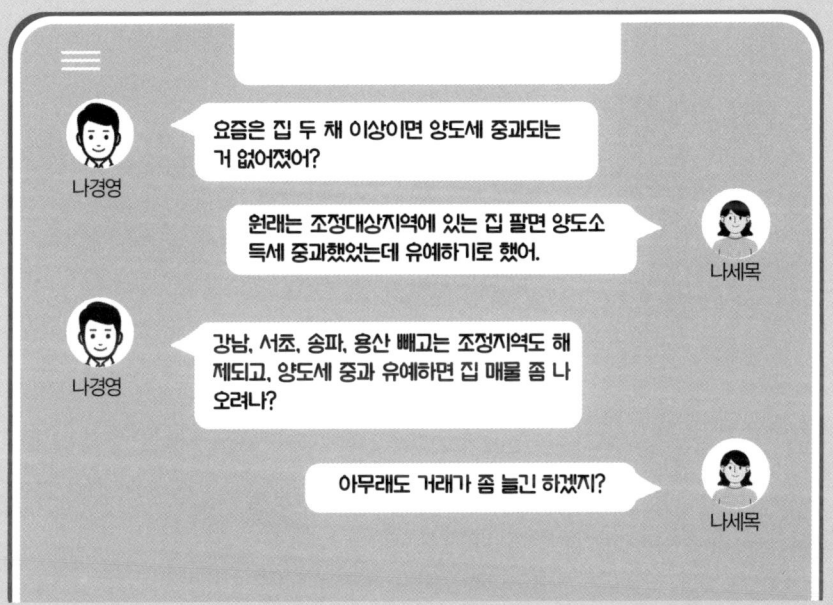

2023년 정부는 부동산 양도소득세 제도를 개편하겠다고 밝혔다. 금리인상과 긴축재정의 여파로 부동산 시장은 냉각기를 맞이하고 있다. 거래를 보다 활성화하기 위해 부동산 관련 세금, 그중에서도 징벌적 과세로 꼽혔던 양도세 중과에 대해 단기 보유한 부동산 거래와 다주택자 부동산 거래의 중과 대상 및 범위를 축소해 과세 부담을 완화했다.

보유기간 축소: 양도세 중과를 피하기 위한 보유기간을 2년 이상에서 1년 이상으로 축소(2024.1.1. 이후 양도분)
[종전] 1년 미만: 70%, 1~2년: 60%
[개정] 1년 미만: 45%, 1~2년: 6~45%(기본세율)

다주택자 양도세 중과 유예:
[종전] 서울 및 수도권 일부 조정대상지역의 2주택자는 기본세율에 20%p를 중과해 세율이 26~65%, 3주택 이상은 30%p를 중과해 세율이 36~75%
[개정] 2022년 5월 9일부터 1년 단위로 양도세 중과 배제 유예를 연장

4. 입주권, 분양권도 세금을 내야 한다고?

☑ 부동산을 취득할 수 있는 권리, 양도소득세

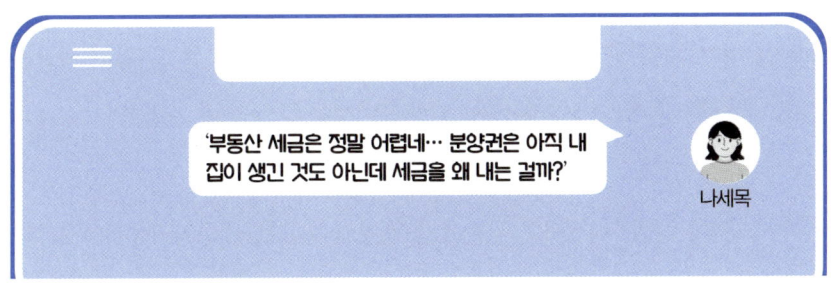

이제 막 부동산정책에 관심을 갖기 시작한 나세목은 시간이 나는 대로 부동산 투자에 관한 블로그나 책들을 찾아보곤 한다. 그러던 중 아파트 당첨권도 양도소득세를 내야 한다는 블로그 글을 읽게 되었다. 양도소득세는 실물이 있는 주택에 대해서만 내는 것이 아니었나? 아파트 당첨권에 대해서도 양도소득세를 내야 한다고?

주택청약 당첨으로 주택에 입주할 수 있는 권리를 '분양권'이라고 하는데, 대표적으로 아파트 당첨권이 있다. 아파트 당첨권은 부동산을 취득할 수 있는 권리로서 살 때는 취득세, 팔 때는 양도소득세를 납부해야 한다. 분양권과 비슷한 개념으로 '입주권'이 있는데, 이 입주권은 재개발, 재건축으로 원래 지분이 있던 집 주인이 새 아파트에 입주할 수 있는 권리다.

예를 들어, 어느 재개발 지역에 1,000세대인 아파트를 철거하고 새롭게 1,300세대를 짓는다고 하면, 재개발 전 집을 가지고 있던 1,000세대는 새집을 분양 받을 수 있는 권리를 갖게 되고 이를 조합원 입주권이라고 한다. 그리고 새로 생긴 300세대는 일반인에게 분양하는데 이를 분양권이라고 한다.

조합원 입주권은 재개발 전부터 사용하던 집이 있었던 것이고 그 집을 그대로 승계했다고 보기 때문에 주택 수에 포함한다. 반면 분양권은 없었던 새로운 주택이 생기는 것이므로 실제로 집이 완공되고 등기가 이루어지기 전까지는 주택으로 보지 않았으나, 최근에는 주택으로 보아 주택 수에 포함한다.[1]

어? 그런데 잠깐, 나세목은 양도소득세는 중과하는 규정이 있어서 세금을 엄청나게 내야 한다고 들었는데 이 입주권이나 분양권도 주택으로 본다면 중과 대상이 되는 것은 아닐까?

그렇다. 입주권과 분양권은 중과 주택 수를 계산할 때 포함된다. 만약 나세목이 서울에 주택 두 채를 가지고 있는데, 조합원 입주권을 취득하고 나서 원래 가지고 있던 주택 중 한 채를 팔려고 한다면 3주택자가 되어서 중과가 적용되는 것이다.

입주권과 분양권은 단기간 내에 팔 때는 양도세율이 매우 높은 편이다. 1년 미만 보유로 단기투자로 시세차익을 노렸다면 70%의 세율이, 2년 미만인 경우는 60%의 세율이 적용되었다. 사실 양도소득세는 여기에 지방소득세가 10% 더 부과되므로 실질적으로는 77%, 66%의 세율이 적용된 셈이다. 그런데 최근 세법이 개정되면서, 1년 이상 보유한 경우라면 기본세율(6~45%)을 적용하고 1년 미만으로 보유한 경우에만 45%의 세율을 적용하는 것으로 변경되었다.[2]

---

[1] 2021.1.1. 이후 취득한 분양권은 양도소득세 계산 시 주택 수에 포함한다.
[2] 2024.1.1. 이후 양도분부터 적용한다.

그렇다면 입주권과 분양권에 대한 1세대 1주택 비과세 적용은 어떻게 판단하는 걸까? 만약 나세목이 서울에서 살고 있던 A주택이 재개발사업으로 관리처분계획인가를 받고 B조합원이 된 후 이 B조합원 입주권을 팔려고 할 때 1세대 1주택 비과세 혜택을 적용받을 수 있을까?[1]

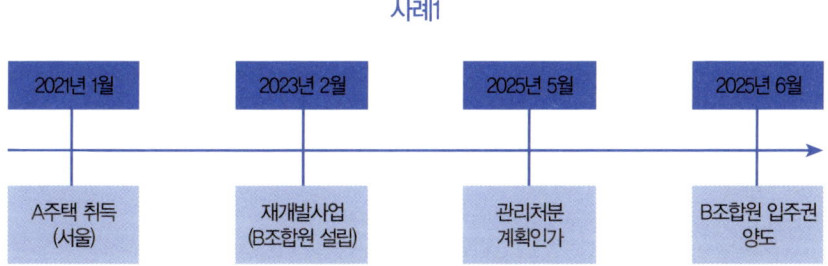

사례1

결론부터 말하면, 나세목은 A주택에서 2년 이상 보유하고 살고 있기 때문에 관리처분계획인가일 현재 비과세 요건을 갖추어 1세대 1주택 비과세를 적용받을 수 있다. 물론 B조합원 입주권을 팔 때, 다른 주택이나 분양권 등이 없어야 하고, 만약 실제 거래가액이 12억 원을 초과한다면 초과 부분에 대해서는 과세된다.

그렇다면 이번에는 나세목이 서울 시내 A주택에서 살다가 서울 시내 B분양권을 취득한 후에 A주택을 팔려고 한다면 1세대 1주택 비과세 혜택을 받을 수 있을까?

---

[1] 국세청에서 배포한 "사례로 풀어보는 양도소득세 월간 질의 TOP10"에서 발췌함.

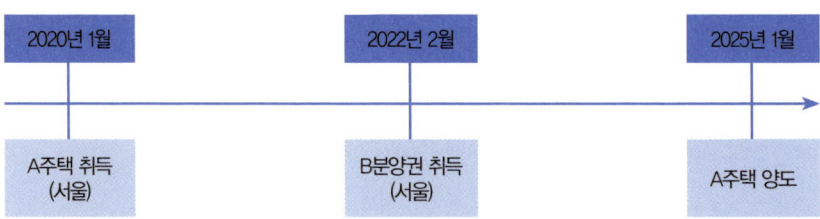

이 경우도 역시, 1세대 1주택 비과세 혜택을 받을 수 있다. 그런데 분양권도 2021년 1월 1일 이후에 취득한 것이라면 주택 수에 포함된다고 했는데 이 경우는 왜 2주택자가 아닌 걸까?

분양권을 취득한 경우에는 3년 이내에 기존에 가지고 있던 주택을 양도할 때 예외적으로 1세대 1주택 비과세 혜택을 적용받을 수 있다. 단 아래 세 가지 요건을 모두 충족해야 한다.

① 기존주택을 취득한 날부터 1년이 지난 후 분양권을 취득할 것
② 기존주택이 1세대 1주택 비과세 요건을 갖출 것
③ 분양권 취득한 날부터 3년 이내에 기존주택을 양도할 것

2주택자라도, 1세대 1주택인 것처럼 비과세 혜택을 주는 경우도 있구나! 점점 머릿속이 복잡해지는 나세목, 부동산 세금 과연 어디까지 알아야 하는 것일까?

5. 오피스텔은 집이 아니다?

☑ 오피스텔 용도에 따른 과세 방식

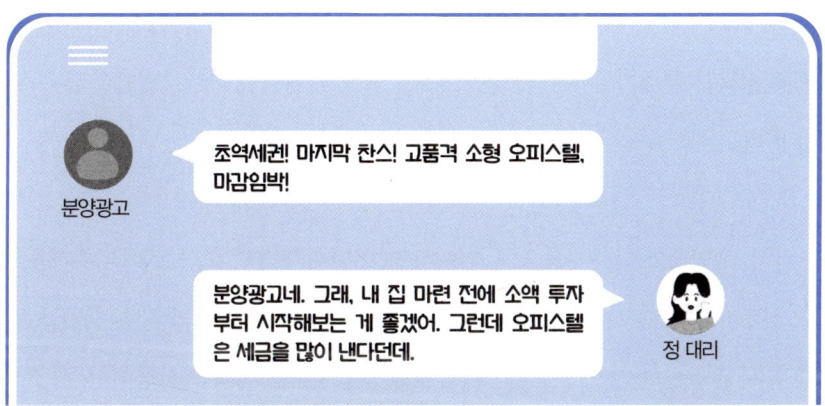

나세목은 현재 월급으로 당장 집을 구입하기는 힘들 것 같고, 내 집 마련을 위한 자금을 모을 수 있는 방법이 무엇일까 고민 중이다. 역시 필승전략인 부동산 투자! 소형 오피스텔을 분양받아 임대수익을 얻어 자금을 모아보려고 한다. 그런데 또 오피스텔은 여러 가지 세금을 많이 낸다고 들어서 망설여진다.

정말 오피스텔이 세금을 더 많이 낼까? 우선 오피스텔을 취득하면 취득세를 내야 하는데, 부동산 취득세는 기본적으로 4%의 세율을 적용한다. 그런데 주택에 대한 취득세는 취득가액에 따라서 1~3%의 세율이 적용된다. 또 오피스텔을 취득 후 업무용으로 임대하는 경우에는 임대수입에 대한 부가가치세를 신고납부해야 한다. 하지만 주택을 임대하는 경우에는 부가가치세 신고납부 의무가 없다. 상황이 이렇다 보니, 오피스텔은 취득세도 많이 내는 것 같고, 부가가치세까지 납부해야 하니 세금을 더 많이 내는 것처럼 느껴진다.

하지만 주택 취득세의 경우 1주택자 또는 2주택자에 한해서 감면 혜택을 주고 3주택자 이상이라면 8% 또는 12%의 세율이 적용된다. 또 오피스텔을 업무용으로 임대하는 경우에는 취득 시 건물분 부가가치세를 환급받을 수 있다. 물론 건물분 부가가치세를 환급받으려면 일반 과세사업자로 사업자등록을 해야 한다.

만약 오피스텔을 주거용으로 임대하면 어떻게 될까? 오피스텔을 주거용으로 임대하면 부가가치세 납부의무가 없다. 따라서 당초 분양 받을 당시에는 업무용 시설로 보아 부가가치세를 환급받았으나 주거용 임대에 사용하는 경우에 당초 환급 받은 부가가치세도 다시 납부해야 한다. 이렇게 용도에 따라 세금 문제가 달라지기 때문에 오피스텔을 통한 투자를 고민한다면, 어떤 형태로 임대할지도 신중히 고려해야 한다.

보유하던 오피스텔을 팔면 세금 문제는 어떻게 될까? 업무용으로 임대사업을 하던 일반 과세사업자인 경우, 폐업 신고를 하고 폐업일자까지의 부가가치세 및 소득세 신고를 하면 된다. 이때 부가가치세는 임대수입에 대한 부가가치세와 오피스텔 양도에 대한 부가가치세 신고를 모두 해야 한다. 취득할 때 즉, 분양받을 때 건물분 부가가치세를 환급받았으니, 팔 때도 건물분 부가가치세를 납부해야 하는 것으로 이해하면 쉬울 것 같다. 소득세는 다음 해 5월에 다른 소득과 함께 합산해서 신고하면 된다.

그런데 오피스텔을 업무용으로 임대하다가, 주거용으로 임대하거나 내가 직접 사용하면 세금 문제는 어떻게 될까? 취득할 때 환급받았던 건물분 부가가치세에 대해서 업무용으로 사용하지 않았던 기간에 해당하는 부가가치세를 납부해야 한다. 부가가치세법에서는 건물은 10년 정도 사용하면 그 가치가 모두 사라진다고 보기 때문에, 오피스텔 총 사용기간 10년 중 6년간 업무용으로 임대하다가 개인적으로 사용하게 되었다면 건물분 부가가치세의 4년에 해당하는 금액을 납부해야 한다.

예를 들어, 취득 당시 건물분 부가가치세가 3,000만 원이라면, 3,000만 원 × 4/10=1,200만 원을 납부해야 한다.

납부할 세액 = 취득 당시 가액×(1−5/100×경과된 과세기간의 수) × 10%[1]
= 3억 원×(1−5/100×12)×10%=1,200만 원
= 1,200만 원

만약 오피스텔을 취득한 지 10년이 넘었다면? 남아 있는 가치가 없으므로 납부할 부가가치세도 없다.

'오피스텔은 또 용도에 따라서 세금 처리도 달라지는구나. 주택, 오피스텔,

---

[1] 부가가치세법에 명문화된 계산식으로, '경과된 과세기간의 수'란 부가가치세법은 1년을 1기, 2기로 나누므로 1년이 경과했으면 2, 2년이 경과했으면 4가 된다.

상가, 부동산마다 세금이 달라질 수 있다니, 역시 투자를 하려면 세금부터 공부해야겠어!'

부동산 세금에 대해서도 하나씩 알아가는 나세목, 어렵긴 하지만 똑똑한 투자를 위해서 조금 더 공부해야겠다는 생각이 든다.

Part 4. 요약

나경영: 2년마다 이사 다니기 힘들어서 집을 사려고 하는데, 서울 집값 정말 너무 비싸. 집값이 비싸면 종부세나 양도세 같은 세금도 많이 내야 한다는데.

나세목: 맞아. 그나마 주택 한 채만 가지고 있으면 비과세 혜택이 있는데, 서울 집값은 하도 올라서 고가주택 12억 원 기준을 넘는 주택들이 많다고 해. 그래서 종부세 폭탄을 맞기도 하고, 팔 때도 12억 원을 초과하는 부분에 대해서는 양도세를 내야 하고.
참, 분양권에 당첨되어도 주택으로 봐서 취득세, 양도세를 내야 한대, 잘 알아둬.

나경영: 아, 아직 집이 아니어도 집을 취득할 수 있는 권리로 봐서 세금을 내는 거구나.

나세목: 응. 난 아직 집을 사기는 어려울 것 같고 작은 오피스텔에 먼저 투자해볼 생각이야. 오피스텔은 업무용으로 임대하면 부가가치세나 소득세 모두 신고납부해야 하는데, 주거용으로 임대하면 부가가치세는 없고 월세 소득만 신고하면 된대.

나경영: 오, 역시 세무팀 에이스! 이제 투자에 세금까지 모르는 것이 없구나!

| 에필로그 |

　　1차 탈고를 끝내고 출판사에 원고를 보낸 후에도 개정된 시행령 공포로 또다시 원고를 수정해야 했습니다. 안 그래도 어려운 세법, 왜 이렇게 자주 바뀌는지……. 세무사인 저자도 이렇게 따라가기 바쁜데, 일반 독자분은 더 어렵게 느껴지겠죠. 이 책은 현행 세법을 최대한 반영했고, 일상생활에서 접하는 필수적인 세무 상식을 담고 있습니다. 세무가 궁금하지만 다가서기 어려웠던 독자분에게 가장 첫 번째로 꼽히는 세무 지침서가 되길 바라며 이 글을 마칩니다. 바쁜 일과에도 기꺼이 시간을 내어 책을 읽고 추천사까지 써주신 많은 독자분께 깊은 감사의 마음을 전합니다. 그리고 무엇보다, 우리 공동 저자 정소라 회계사님과 홍지연 연구원님, 정말 수고 많으셨습니다. 말로는 다할 수 없는 그 시간들, 본업과 집필을 병행하면서 서로 응원하며 끝까지 완주할 수 있음에 감사드립니다. 그리고 마지막으로 늘 응원해주는 우리 가족, 사랑하고 감사합니다.

김한미

하루하루 바쁘게 살다 보니 벌써 회계사 20년 차가 눈앞입니다. 막연히 40대가 되면 회계·세무에 대해 많은 분이 어려워하는 부분을 콕콕 설명해주는 회계·세무 책을 쓰고 싶다는 생각에 집필을 시작했지만 정말 쉽지 않은 과정이었습니다. 특히 많은 분이 어려워하는 회계와 세무를 책으로 써서 읽고 싶게 만드는 것은 매우 어려운 과제였습니다. 하지만 오롯이 나 혼자만의 공간에서 고민하고 글 쓰는 시간 자체는 정말 재미있고, 잊고 있었던 생기 있는 내 모습을 찾을 수 있어 정말 행복했습니다.

이 책이 완성되기까지 많은 대화와 아이디어 그리고 기쁨 슬픔을 함께 나누어준 홍지연 연구원과 김한미 세무사에게 진심으로 감사합니다.

수많은 투고 원고 중에서 저희 책을 선택해주시고 아낌없는 조언을 해주신 알파미디어에 감사드립니다. 그리고 제가 책 쓰는 걸 자랑스러워하는 가족의 응원이 긴 시간 집필의 원동력이 되었습니다.

바쁜 시간 책을 읽고 서평을 써주신 독자분에게 감사드리며, 이 책을 더 많은 독자분이 읽으시고 "회계·세무 이해해보니 어렵지 않더라, 이 책을 통해 회계·세무가 낯설지 않게 되더라" 하는 마음이 생기셨으면 합니다.

정소라

사례 파트는 회계·세무의 딱딱하고 어려운 면을 쉽게 이해할 수 있도록 넣은 부분으로 앞서 설명해주는 회계·세무 이론과 관련된 최근 이슈나 오랫동안 연구되어온 내용을 소개하고자 했습니다. 급변하는 경제 상황에 따라 새로운 개념이 지속해서 생겨나고 계속해서 변화하는 회계·세무 정책 및 기준 등으로 인해 발생하는 각종 이슈 중 흥미로운 부분을 발췌했습니다. 하지만 글을 마치며 더 많은 이슈나 연구를 소개하지 못해 아쉬운 마음도 많이 듭니다.

이론에 대한 이해가 전제되어야 사례 파트를 집필할 수 있는데 회계·세무는 역시 어렵다는 생각이 들기도 했지만, 정소라 회계사와 김한미 세무사가 전문가답게 이론 파트 설명을 재미있게 풀어 써준 덕분에 사례를 이끌어내는 데 많은 도움이 되었습니다. 모두 바쁜 가운데 모든 과정을 함께하면서 집필을 무사히 마치게 되어서 정말 고맙고 매우 기쁩니다.

무엇보다 제가 무엇을 하든 지지해주는 우리 가족들에게도 말로 표현할 수 없는 고마움을 전합니다. 앞으로 이 책을 읽게 될 독자들이 회계·세무를 쉽게 접하는 데 도움이 되길 바라는 마음입니다.

홍지연

회계·세무 업무에
도움이 될 만한 사이트

국가법령정보센터
www.law.go.kr
법제처에서 제공하는 대한민국의 법령 검색 시스템. 헌법부터 시작해서 법률, 시행령 등의 명령, 지방자치단체의 조례와 규칙 등 자치법규까지 모든 단계의 법령을 검색할 수 있으며 각급법원의 판례 및 헌법재판소의 결정례, 행정심판례 등 판례와 외국과의 조약도 검색이 가능하다. 또한 최신 법령정보 및 관보·공보에 게재된 구 법령에 대한 정보도 제공한다.

금융감독원
www.fss.or.kr
금융소비자 및 금융업 종사자에게 필요한 금융생활 정보 및 금융감독 정책 자료를 제공한다. 또한 금융민원, 불법금융 신고 채널을 통해 금융소비자를 보호하고 있다.

금융감독원 전자공시시스템
dart.fss.or.kr
금융감독원에서 운영하는 기업 정보 관련 전자 공시 시스템으로, 코스피나 코스닥 시장에 상장된 주식회사부터 비상장 기업까지 다양한 회사가 자사의 경영 상태에 대한 공시를 하고 있다.

금융위원회
www.fsc.go.kr
통합 검색서비스를 도입해 조건별 상세검색, 검색어 자동완성, 인기 검색어 등 다양한 기능을 통해 원하는 금융정책 정보를 쉽고 빠르게 찾아볼 수 있다. 금융생활·보험대출 등 생활밀착형 금융정보를 영상·카드뉴스 등 다양한 디지털콘텐츠를 통해 분야별로 알기 쉽게 제공하는 수요자 맞춤형 페이지를 개설했다. 금융위원회 주요 보도자료와 정책홍보 콘텐츠로 구성된 뉴스레터 구독 신청 서비스를 제공한다.

금융투자협회 채권정보센터
www.kofiabond.or.kr
채권금리, CD수익률, 발행시장, 유통시장, 단기금융시장, 신용평가정보, 시장지표·지수, 시가평가, QIB외화채권 등 채권 관련 정보를 확인하는 데 유용하다.

부동산공시가격알리미
www.realtyprice.kr
공동주택 공시가격, 표준단독주택 공시가격, 개별단독주택 공시가격, 표준지 공시지가, 개별 공시지가 등 부동산 공시가격과 관련된 정보를 확인할 수 있다.

한국거래소 ESG포털
esg.krx.co.kr
ESG보고서, 평가정보, 공시정보 등 여러 곳에 있는 유가증권 상장기업의 ESG 관련 정보를 원스톱으로 조회할수 있게 했다. 또한 지배구조보고서, 지속가능경영보고서, 최신동향 등 ESG와 관련된 정보를 확인할 수 있다.

한국거래소 기업공시채널
kind.krx.co.kr
기업의 공시란 기업의 법률관계 및 사실관계를 일정한 범위의 이해관계인 또는 일반인에게 알리는 것을 뜻한다. 시종조치, 기업 밸류업 정보, IPO 현황, 채권정보 등을 확인할 수 있다.

한국회계기준원
www.kasb.or.kr
한국회계기준원은 기업의 재무보고를 위한 회계처리기준의 제정을 목적으로 설립된 대한민국 금융위원회 소관 사단법인이다. 회계기준을 열람하는 서비스가 준비되어 있다.

KRX 정보데이터시스템
data.krx.co.kr
한국거래소(韓國去來所, Korea Exchange, KRX)는 증권 및 파생상품 등의 공정한 가격 형성과 원활한 매매 및 효율적 시장관리를 목적으로 설립된 기관이다. 증권, 파생상품시장 개설, 운영 등에 관한 정보를 확인할 수 있다.

가상자산 시세
coinmarketcap.com/ko
비트코인, 이더리움 등을 비롯한 가상자산의 여러 현황을 실시간으로 확인할 수 있다.

국세청 홈페이지
www.nts.go.kr
세금과 관련된 각종 서비스를 활용할 수 있게 해주는 종합 사이트.

국세청 홈택스
hometax.go.kr
종합소득세 원클릭 환급신고·현금영수증 사용내역조회(소비자)·현금영수증 발급용 휴대전화/카드 등록·소득금액증명 발급·납부내역증명 등 세금 관련된 각종 업무를 효율적으로 도와준다.

국세상담센터
call.nts.go.kr
종합소득세, 연말정산, 부가가치세, 법인세, 양도소득세, 상속세, 증여세, 종합부동산세 등 각종 세금에 관한 문의사항을 해결해주는 사이트다. 전화 상담과 인터넷 상담을 할 수 있으며, 각종 상담 사례는 세금에 대한 문의사항을 풀어주는 데 유용하게 활용된다.

국세법령정보시스템
taxlaw.nts.go.kr
법령. 국세에 관한 모든 법령을 연혁별로 제공하며, 그외 일반법령, 조세조약, 기본통칙, 고시, 지침, 훈령을 볼 수 있다.

위택스(지방세)
www.wetax.go.kr
납세자가 본인 또는 타인에게 부과된 지방세를 조회 후 납부하는 서비스입니다.

한국납세자연맹
www.koreatax.org
한국납세자연맹은 부당한 조세제도와 세금징수, 불필요한 예산 방지를 통해 무거운 조세 부담을 덜어주자는 취지로 결성되었다. 세정에 대한 감시와 세제 개혁에 대한 정보를 확인할 수 있으며, 세무상담도 병행하고 있다.

4대 사회보험 정보연계센터
www.4insure.or.kr
4대 사회보험의 민원신고를 돕는 사이트다. 사업장 및 개인회원의 전자민원신고, 가입내역 조회 및 증명서 발급 민원을 신청할 수 있다.

초보자도 바로 써먹고 바로 돈이 되는
실전 회계·세무 길라잡이
초판 1쇄 발행 2025년 07월 10일

지은이 | 김한미, 정소라, 홍지연
펴낸이 | 정광성
펴낸곳 | 알파미디어
기획실장 | 임은경
편집 | 김지환
디자인 | 황하나

출판등록 | 제2018-000063호
주소 | 05387 서울시 강동구 천호옛12길 18, 한빛빌딩 2층(성내동)
전화 | 02 487 2041
팩스 | 02 488 2040
ISBN | 979-11-91122-98-5 (03320)

*이 책은 저작권법에 따라 보호를 받는 저작물이므로 무단전재와 복제를 금합니다.
*이 책 내용의 전부 또는 일부를 사용하려면 반드시 저작권자의 서면 동의를 받아야 합니다.
*잘못된 책이나 파손된 책은 구입하신 서점에서 교환하여 드립니다.

> 알파미디어에서는 책에 관한 기획이나 원고 투고를 기다리고 있습니다.
> 출간을 원하시는 분은 alpha_media@naver.com으로 연락처와 함께
> 기획안과 원고를 보내주세요.